中职生劳动教育教程

主编　王义春　敖小锋　郭国富

编者　侯守军　王海勇　周重庆

　　　田时珍　涂建军　龚梓涵

清华大学出版社

北京

内 容 简 介

《中职生劳动教育教程》依据《中共中央 国务院关于全面加强新时代大中小学劳动教育的意见》和教育部印发的《大中小学劳动教育指导纲要（试行）》中的新要求，贯彻习近平总书记关于教育的重要论述和新时期党的教育方针，对中职生劳动教育做了系统而全面的介绍。本书共分为四个模块，包括劳动创造美好生活、劳动铸就最美品质、劳动精神伴我成长和劳动安全记心中。

通过对本书的学习，读者不仅可以树立正确的劳动观念，具备必要的劳动能力和良好的劳动习惯，还可以培养诚实守信、吃苦耐劳等优秀的劳动品质。

本书既可以作为中等职业学校劳动教育课程的教材和指导用书，也可以作为其他行业劳动教育的参考用书。

图书在版编目（CIP）数据

中职生劳动教育教程 / 王义春，敖小锋，郭国富主编；侯守军等编者. —北京：清华大学出版社，2024.7

ISBN 978-7-302-65757-6

Ⅰ. ①中… Ⅱ. ①王… ②敖… ③郭… ④侯… Ⅲ. ①劳动教育—中等专业学校—教材 Ⅳ. ①G40-015

中国国家版本馆 CIP 数据核字（2024）第 056729 号

责任编辑：贾旭龙
封面设计：秦　丽
版式设计：文森时代
责任校对：马军令
责任印制：丛怀宇

出版发行：清华大学出版社
　　　网　　　址：https://www.tup.com.cn，https://www.wqxuetang.com
　　　地　　　址：北京清华大学学研大厦 A 座　　　　邮　　编：100084
　　　社 总 机：010-83470000　　　　　　　　　　　邮　　购：010-62786544
　　　投稿与读者服务：010-62776969，c-service@tup.tsinghua.edu.cn
　　　质量反馈：010-62772015，zhiliang@tup.tsinghua.edu.cn
印 装 者：涿州汇美亿浓印刷有限公司
经　　销：全国新华书店
开　　本：185mm×260mm　　　印　　张：17.75　　　字　　数：410 千字
版　　次：2024 年 7 月第 1 版　　　　　　　　印　　次：2024 年 7 月第 1 次印刷
定　　价：59.00 元

产品编号：101093-01

前言
Preface

2020 年 3 月，《中共中央 国务院关于全面加强新时代大中小学劳动教育的意见》提出了构建德、智、体、美、劳全面发展的教育体系的任务，并明确了学校劳动教育的重要意义和实施途径。

结合劳动教育的新内涵和新要求，我们组织一批长期坚守在一线的职业院校教师编写了本教程。在编写过程中，我们始终坚持"劳动光荣、劳动伟大"的育人理念，较好地阐述了新时代劳动教育的内涵和特点。

本书既保留了传统教材的优点，又富有新的特色，主要体现在以下 4 个方面。

（1）全面贯彻新时代劳动教育的要求。本书严格按照《大中小学劳动教育指导纲要（试行）》中要求的内容编写，全面覆盖其中的要点，并将其整合成一套系统的劳动教育学习读物，以帮助读者全方位地理解劳动教育。

（2）提供丰富的案例材料。本书针对中职生身心特点和思想状况的实际情况编写，通过大量古今中外的名人事迹，以案例阅读和点评的形式，形象地阐述了劳动对人们生活的积极意义。学生可以通过理论结合案例的学习方式，更高效地接受劳动教育的知识。此外，结合课程思政的内容，本书还能够培育中职生的劳动情怀，塑造劳动文化。

（3）体例新颖，助力教师开展劳动实践与教学。本书采用模块式写作方法，每个模块包括学习进行时、劳动思政、案例阅读、课堂活动等内容。每个模块都经过精心设计，重点突出、条理分明，重视培养学生的劳动实践能力。通过劳动任务清单，引导学生辛勤劳动、诚实劳动、创造性劳动、合法劳动、安全劳动。

（4）多媒体资源丰富。本书课件中配有丰富的"互联网+劳动教育"资源，读者扫描书中的二维码即可观看配套的多媒体资源，如微课、文字、视频等。这不仅增加了阅读的趣味性，还增强了内容的生动性和吸引力，帮助教师开展教学，带领学生感受劳动魅力。

本书由王义春、敖小锋、郭国富担任主编，侯守军、王海勇、周重庆、田时珍、涂建军、龚梓涵等老师参与编写。在编写本书的过程中得到了荆门职业学院、湖北信息工程学校、钟祥职业教育中心、恩施职业教育中心、宜都职业教育中心以及其他兄弟院校的大力支持和帮助，在此一并表示感谢。同时，我们参考了一些文献，在此对这些文献的编著者表示衷心的感谢！

鉴于编者水平有限，书中难免存在不妥之处，敬请广大师生和读者批评指正。

目录
Contents

第一单元　劳动创造美好生活

习近平谈劳动

习近平总书记在听取学校情况介绍、参观路易·艾黎故居后，观看了师生们正在进行的机械加工、智能家居设计等职业技能实训，向师生们详细了解了专业教学、升学、就业等方面的情况，并勉励同学们专心学习，掌握更多实用技能。他指出，"职业教育前景广阔，大有可为！"

2019年8月20日
习近平总书记来到甘肃省张掖市山丹培黎学校考察

劳动创造幸福，实干成就伟业。

2021年4月
习近平向全国广大劳动群众致以节日的祝贺和诚挚的慰问

劳动思政

劳动创造美好生活

劳动是人类的本质活动，正是因为劳动，人类告别了茹毛饮血、衣不蔽体的原始生活，开始直立行走，成为万物之灵。随着生产生活资料的不断丰富，劳动不仅仅是谋生手段，更成为生活的第一需要。正如习近平总书记所指出的："劳动是人类的本质活动，劳动光荣、创造伟大是对人类文明进步规律的重要诠释。"

中等职业学校的学生正处在从学校进入社会的过渡期，作为新时代高素质劳动者，未来祖国现代化建设的接班人，更需要扎实理论基础、掌握技能本领，广泛接触奋战在各行各业第一线的劳动者，走进社会大课堂去实践和深造，亲身体验劳动的意义和辛劳，加深认识、积累经验，为今后自主创业、立足社会、创造财富、实现自身价值打下坚实的基础。

适合中职生的劳动包括日常生活劳动、生产性劳动和服务性劳动三类。

日常生活劳动包括洗衣做饭、打扫卫生等，通过处理个人生活事务，培养良好生活习惯和卫生习惯，强化自立自强意识，在生活自理中掌握生活技能，实现谋生和生存发展，感受劳动的美好。

生产性劳动有种植与养殖等第一类产业，以及加工制造、建筑业、电力等第二类产业，它可以让学生体验工农业生产创造物质财富的过程，增强产品质量意识，体会平凡劳动中的伟大。

服务性劳动有批发和零售业、快递物流、住宿和餐饮服务等第三类产业，它可以让学生利用所学知识和技能，服务他人、服务社会，增强社会责任感。

案例阅读

让青春之花在工作一线绽放

2020年3月10日，在抗击新型冠状病毒肺炎（以下简称新冠肺炎）疫情的关键时刻，习近平总书记赴湖北省武汉市考察疫情防控工作。北京大学第三医院院长乔杰作为医疗专家代表，受到了总书记的亲切接见。"乔院长第一时间把总书记的肯定和嘱托传达给了队员们，让我们年轻人备受鼓舞。随后，医疗队的34名'90后'党员给总书记写信，汇报了在抗疫一线抢救生命的情况，表达了继续发挥党员作用、为打赢疫情防控阻击战贡献力量的决心，并且很快就收到了总书记的回信。"尽管已过去一年多，回忆起当时在抗疫一线收到总书记回信时的兴奋心情，北京大学援鄂医疗队的吴超依然十分激动。

"总书记在回信中指出，'广大青年用行动证明，新时代的中国青年是好样的，是堪当大任的！'总书记的肯定，让我们既感动又充满力量。"吴超说。

医疗队的全体队员都备感振奋。他们告诉记者："总书记的回信激励我们将抗疫精神在日常临床工作中继续发扬光大，在为患者服务中茁壮成长，在实践中增长工作本领，在救死扶伤的岗位上拼搏奋战，让青春之花在工作一线绽放。"习近平总书记的回信，不仅激励了北京大学援鄂医疗队全体"90后"党员，还激励了北京大学医学部更多的"90后"和"00后"医学生。

"师兄师姐们奔赴抗疫一线的经历给了我很大的启示。"北京大学公共卫生学院流行病与卫生统计学专业博士生曹梦奇说，"我要将公共卫生服务作为毕生的事业。"

"这些就在我们身边的英雄们，让我由衷敬佩。作为新时代的北大医学生，我也要努力做守护人民健康的青年。"北京大学护理学院 2018 级本科生侯天姣说。

"我们要牢记总书记的嘱托，在临床实践中增长本领，在艰苦奋斗中锤炼意志品质，努力担当更大责任、作出更大贡献！"吴超说。

（资料来源：2021 年 5 月 1 日，《人民日报》，有删改）

第一部分　日常生活劳动

中职生的日常生活劳动是劳动中最基本的部分，只有自觉自愿地参与劳动，才能学会劳动，才能更好、更幸福、更美丽地生活。中职生在日常生活中应注重生活劳动，从日常小事做起，例如"扫一屋"，并持之以恒，不断认识自我、发展自我、完善自我。这对促进良好劳动习惯的形成、良好品德修养的养成，以及劳动意识、劳动能力的培养具有积极的意义。

第一课　生活自理劳动

一、中职生生活自理劳动的价值

1. 提高生存能力

生活是最好的老师，家庭是最亲近的课堂。看似简单的日常生活劳动，却承担着促进人全面发展的重任。一些可以使人终身受益的劳动品质正是在日常生活中逐步形成和发展起来的。随着科技的发展和社会分工的细化，人们的生活变得越来越便捷，但如果有一天我们像鲁滨逊一样流落荒岛，能否存活下来？如何生存下去？如果日常生活都不能自理，那么野外生存就更加困难了。

2. 促进良好劳动习惯的形成

加强中职生的生活自理劳动教育，让他们走出"书斋"，走进"田野"，投身于生活劳动实践中，在生活劳动中感悟人生的真谛，逐渐形成良好的劳动习惯。自我服务劳动能让学生在劳动中学会关心他人，增强人与人之间的感情。

3. 促进良好劳动品德的养成

中职生良好品德的养成，仅凭增加品德教育课时和注重课堂上品德知识的传授，是远远不够的，还必须将品德教育与具体的生活劳动实践相结合，从日常生活中的点滴做起，逐渐渗透"辛勤、诚实、创造"等优秀品行。通过生活自理劳动促进中职生良好品德的形成。

生活自理劳动能培养学生自理、自立、自强的独立生活能力和进取精神；能锻炼吃苦耐劳、克服困难的坚强意志，有助于培养良好的社会适应力，促进身心健康；能培养勤奋、主动的工作态度，并塑造集体责任心。在进行生活自理劳动的过程中，能够体验劳动成功后带来的快乐，也能感受劳动失败后的沮丧。通过这些感受的积累，形成独立自主、坚毅和自信的心理品质。

4. 促进劳动知识技能培养

劳动知识技能是个体从事一定劳动所必须具备的知识、技术、技巧及综合运用这些知识、技术、技巧的能力，是中职生劳动素养全面提升的必备基础。从中职生自我服务劳动角度看，卫生保洁、整理收纳、洗衣做饭、形象塑造等基本的生活劳动不仅能起到活动筋骨、锻炼身体、培养劳动情感的作用，还能促进中职生劳动能力的培养，使其掌握一些基本的劳动知识和劳动技能。

5. 让学生懂得感恩

俗话说，不当家不知柴米贵，不养儿不知父母恩。通过生活自理劳动，学生可以更好地体验父母的辛劳，从而增进亲子感情。同时，常怀感恩之心对今后与他人、与自然共处也大有帮助。

【课堂互动】

（1）你知道"不忘初心，牢记使命"的深层含义吗？
（2）作为学生，你认为你的使命是什么？
（3）你可以通过哪些行为做到不惧风雨、勇挑重担，让青春在党和人民最需要的地方绽放绚丽之花？

二、中职生生活自理劳动的小技巧

生活自理劳动比较辛苦和琐碎，但是如果掌握一些小技巧，就会相对轻松一些。

1. 统筹时间

生活自理劳动很琐碎，要提高效率就要按轻重缓急安排好做事情的先后顺序，合理规划和统筹时间，学会"十个指头弹钢琴"，增强做事的条理性。

2. 物品归位

养成物品归位的好习惯。减少到处找东西的时间，避免焦躁情绪，使自己的生活更加有条不紊。

3. 善用工具

擅长利用各种工具，尤其是现代智能家居的各种工具辅助自我服务劳动，提高劳动效率和劳动乐趣，如使用扫地机器人、自动面包机等，做到物为我用，物尽其用。

4. 节能减排

现代生活中接触水、电、气的机会非常多，要学会充分利用，避免资源浪费，如用洗菜水浇花，及时关灯和空调，开汽车靠近红灯时提前松开油门，让汽车滑行到停止线等。

【课堂互动】

在报考专业时，小芳与父母产生了分歧。小芳想报考家政服务与管理专业，父母想让她报考幼儿保育专业。父母的理由是家政服务层次低、门槛低，不需要上学也可以上岗，没必要花几年时间去学习。请问家政服务与保姆有什么不同？

三、生活自理劳动任务清单

中职生日常生活劳动是指围绕自己的个人生活、学校生活和家庭生活等方面所进行的劳动。如个人内务整理、仪容仪表规范、宿舍打扫美化、校园保洁、洗衣烹饪、缝补熨烫、家庭收纳和简单维修等。生活自理劳动任务清单如表1-1所示。

表1-1　生活自理劳动任务清单

类　　别	项目（供选择）	目　　标
衣	收纳衣服、鞋子，着装，打理发型，简易化妆	掌握衣着常识，能辨明衣物材质，保持衣着整洁，着装得体，职业劳动时穿着劳保服装
食	食物分类储存，饮食合理搭配，按时进食，注重用餐礼仪	养成健康的饮食习惯，培育珍惜粮食的意识，形成保健责任意识，不贪吃，不猎奇，掌握用餐礼仪，传承饮食文化
住	居室卫生，家具摆放，居室美化	学会打理自己的居室，在整洁的基础上学会空间布局与色彩搭配，体验构思、设计和创造性劳动的乐趣
行	交通工具使用，行程安排，订票、订房，行李整理，突发事件处理	培养决策、判断和独立解决问题的能力，培育安全、节能、环保意识
特殊环境生存	（1）在野外迷路； （2）交通工具故障； （3）出行途中生病、外伤； （4）疫情期间理发店关门	（1）确定方向，寻找遮蔽物，生火，寻找水源、食物，发送求助信号； （2）简单修理，寻求救援； （3）简单止血包扎，简单自救后求救； （4）自己理发，互相理发

项目1 熨烫日常服装

一、劳动基础

中华民族是礼仪之邦，自古以来人们就很注重服饰美。约 2000 年前，古人就开始使用熨斗熨烫衣物，如今熨斗已是现代家庭常备的小家电。

熨斗这个名称的来历有两个：一是取其形象类似北斗星之意；二是熨斗的外形与古代一种烹调用具"斗"相似。在古代，由于古人使用熨斗时需要把烧红的木炭放入其中，所以熨斗又叫作"火斗"。金斗则是指非常精致的熨斗，只有皇室贵族才能使用。直到 16 世纪左右，荷兰裁缝才开始使用空心的盒型大熨斗（把烧红的铁板放入熨斗中加热使用），比我国晚了许多年。

1. 熨烫工艺常用工具

熨斗是家庭熨烫的必备工具之一，可带蒸汽或不带蒸汽。熨斗熨烫程序、适用产品如表 1-2 所示。在符号里添加一个、两个或三个圆点分别表示熨斗底板的温度高低。

表 1-2　熨斗熨烫程序、适用产品

符　号	熨烫程序	适用产品
⊠	不可熨烫	人造革（仿皮）、涂层或胶印、羽绒、毛皮、静电植绒、起皱工艺等服装
（一点）	熨斗底板最高温度 110℃ 蒸汽熨烫可能造成不可逆转的损伤	含桑蚕丝、锦纶、粘纤、莫代尔纤维、莱赛尔纤维、醋酯纤维、铜氨纤维的服装
（两点）	熨斗底板最高温度 150℃	羊毛羊绒、腈纶、聚酯纤维、氨纶等服装
（三点）	熨斗底板最高温度 200℃	棉、麻等服装

图 1-1（a）所示为清代熨斗、图 1-1（b）所示为民国熨斗、图 1-1（c）所示为蒸汽电熨斗。

（a）清代熨斗　　　　　（b）民国熨斗　　　　　（c）现代蒸汽电熨斗

图 1-1　熨斗

用于熨烫的工具主要有：熨斗、烫台、喷水壶、烫凳、烫馒、水布、垫呢、长烫凳、拱形木桥等，如表 1-3 所示。

表 1-3　熨烫的主要工具

名　　称	作用与用法
熨斗	有三种：电热熨斗、吊瓶蒸汽熨斗和全蒸汽熨斗。电热熨斗和吊瓶蒸汽熨斗靠电热丝发热，可根据服装面料不同的耐热性调节熨烫温度，以防烫缩或烫焦。吊瓶蒸汽熨斗和全蒸汽熨斗是通过喷水板喷洒蒸汽，不同的是吊瓶蒸汽熨斗通过吊瓶供水，全蒸汽熨斗则是通过蒸汽发生器供水，因而全蒸汽熨斗是熨烫效果最快、最好的，在服装企业用得最多的是烫台与熨斗配合使用
烫台	包括一个底板，一个形状与底板相吻合的带有联动控制系统的可移动式顶板，烫毡，支架，台面，仪表盘，人工或自动控制的蒸汽、抽真空及加热和加压装置。熨烫台可根据要求用于生产过程中的熨烫和缝制完成后的整烫
喷水壶	熨烫时喷水，它能把水均匀且成雾状喷洒在需要熨烫的部位，使熨烫效果更佳
烫凳	一般为铁凳，凳面铺棉花，外包白棉布，并要求扎紧。熨烫中常用它烫肩缝、袖窿、裤裆等不能放平的部位
烫馒	又叫布馒头，常用于熨烫服装的胸部、背部、臀部等丰满并且突出的部位
水布	退过浆的白棉布。熨烫时，将水布盖在衣料之上，再用熨斗熨烫，以防衣料被烫脏、烫黄或烫出极光
垫呢	熨烫时，将其垫在衣物下面。一般用棉毯或吸水性好而且质地厚的线毯，上面再盖一层白棉布作垫布
长烫凳	用木料制成，凳面铺少许棉花，中间稍厚，四周略薄，外包白棉布并且扎紧。其用于熨烫已缝制成圆筒形的缝，如裤子侧缝、上衣袖缝等
拱形木桥	用木料锯成，其两头低，中间拱起成拱形，底面为平面。通常用于分烫半成品和袖缝等部位，也可用于呢料压缝，使缉缝或止口平整且薄

2. 熨烫的基本方法

熨烫的基本方法如表 1-4 所示。

表 1-4　熨烫的基本方法

名　　称	基 本 方 法
推烫	利用熨斗的重量推动热熨斗压平熨烫衣物。当熨烫的织物面积较大、可平铺且只有轻微的褶皱时使用
注烫	利用熨斗的尖头部位对衣物上某些小范围进行熨烫。在操作时，提起熨斗底后部，用熨斗尖头部位熨烫衣物纽扣中间或饰物的周边部位
托烫	对于衣物上一些不规则的部位，在熨烫时不能放在烫台上熨烫，而必须用烫凳、烫馒等托着进行熨烫。用于熨烫肩部、领部、胸部或裙子的折边
侧烫	对于衣物上的筋、裥、缝等部位，在熨烫时，不能影响衣物上的其他部位，利用熨斗的侧面，侧着熨烫
焖烫	运用熨斗的重量和人手的压力，缓慢地对织物进行熨烫，使之平服、挺括。主要用于熨烫衣领和衣袖

二、劳动场所

1. 环境

周边环境保持整洁，不要在灰尘多的地方熨烫；地板和熨衣板干燥无水渍；电源线完好；离电源近，易接通。

2. 材料

待熨烫的衣物，适量的蒸馏水或纯净水。

3. 工具

熨斗或挂烫机、熨衣板、熨衣手套、衣领板（用于熨烫衬衫领子）、毛巾或熨衣布（用于低温熨烫）。

三、劳动说明

熨烫本质上是利用纤维在温热状态下能膨胀伸展和冷却后能保形的物理特性来实现对服装的热定型。熨烫包含温度、水分和压力三个要素。在实际操作时，还必须注意以下事项。

（1）把握正确的熨烫温度。熨烫中，要常试温，不能烫黄或烫焦衣物。

（2）喷水均匀，不要过干或过湿。

（3）注意力集中，推移熨斗时要根据熨烫要求，轻重得当，不能长时间将熨斗停留在一个位置上，或将熨斗在衣物表面来回摩擦。

（4）被熨烫的衣物要垫平。

（5）熨烫时，根据衣物部位和熨烫要求的不同，有时用熨斗整个底部，有时则用熨斗尖部、侧部或后部。

（6）熨烫时，一只手拿熨斗，另一只手要密切配合。如压住衣物，使之不随熨斗移动。分缝时，需用另一只手将衣缝拨开。

（7）熨烫间歇，应将熨斗竖放，切不可放在易燃物品上，以免着火。熨烫结束后及时切断熨斗电源，做到节能减排。

四、劳动评价

干洗行业有句特别常说的话——"三分洗七分烫"，可见熨烫是非常重要的一个环节。即使一件衣服再干净，如果褶皱不堪，也无法展现其美感。要使平面衣片变得立体，除运用缝纫工艺中的收省和打褶以外，熨烫加工对服装的立体造型的塑造尤为关键。熨烫日常服装评价表如表 1-5 所示（以衬衫为例）。

表 1-5　熨烫日常服装评价表

序　号	项　目	配　分	评判标准	得　分
1	熨斗放置	15	竖立放置熨斗，连接电源，打开熨斗电源开关，调节到熨烫衬衫所需温度（熨烫棉质材料的高温区域），等待加热	
2	熨烫准备	15	指示灯熄灭表示熨斗具备工作状态，随即开始操作，打开蒸汽按钮，开始熨烫	
3	熨烫衣服	40	熨烫顺序为衣领—衣袖—前襟—后背。要求：衣领平整，领口圆阔，领角坚挺；衣袖平整，袖口平整；前襟衣扣线、左上兜等部件熨帖；后背平整自然	
4	衣服叠放	10	迅速，对称，平整	
5	仪容仪表	10	头发扎束整齐，指甲不长，服装整洁适宜；姿态端正，动作优美；操作娴熟，动作连贯	
6	安全操作	10	操作过程中多余的动作少，保证用电安全，注意节约水和电	

五、劳动反思

（1）我在熨烫过程中有过怎样的思考，我创新性地解决了哪些实际问题？

（2）从熨烫衣服过程中我学到了什么劳动方法？可否用到做饭、打扫房屋、保养自行车上？

六、劳动辞典

在全国人大代表吕华荣看来，工匠精神的根基来源于对岗位的奉献和热忱。

吕华荣是温州市第一位获得"五一劳动奖章"的外来农民工。她给人的第一印象是朴实。作为一名普通的西服整烫工，她在温州熨了 18 年西服。她拎着 2 斤重的熨斗，用自己的踏实付出，成为中国"打工妹"的代言人。

西服整烫是一份很辛苦的工作，握在手里的熨斗足有 2 斤重，还要时常保持低头站立的姿势。当一起进公司的几十位姐妹相继辞去这份工作时，吕华荣却坚持了下来，而且一干便是 18 年！"其实我做的事人人都会。"但是手提 2 斤重的熨斗，为了熨平一个衣领，要先后重复十多次，这并不是每个人都能坚持下来的。这种脚踏实地的工作态度，就是对社会最大的贡献。

吕华荣所在的公司制作高级定制成衣，对整烫的要求较高。如果一套高档的西服烫得不好，品质就会大打折扣。吕华荣很在意经过她熨烫的衣服是不是更合身，是不是会让穿着的顾客看起来更精神。她说："看着自己烫出来的衣服给别人带来风度是一种享受。"

七、劳动文化

《捣练图》（局部见图 1-2）是中国唐代名画，描绘了贵族妇女捣练缝衣的工作场景。这幅画是唐代仕女画中取材较为别致的作品，由唐代画家张萱创作。

图 1-2　《捣练图》局部

此画描绘了唐代城市妇女在捣练、络线、熨平、缝制劳动操作时的情景，在长卷式的画面上共刻画了十二个人物形象，按劳动工序分成捣练、织线、熨烫三组场面。画中人物动作神形自然、细节刻画生动，表现出作者的观察入微。其线条工细遒劲，设色富丽，人物造型具有唐代仕女画的典型风格。

该画作原由圆明园收藏。1860 年火烧圆明园后被掠夺并流失海外，现藏于美国波士顿博物馆。

八、劳动拓展

皮衣因为是由天然动物皮毛或人造皮革制成的，不耐高温，无法熨烫，如何使其清洁平整呢？请查阅资料了解皮衣的材质特征，并总结皮衣的保养与收藏方法。

项目 2　简妆仪容仪表

一、劳动基础

近代中国传统审美受到西方文化的影响，女性开始展现出更加开放、时髦的生活方式。化妆作为社交礼仪的重要组成部分，满足了人们不断追求美的愿望。

1. 化妆的分类

化妆通常按性质及用途、色度、冷暖等进行分类。

（1）按性质及用途，化妆分为生活化妆（包括生活日妆、新娘化妆、职业化妆等）、艺术化妆（包括舞台化妆、戏剧化妆、写真化妆等）。

（2）按色度，化妆分为淡妆和浓妆。淡妆多用于生活日妆、职业妆等；浓妆多用于特殊的场合。

（3）按冷暖，化妆分为冷妆和暖妆。冷妆是指化妆后，妆面整体效果偏冷的妆型，而暖妆是指化妆后，妆面整体效果偏暖的妆型。

2. 化妆的作用

化妆可以护肤美颜和增强自信。

（1）护肤美颜。化妆就是为了美化容颜，用营养化妆品可使皮肤光洁、美观；用粉底霜可调整皮肤的颜色；描画眉毛可改变眉毛的形态；描画眼线可使眼睛深邃传神；涂抹腮红可使面部艳丽红润等。

（2）增强自信。人们的社会交往活动增多，化妆在美化容颜的同时，还能提升个人自信心。

3. 化妆的基本步骤

爱美之心，人皆有之，每个女性都应学会最基本的化妆技能。化妆的基本步骤如表1-6所示。

表1-6 化妆的基本步骤

序 号	步 骤	步 骤 详 解
1	基础护肤	先把脸洗干净，然后涂抹化妆水、乳液和隔离霜。根据肤质选择温和的洗面奶，用40℃温水洗脸，涂抹水乳和隔离霜能给皮肤涂一层保护膜。皮肤稍黄的人尽量用紫色隔离，脸上有痘的人尽量用红色或绿色隔离。涂抹防晒霜前要涂抹隔离霜，这能保护肌肤
2	妆前乳	一种美白彩妆品，能修饰肌肤色泽不均或暗沉，局部用能遮瑕，呈现晶莹透亮的光泽肌肤，优先选择乳白色的液状妆前乳。妆前乳用量不能太大，一个黄豆粒大小即可
3	粉底	分粉底液、粉底霜和bb霜等。皮肤有轻微瑕疵的人可用粉底液，油性肌肤不能用粉底霜。涂抹粉底时推荐用海绵粉扑或化妆刷等，这样能让粉底更加服帖，补妆时需选择气垫粉底
4	遮瑕	粉底不能完全把脸上的雀斑遮住，需在雀斑上涂抹淡黄色遮瑕液，然后用气垫粉扑均匀涂抹即可。涂抹时手法不能太重，不然会毁了底妆或导致干纹。不能来回在脸上摩擦，以点涂的方法上妆
5	修容	包括高光、腮红和阴影。修容产品通常用于鼻梁、脸颊两侧和发际线，高光产品涂抹在鼻梁、颧骨、额头和人中部位。化淡妆可以不修容
6	画眉毛	先用眉笔勾勒眉毛基本轮廓，再用眉笔填充涂色，最后用眉梳梳理眉毛，这样能均匀眉色

续表

序　号	步　骤	步 骤 详 解
7	画眼部	包括眼影、睫毛膏和眼线。先涂抹眼影，眼影上色的顺序是由浅到深，讲究渐变美，不能乱涂，眼影涂好后再画眼线。若想让眼睛更立体，可先画眼影再画眼线
8	腮红和润唇膏	腮红颜色需跟嘴唇颜色贴近，腮红分为粉状、膏状和液态。涂抹润唇膏前先热敷嘴唇，以软化嘴唇上的死皮，然后轻轻揉搓嘴唇，让死皮脱落，但不能太用力，不然会让嘴唇破裂。再把唇膏沿着唇部轮廓均匀涂抹。润唇膏是唇部护肤品，其中含有维生素、凡士林和抗氧化剂等成分，能达到补水保湿和滋润唇部的效果。涂抹口红前先用润唇膏打底，可以避免口红中的色素渗入唇部皮肤，减少铅和皮肤接触
9	口红	根据自己肤质选择口红色号，不同色号的口红涂出来的效果不一样。涂口红前可以用唇部遮瑕给嘴唇打底，这样能让口红更好地上色。按照自己的喜好选择涂薄一些还是厚一些，用唇线笔勾勒嘴唇的轮廓，能让嘴唇看起来更加立体精致

二、劳动场所

1. 环境

干净整洁，采光良好（以柔和自然光线为宜），温度适中，通风换气良好，有化妆镜台、桌椅等基本设施。

2. 材料

护肤品、粉底液、散粉、眉笔、眼影、眼线笔、睫毛膏、腮红、修容粉、口红等。

3. 工具

修眉刀、化妆刷、粉扑、化妆海绵、睫毛夹等专用工具。

三、劳动说明

涂抹手法是相当重要的，因为正确的手法可以让普通的护肤品功效加倍，而错误的手法则可能使得即使是高级护肤品也不能改善肌肤。每天都涂抹化妆水、精华液和乳液的你，到底对涂抹手法又有多少了解呢？只有正确的手法才能把护肤品的功效发挥到极致。

精华液保养品质地繁多，擦的时候要遵循"质地越浓厚，越往后擦"的原则，这样才能确保内含成分顺利被肌肤吸收。

乳液的作用是防止水分从皮肤表面流失，同时使得精华成分深入角质层，创造充满弹力感的白净美肌。

妆面的整体效果要与年龄、气质、身份、服装、服饰、发型以及时间、场合、季节等协调统一,只有达到整体格调的和谐一致,才能充分体现美感。

（1）化妆要以美化为原则,扬长避短,进行适度的矫正,展现个人特点。每个人的肤质、肤色、脸形和五官比例都不尽相同,因此不能盲目追随流行。

（2）化妆讲究协调性,既要与发型、服装、身份和场合相匹配,强调整体效果,又要注意妆容各部分之间的有机协调。

（3）化妆时要注意安全。使用修眉刀、睫毛夹等工具时,小心谨慎,勿伤害皮肤。

四、劳动评价

生活中人们的仪容仪表非常重要,它反映出一个人的精神状态和礼仪素养,是人们交往中的"第一形象"。简妆仪容仪表评价表如表 1-7 所示。

表 1-7　简妆仪容仪表评价表

序　号	项　　目	配　分	评判标准	得　分
1	粉底	15	粉底服帖自然、干净;瑕疵遮盖良好;深浅粉底衔接自然;提亮色以及修饰色要与脸形相符合;定妆粉与粉底的牢固性	
2	眉形	11	眉形要符合脸形;层次过渡自然;左右对称;颜色要与发色相协调	
3	眼影	12	眼影晕染要调整、符合眼形;色彩搭配要与服装相协调;要有层次;过渡要自然,眼影晕染要符合眼形;色彩搭配要与服装相协调;要有层次;过渡要自然	
4	假睫	15	黏贴要牢固;调整眼形;真假睫毛结合在一起;翘度自然;翘度左右一致,符合眼形	
5	眼线	12	描画干净;线条清晰、整齐;左右对称,调整眼形;睫毛根处要画实;要适合眼形与妆型	
6	唇形	10	唇形要符合脸形;色彩要符合整体色彩;要有立体效果（明暗度）;边缘轮廓清晰	
7	腮红	10	形状符合妆型风格;过渡均匀,色彩柔和;色彩要与唇形、眼影相协调	
8	妆面	15	妆面干净,整体效果协调	

五、劳动反思

（1）我在化妆过程中有过怎样的问题或顾虑? 我是如何解决这些问题的?

（2）在实践过程中个人审美有何改变?

六、劳动辞典

化妆源于人类对美的追求，从考古遗址和洞穴壁画上都能发现人类妆饰美的痕迹，即以从矿物或植物中提取的颜料在身上绘制有规律的图案。

从周朝起，化妆风格以粉白黛黑为主，被称作"素妆时代"。到了秦汉时期，女性更加注重容颜妆饰，以浓艳为美。魏晋南北朝时的化妆技巧渐趋成熟，呈现多样化的倾向，用色大胆。隋朝装扮较朴素，崇尚简约之美。唐朝国势强盛，经济繁荣，与外族交往甚盛，因此女性妆饰追求怪异新奇之风，表现富丽雍容的风格。宋朝女子装扮倾向淡雅幽柔，朴实自然。明清时期妇女大多薄施朱粉，轻淡雅致，与宋元颇为相似。

民国时期化妆品种类繁多，香粉是各阶层妇女的首选化妆品。有些人坚持传统的化妆方法，有些人则大胆追求时尚，喜欢香水、旋转式唇膏，画有层次感和线条柔和的眉毛，描有立体感的深色眼影，贴假睫毛，且对上唇饱满下唇线条明显的唇形特别喜爱。

七、劳动文化

柳叶细眉是中国古典美人的标志，如《胤禛美人图》中清淡自然的眉形，显得优雅温柔。

《胤禛美人图》（局部见图 1-3）是由清初佚名画家创作的绢本设色画，共有 12 幅，每幅尺寸相同，均纵 184 厘米，横 98 厘米。作品以单幅绘单人的形式，分别描绘 12 位身着汉服的宫苑女子品茶、观书、沉吟、赏蝶等闲适生活情景，同时还以写实的手法逼真地再现了清宫女子冠服、发型、首饰等当时宫中女子流行的妆饰。

图 1-3　《胤禛美人图》局部

古代人物画中还有一种"三白法"，指的是把额头、鼻梁、下颌用较厚的白粉染出，使人物面部富有立体感，如唐寅的《王蜀宫妓图》。

在古代仕女画中，常出现"千人一面"的情况，如仇英的《汉宫春晓图》中仕女的脸形和五官都具有一定的样式化，被视为一种美的典范。

八、劳动拓展

良好的个人形象是现代社交礼仪的重要部分，不同的场合需要搭配适合的妆容。本周末，宁娜要参加毕业汇演晚会，她将以怎样的妆容和服饰出场呢？请为她出谋划策，提供一个切实可行的方案。

第二课　家　务　劳　动

家庭是进行劳动教育的最基本场所，家务劳动是学生首要的劳动形式。《朱子家训》开篇就提出"黎明即起，洒扫庭除，要内外整洁……"而《弟子规》中也有"房室清，墙壁净，几案洁，笔砚正"等保持居家环境整洁的标准。

一、中职生家务劳动的价值意义

简单的家务劳动包括洗衣做饭、购买日用品、打扫卫生、照顾老人或患者等。在不同的文化和社会中，家务劳动的分工情况有所不同。但无论何种性质的劳动，都对学生的能力培养有积极的意义。

1. 培养独立生活能力、激发人体潜能

中职生掌握的生存技能越多，独立生活能力就越强，就能够更好地应对生活中遇到的问题，并努力克服和解决问题。现代科学研究表明，家务劳动与大脑发展关系紧密，参与家务劳动能够促进大脑发育和身体协调。

2. 训练逻辑思维能力

参与家务劳动能够锻炼身体协调能力和动手能力，有助于提高逻辑思维能力和锻炼对事情分析、判断、统筹安排的能力，能够更好地认识事物。家务劳动蕴含着一定的逻辑关系，需要参与者运用分类、比较、组合、归纳等思维方式进行合理安排。家务劳动的组合、实践过程的优化，就是逻辑思维的训练与提升过程。

3. 锻炼与人交流、合作的能力以及培养团结意识

在家务劳动过程中，中职生需与父母就劳动任务和目标进行沟通，分工合作，在各自的努力下达成目标。在这个过程中，可锻炼学生的分析能力和沟通能力，同时还能培养其合作意识和团结精神。

4. 培养责任意识与形成创新思维

家务劳动能使中职生感受到他是家庭中的一分子，有责任和义务为这个家庭做些什么，懂得做家务人人有责。习近平总书记指出，生活从不眷顾因循守旧、满足现状者，而将更多机遇留给勇于和善于改革创新的人们。在劳动中改变，在改变中创新，有助于创新性思维的形成。

5. 调节家庭气氛，构建和谐氛围

中职生分担家务劳动后，亲身体验家务的繁重与琐碎，切身体会父母终日劳作的不易，从而会更珍惜现在所拥有的，会更懂得关心父母、体贴父母和孝敬父母。这样，对父母的抱怨、抵触就会减少，而且在日常的共同劳动中还会增加对父母的信赖和感情，从而给家庭带来一种融洽、和谐、欢乐的气氛。

6. 树立安全意识

家务劳动种类繁多，涉及各种食材、家电、洗化用品等，因此牢固树立安全意识很重要。例如：一些食物不能同时混食，否则容易损伤肠胃；大功率电器不能随意搭配接线板，否则容易引发火灾；部分洗化用品不能混用，否则容易产生有毒有害物质。

7. 学会统筹规划

随着生活节奏的加快，时间被分割成一块块碎片，合理利用碎片化的时间需要统筹规划。例如，可以以每日、每周生活必需为主线，将各种家务劳动穿插其中，合理规划劳动时间，并保留适度的机动时间，提高时间利用率。

8. 养成劳动习惯

古人云，不以规矩，不能成方圆。家务劳动习惯的养成不可能一蹴而就，需要逐步、逐项培养。要学会乐观面对生活，及时调节负面情绪。最后需要我们长期坚持，养成劳动习惯。

【课堂互动】

家政服务到底值不值，我们是应该自己动手做，还是应该找专业的家政服务呢？

二、中职生家务劳动的小技巧

家务劳动比较辛苦和琐碎，但是如果掌握一些小技巧，就会相对轻松一些。

（1）擦窗户时，如果直接用湿抹布擦，干了后，窗户会变得更脏，如果想让窗户变得干净，可以用喷上清洁剂的报纸擦。

（2）吃完饭洗碗时，可以用使用过的茶叶包擦碗，油渍很容易被清除。

（3）瓶子的口很小，往往不好清洗，这时可以往瓶子里倒入淘米水，然后摇一摇，最后用干净的水冲洗。

（4）冰箱用了一段时间后会有很多食物的味道串在一起，可以将橙子皮放在冰箱里，吸附异味。

（5）烹饪冷冻的肉时，解冻需要很长时间，此时可以在水里放入盐，这样能快速解冻。

（6）白色衣服容易泛黄，在洗衣服时加一些柠檬到热水里，泡一会儿，衣服会变白。

【课堂互动】

> 明代朱柏庐告诫子孙："黎明即起，洒扫庭除，要内外整洁；既昏便息，关锁门户，必亲自检点。"朱柏庐为什么要给子孙留下这样的告诫？说说你对这句话的理解。

三、家务劳动任务清单

家务劳动是家庭成员为家庭内部事务进行的自我服务和相互服务的劳动，是家庭生活不可或缺的组成部分。家务内容复杂，既有开门七件事：柴、米、油、盐、酱、醋、茶，又有缝新补烂、洗洗涮涮，也有饲养家畜、家禽，还有房屋的修建，家具的购置、保管、使用，生儿育女，照顾老人，亲朋往来，红白喜事应酬等。

家务劳动任务清单如表 1-8 所示。

表 1-8　家务劳动任务清单

类　别	项目（供选择）	目　标
家庭餐饮	设计菜谱，学做家常菜	科学设计菜谱，进行营养丰富的食材搭配，掌握一定的烹饪方法
家居清洁	衣物清洁，厨卫清洁	认识洗涤标志，掌握正确的方法；辨别家具材质，选择合适的清洁方法
家电维修	水路检修，电路检修，卫浴设施检修	掌握基本原理，处理常见水电故障，培育安全和节能环保意识
照顾老人	日常照护，卧床护理，心理疏导	掌握基本方法，构建良好照护环境，做好心理调适与疏导
智慧生活技能	（1）家庭网络； （2）智能家居； （3）远程控制； （4）网上采购	（1）路由器安装，局域网维护，组件连接与设置； （2）安装购物软件，熟悉网上支付手段，具备网购风险防范意识； （3）系统自带远程控制，利用软件获得远程控制或协助； （4）智能家电选择，智能家电安装，智能控制软件应用

项目 1　设置无线路由器

一、劳动基础

路由器是一种专门的智能网络设备，用于连接两个或多个网络，在网络之间充当网关的角色。它能够读取每一个数据包中的地址，并根据其内容决定如何传送，从而实现网络之间的数据传输。如今大多数家庭都使用宽带上网且多人共享，所以路由器已成为必不可少的设备。

路由器是互联网的主要节点设备，通过路由决定数据的转发。它的处理速度是网络通信的主要瓶颈之一，而它的可靠性则直接影响着网络互联的质量。

路由器最主要的功能是实现信息的转送，就像快递公司投递邮件一样。邮件并不是瞬间到达最终目的地的，而是通过不同的分站分拣，逐渐接近最终地址，实现邮件的投递。因为路由器处在不同网络之间，它并不一定是信息的最终接收地址。所以在路由器中，通常存在着一张路由表。根据传送网站最终地址，路由器会在路由表中寻找下一步的转发地址，决定该转发到哪个网络。因此，我们把这个过程称为寻址过程。路由器寻址过程也是类似的。通过最终地址，在路由表中进行匹配，并通过算法确定下一步的转发地址。这个地址可能是中间地址，也可能是最终的到达地址。路由器工作的网络结构图如图1-4所示。

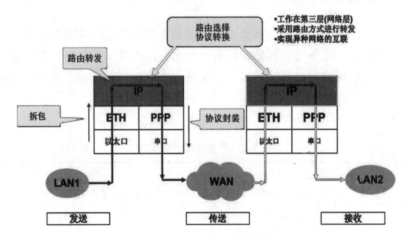

图1-4　路由器工作的网络结构图

路由器具体功能如下。

（1）实现IP、TCP、UDP、ICMP等不同网络协议的互联。

（2）对数据进行处理。收发数据包，具有对数据的分组过滤、复用、加密、压缩及防火墙等各项功能。

（3）依据路由表的信息，对数据包下一传输目的地进行选择。

（4）进行外部网关协议和其他自治域之间拓扑信息的交换。

（5）实现网络管理和系统支持功能。

二、劳动场所

1. 环境

室内电源线完好，无电磁信号干扰。

2. 材料

制作好的网线等。

3. 工具

家用计算机一台，智能手机一部，路由器一台，与手机系统相配套的 App。

三、劳动说明

无线路由器可以实现宽带共享功能，为局域网内的计算机、手机、笔记本电脑等终端提供有线、无线接入网络。设置无线路由器连接宽带的过程如表 1-9 所示。

表 1-9　设置无线路由器连接宽带的过程

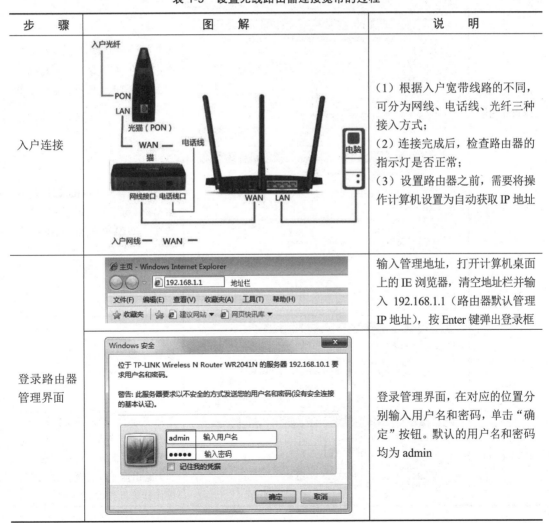

步　骤	图　解	说　明
入户连接		（1）根据入户宽带线路的不同，可分为网线、电话线、光纤三种接入方式； （2）连接完成后，检查路由器的指示灯是否正常； （3）设置路由器之前，需要将操作计算机设置为自动获取 IP 地址
登录路由器管理界面		输入管理地址，打开计算机桌面上的 IE 浏览器，清空地址栏并输入 192.168.1.1（路由器默认管理 IP 地址），按 Enter 键弹出登录框
		登录管理界面，在对应的位置分别输入用户名和密码，单击"确定"按钮。默认的用户名和密码均为 admin

续表

步　　骤	图　　解	说　　明
按设置向导设置路由器	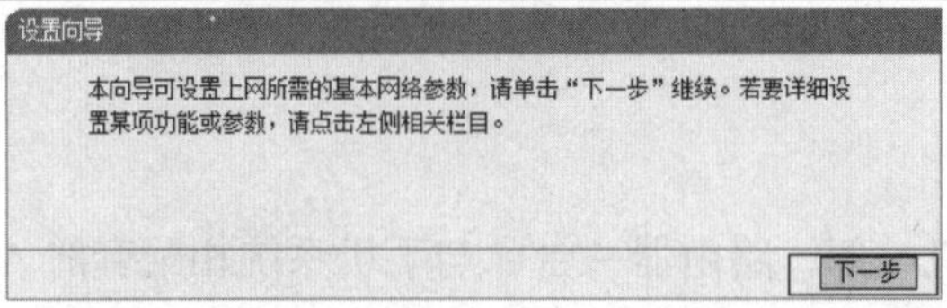 设置向导 本向导可设置上网所需的基本网络参数，请单击"下一步"继续。若要详细设置某项功能或参数，请点击左侧相关栏目。 下一步	开始设置向导，进入路由器的管理界面，单击"设置向导"，然后单击"下一步"按钮
	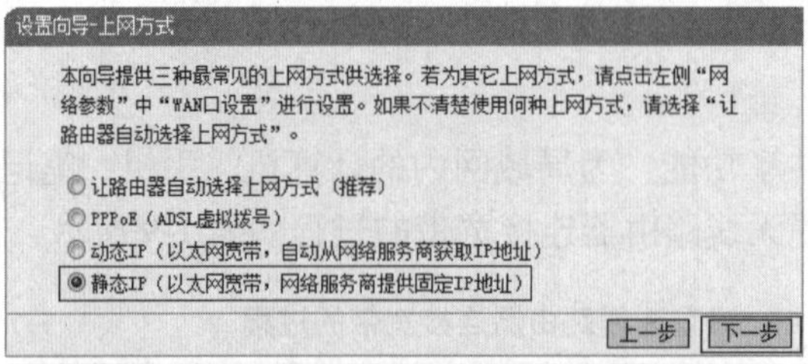 设置向导-上网方式 本向导提供三种最常见的上网方式供选择。若为其它上网方式，请点击左侧"网络参数"中"WAN口设置"进行设置。如果不清楚使用何种上网方式，请选择"让路由器自动选择上网方式"。 ○让路由器自动选择上网方式（推荐） ○PPPoE（ADSL虚拟拨号） ○动态IP（以太网宽带，自动从网络服务商获取IP地址） ◉静态IP（以太网宽带，网络服务商提供固定IP地址） 上一步　下一步	选择上网方式，选择"静态IP"（根据实际上网方式选择），单击"下一步"按钮
	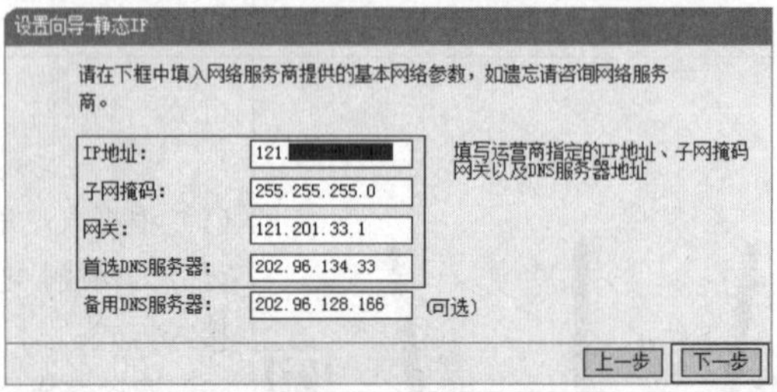 设置向导-静态IP 请在下框中填入网络服务商提供的基本网络参数，如遗忘请咨询网络服务商。 IP地址：　　121███████　填写运营商指定的IP地址、子网掩码 子网掩码：　255.255.255.0　网关以及DNS服务器地址 网关：　　　121.201.33.1 首选DNS服务器：202.96.134.33 备用DNS服务器：202.96.128.166（可选） 上一步　下一步	填写IP地址等参数，填写运营商指定的IP地址、子网掩码、网关以及DNS服务器地址。单击"下一步"按钮
	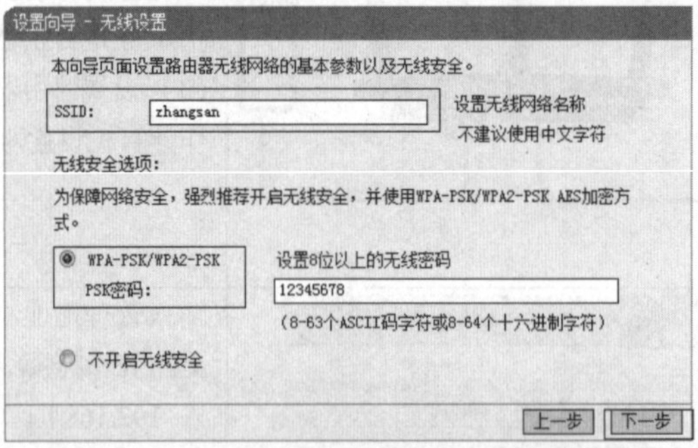 设置向导 - 无线设置 本向导页面设置路由器无线网络的基本参数以及无线安全。 SSID：　zhangsan　设置无线网络名称 　　　　　　　　　　不建议使用中文字符 无线安全选项： 为保障网络安全，强烈推荐开启无线安全，并使用WPA-PSK/WPA2-PSK AES加密方式。 ◉ WPA-PSK/WPA2-PSK　设置8位以上的无线密码 　PSK密码：　12345678 　　　　　　（8-63个ASCII码字符或8-64个十六进制字符） ○ 不开启无线安全 上一步　下一步	设置无线参数，SSID即无线网络名称（可根据实际需求设置），选中"WPA-PSK/WPA2-PSK"单选按钮并设置"PSK密码"，单击"下一步"按钮
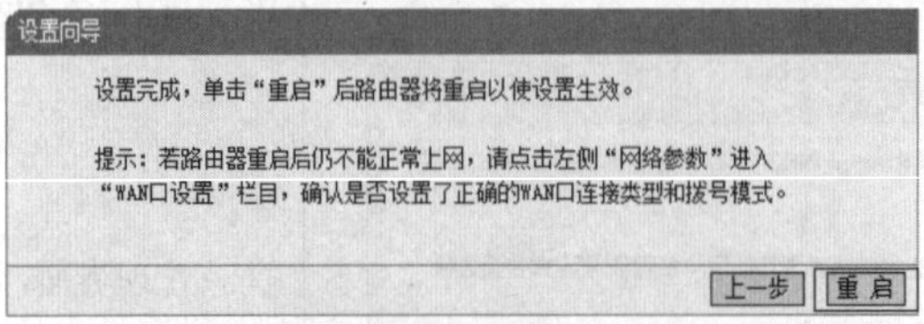	设置向导 设置完成，单击"重启"后路由器将重启以使设置生效。 提示：若路由器重启后仍不能正常上网，请点击左侧"网络参数"进入"WAN口设置"栏目，确认是否设置了正确的WAN口连接类型和拨号模式。 上一步　重启	设置完成，重启路由器。单击重启，在弹出对话框中确定
是否成功	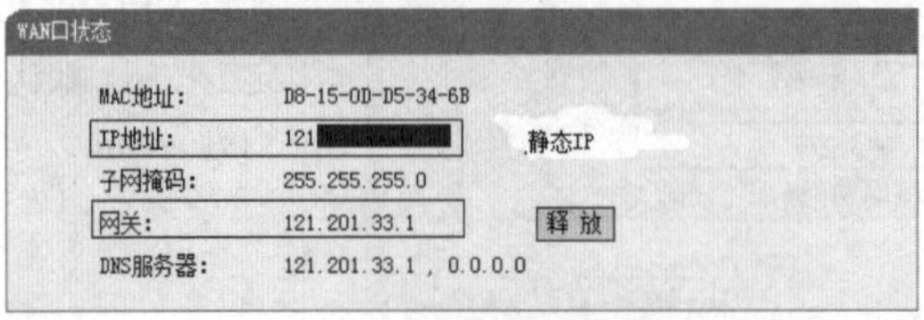 WAN口状态 MAC地址：　　D8-15-0D-D5-34-6B IP地址：　　　121███████　静态IP 子网掩码：　　255.255.255.0 网关：　　　　121.201.33.1　释放 DNS服务器：　121.201.33.1，0.0.0.0	重启完成后，进入路由器管理界面，单击"运行状态"，查看WAN口状态，左图表示设置完成。至此，路由器已经设置完成，可以操作计算机尝试上网

无线路由器的随机附件（包括产品使用说明书、保修卡、网线和安装光盘等）清单一般都写在产品的外包装上，用户需要仔细核对，以免在后期使用时出现问题。

（1）无线路由器设置好之后，需要修改默认的登录密码，这是为了网络安全，最好是修改成8位数以上的密码，以免被别人轻松破解。

（2）网线需要经过专业技术人员测试再投入使用，以防出现网络不通等问题。

（3）如果设置完成后仍然上不了网，可以重新设置一遍或者检查宽带的用户名和密码是不是填写正确。

（4）防止被蹭网。市面上有许多蹭网软件，为了防止自己的 Wi-Fi 无线网络被蹭，建议提高无线网络的安全度，设置较复杂的无线上网密码，并且要定期查看路由器上连接的终端设备，看到一些陌生的设备要删除，防止被蹭网。

四、劳动成果

在家庭无线接入 Wi-Fi 中，路由器经常遇到信号差、衰减严重、不稳定、性能瓶颈等问题，因此在设置过程中要引起足够的重视，以确保路由器可靠工作。设置路由器评价表如表 1-10 所示。无线路由器的连接示意图如图 1-5 所示。

表 1-10　设置路由器评价表

序　号	任务实施成果	评 判 标 准	是/否
1	入户连接	整齐美观，能提高生活品质	
2	是否成功	操作计算机或手机尝试上网	
3	节能环保、高效安全	节约电能，减少非必需品的消耗、智能操控	

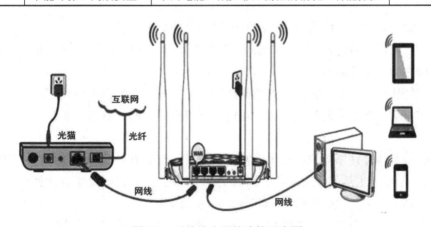

图 1-5　无线路由器的连接示意图

五、劳动反思

（1）我在设置无线路由器的过程中有过怎样的思考？解决了哪些实际问题？

（2）在本次劳动过程中我有何收获?

六、劳动辞典

智能生活平台是一种利用云计算技术进行存储，在家庭场景功能融合、增值服务挖掘的指导思想下，采用主流的互联网通信渠道，配合丰富的智能家居产品终端，构建的一个能够享受智能家居控制系统带来的新的生活方式的平台。

这个平台能够多方位、多角度地呈现家庭生活中更舒适、更方便、更安全和更健康的具体场景，进而打造一个具有共同智能生活理念的智能社区。

过去几十年，人类社会经历了数字化、网络化和智能化变革。在我们生活的物理世界之上已经出现了一个数字网络世界的雏形，人们的很多活动直接发生在数字网络世界中，同时物理世界和数字网络世界被连接起来，线上线下生活紧密交融，数字化生活时代已经到来。从电子商务发展、移动支付普及，到智慧交通智能出行，再到远程教育资源共享，信息化深刻影响着人们生活的方方面面。与之前的科技革命和产业革命相比，信息化革命对人们生活的影响范围更广、程度更深。信息化的发展将全方位改变社会面貌，催生全新的生活方式，为我们创造更加美好的生活。

信息化只有起点，没有终点。无论信息技术发展到何种程度，都应坚持以人为核心，让信息技术造福全社会，让数字红利惠及每一个人，这才是科技进步的价值追求和意义所在。

七、劳动文化

在前人对于未来的无数构想中，消费生活一直是个热门话题。

未来学家尼尔·阿德利（Neil Ardley）在他的著作《明日世界》（1982 年）中构想了解放人类劳动力的未来商店形式。

在尼尔的构想中，未来的商店将越来越像仓库，机器人承担了照相、打包、邮寄等所有工作。届时消费者不需要包括售货员在内的任何人的帮助，只需要动动手指，就能独自把钱花出去。

未来的消费体验是怎样的? 现代福特航天公司的前身 Philco-Ford 公司曾在 1967 年推出一部幻想 1999 年生活的概念短片，名为 *1999 A.D.*，内容是围绕中央计算机设想的未来家庭生活，其中也包括"指尖购物"（finger shop）的情节。

影片表达了当时对未来家居的憧憬。从这段影片中我们看到了不少有趣的想法，包括网上购物、电子银行和电子邮件。影片中还通过烤箱里的处理器跟踪用户的饮食习惯，这个概念与今天的智能设备惊人地相似。*1999 A.D.*的电影海报如图 1-6 所示。

图 1-6 *1999 A.D.*电影海报

八、劳动拓展

周日，小明同学有一篇课程设计等着上传网络，但家里的 Wi-Fi 出现故障不能使用，他打算打开手机中的热点，让笔记本电脑连接网络。请你写出操作流程。

项目2 护理患者

一、劳动基础

一个人生病后，其社会角色也会随之发生改变。由于角色突然转变为患者，以及生活环境、人际关系的改变，患者往往难以适应，会出现一些心理问题，这就需要通过心理护理，帮助患者创造有利于治疗和康复的最佳心理状态。心理护理不但有利于患者康复，还能贯穿于对患者实施的整体护理中，提高护理效果。此外，心理护理也有助于提高临床治疗效果，帮助患者早日康复。

1. 家庭护理的目的

（1）为患者提供持续性医疗护理，使其出院后仍能得到全面照顾。
（2）降低出院患者再住院率及急诊的求诊频率。
（3）减少患者家属往返奔波医院之苦。
（4）减轻家庭经济负担。
（5）扩展护理专业领域，促进护理专业发展。
（6）缩短患者住院日，提高病床利用率。

2. 家庭护理的重要性

家庭护理主要是指护理体温、脉搏、呼吸、血压、瞳孔等，这些生命体征的变化能反映患者疾病的好转或者恶化。因此病情观察是基础护理的重点内容。此外，还应注意皮肤黏膜的变化和呕吐物及大小便的颜色、量、性状、次数等。家庭护理包括医疗护理、生活护理、饮食护理和心理护理，这些方面对患者的康复缺一不可，都非常重要。

3. 家庭护理的主要内容

（1）从心理上给患者安慰，患者急躁易怒，家属应谅解忍让。

（2）居住环境保持清洁舒适，房间对流通风。

（3）基础护理应做到"六洁"（口腔、脸、头发、手足皮肤、会阴、床单清洁）、"五防"（防褥疮、防直立性低血压、防呼吸系统感染、防交叉感染、防泌尿系感染）、"三无"（无粪、无坠床、无烫伤）、"一管理"（膳食管理）。

（4）用药安全。遵医嘱按时、按量用药，做好药品保管。

（5）健康教育，指导患者自我护理，纠正不良生活习惯，不吸烟，不喝酒，提高自我护理能力，避免有害的应激源造成不良影响，协助其维持身心平衡。

（6）鼓励患者参与正常人的生活，参加轻松的工作，适量学习，在工作和学习中重新确立自己的生存价值。

二、劳动场所

1. 环境

周边环境保持安静整洁，光线明亮，不能有灰尘，地面干燥无水渍。

2. 材料

干净棉制床单1条。

3. 工具

毛巾、垃圾桶、水桶（用来盛放换洗床单或污衣袋）、抱枕。

三、劳动说明

更换卧床患者的床单，是老年人护理工作中的一项基础护理技术，也是临床护理中常见的操作之一。更换卧床患者床单，通常有以下八个步骤。

（1）让患者转到照顾者一侧，更换床单时，如需要退去盖被，应加盖毛巾被以保暖。

将床垫下的床单拉出。

（2）拉上床栏，走到床对侧将床单拉出卷向内侧。

（3）用床刷扫净床垫上的垃圾和灰尘。

（4）铺上干净的床单，中线对齐床中线。

（5）将近侧洁净床单整理好。

（6）让患者转至照顾者一侧，拉上床栏。

（7）走到床对侧，取出脏的床单，放入污衣袋，用床刷扫净床垫上的垃圾和灰尘。

（8）拉出洁净床单，整理，协助患者摆好舒适体位。

随着世界人口老龄化不断加深，老年患者的数量也不断增加，由于老年患者各脏器、组织生理功能、形态等会发生退行性变化，表现为生理适应能力减弱，抵抗力下降等衰老现象，因而老年患者往往具有病程长、恢复慢、易反复、疗效差等特点。老年患者的发病率、住院治疗率比其他年龄组高，因此，做好老年患者的护理工作包括心理护理尤为重要。在实际的操作过程中，尤其要注意以下几个方面。

（1）劳动策略：给老年患者更换床单时，认真观察老人的情况，选择合适的时机。照护过程中出现的常见问题及解决办法如表1-11所示。

表1-11　护理老年患者过程中的常见问题及处理方法

常 见 问 题	处 理 方 法	备　　注
不愿意更换	询问具体原因，倾听其诉说，积极沟通，得到配合	
翻身时头晕	动作应轻柔、缓慢，必要时暂停操作	
翻身时疼痛	动作轻柔，检查疼痛部位，用轻抚、按摩等方法减轻其疼痛	

（2）劳动安全：照护前，应取下手表、手链，修剪指甲，防止划伤老人皮肤；照护过程中，注意遮挡老人，防止其受凉。

（3）劳动习惯：如果老人体力尚可，更换床单时，可先扶老人坐在床边的座椅上，确保安全，更换完床单后，再扶老人躺回床上。

（4）外出时随身携带常用急救药盒以备急需，定期检查药品的有效期。

（5）家人可以将家庭住址及家人联系电话放于老人的贴身小囊中，最好缝于衣角内缘。

（6）常用物品：手表、坐垫、零钱、拐杖、老花镜、助听器、专用手机、帽子、小毛巾。

四、劳动评价

给卧床患者更换床单可以保持患者的清洁，使患者感觉更舒适，并预防压疮等并发症的发生。更换卧床患者床单评价表如表1-12所示。卧床患者床和床上用品选择如图1-7所示。

表 1-12　更换卧床患者床单评价表

评 价 内 容	配　　分	评 判 标 准	得　　分
操作准备	15	床单、床刷及床刷套，洗手液，需要时备清洁衣裤及便盆	
		操作者着装整齐，仪容、仪表符合要求并戴口罩	
		环境：病房温度是否适宜，酌情关闭门窗，按季节调节室温	
		患者病情、年龄、体重、肢体活动能力、心功能状况。有无手术伤口、引流管、骨折固定及牵引情况等	
		患者配合程度、卧位、皮肤情况	
		洗手：按七步洗手法或用速干消毒液消毒双手	
操作程序	75	移患者至对侧：松开床尾盖被，妥善放置各种引流管，放下同侧床栏，拉起对侧床栏。将患者枕头移向对侧，协助患者翻身，侧卧于床对侧，背向照顾者，遮盖好患者	
		清扫近侧床单及床褥：从床头到床尾松开近侧床单，将床单污染面向内卷入患者身下，扫净褥垫上的渣屑	
		移患者至近侧：协助患者平卧，将患者枕头移向近侧，协助患者移向近侧，患者侧卧，面向照顾者，躺卧于铺好床单的一侧，妥善安置各种引流管，必要时上好床栏	
		取出污染床单：照顾者转向对侧，松开床单，取出床单放入污衣袋	
		清扫床褥：从床头至床尾扫净床褥	
		铺好同侧床单	
		整床铺无褶皱、清洁、干燥无渣屑，归置用品	
注意事项	10	操作动作应当轻稳，避免对患者造成不必要的伤害	
		帮助患者翻身过程中避免脱、拉、推等动作	
		操作时遵循人体力学原则，注意省时节力	

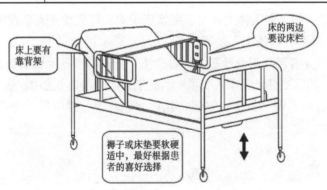

图 1-7　卧床患者床和床上用品选择

五、劳动反思

（1）我在更换床单过程中有过怎样的思考，事实证明我的思考是否正确？我创新性地解决了什么实际问题?

（2）从帮助老人更换床单的过程中学到的方法，可否用来为老龄患者更换衣服?

六、劳动辞典

护理是一门应用科学，分为家庭护理和有偿护理。有偿护理必须按照国家卫生健康委的相关条文执行相应的护理项目，有条理、有目的、有计划地完成基础或常规护理，观察了解患者体表体重等基础情况，根据病情变化监测或获取病情数据，以配合医生完成对患者的治疗。加强输液巡视和教育，及时处理医疗纠纷，防止医疗事故的发生。开展危重症生命体征监测、标本采集、体重营养定期采集分析，并从生理心理、社会文化和精神等方面，照顾患者的生活起居、日常活动、用药和安全等。

随着医学模式向生物—心理—社会模式转变，我国的护理理念发生了根本性变化，对我国护理教育发展方向提出了全新的要求。目前我国的护理教育设立了培养专业基础扎实、知识结构合理、业务能力强的综合性高级护理人才的教育目标。要实现这个目标，必须认真借鉴我国护理教育发展多年的得与失，切实立足我国护理教育的现状，放眼未来。

医学科学技术日益自动化、信息化、高速化，对护理人员提出了新的技能要求。这些因素促使我们进一步看清我国护理教育面临的发展机遇与挑战，切实更新护理教育理念，转变教育思想。护理教育应该加强对在校护理生社会、人文知识和专业思想的培训，逐步改变以传授专业知识为主的传统护理教育观念，并积极学习和汲取国外先进的教育和实践经验。

七、劳动文化

虞舜，瞽叟之子，性至孝。父顽、母嚚、弟象傲。舜耕于历山，有象为之耕，有鸟为之耘，其孝感如此。帝尧闻之，事以九男，妻以二女，遂以天下让焉。

《舜耕历山》（见图1-8）讲述的是，传说上古帝王舜出生于一个穷苦家庭，年幼丧母，其父是盲人，继母常虐待他，舜被迫逃离家庭，但当父母生病需要人照顾时，舜仍然尽力服侍父母。舜的孝心感动了天地，他干活时，出现了大象跑来替他拉犁、小鸟飞来帮他除草的景象。

八、劳动拓展

如果长期卧床的老人，大小便不小心弄脏了床单，应如何更换?除了更换床单，还应该做什么来保护老人的皮肤不受损害呢?请查阅资料了解长期卧床老人压疮的预防方法，并在护理老龄患者的过程中进行压疮的预防与皮肤管理。

图 1-8　年画《舜耕历山》

第三课　校　园　劳　动

校园劳动旨在确保学校各项职能的良好发挥，既包括基本的生活劳动项目，也包括一些专业技能实践。校园劳动还包括在校园活动中同学们的辅助工作，如运动会、文艺汇演、演讲比赛、社团活动等的筹备、联络、主持和志愿服务工作，以及面对重大疫情、自然灾害等危机时的防护与救援。

一、校园是我们的家

校园由物质环境和精神环境构成，不仅为我们提供了舒适的学习环境，还是校园文化的重要表现形式，需要我们每个人尽力维护。

1. 物质环境

校园物质环境主要是指经过人们组织、改造而形成的校容、校貌和校园学习环境，具体包括校容、校貌、自然物、建筑物及各种设施等。保持校园物质环境的干净整洁，不仅能为全校师生营造一个舒适的学习环境，还有利于学生形成良好的卫生习惯。

2. 精神环境

校园精神环境是校园的灵魂，是学校师生认同的价值观和个性的反映，具体体现在师生的精神面貌、校风、学风、校园精神、学校形象等方面。积极参与校园精神环境建设有助于改善校园学习风气，形成一种积极向上的精神文化，影响身处其中的每个人。

二、校园劳动的意义

1. 强化责任意识

如果觉得校园不够清洁干净，就自觉去打扫；如果觉得校园花草树木不够美观，就申请主动去改造；如果觉得校园活动还可以更多姿多彩，就用心设计活动方案。我们是校园的主人，它的美丽和魅力都是我们的责任所在。

2. 提升审美能力

结合中国传统文化的精髓打造优美的校园环境。例如，优秀的书法、绘画作品的展示，如诗如画的校园景观环境的打造，它们既美化了校园环境，也提高了我们的审美能力，更能激发我们创造美的灵感。

3. 培育服务意识

通过参加丰富多彩的志愿服务活动，自觉参与学校公共事务的管理，可以激发我们的公共服务意识。如面对重大疫情、灾害等危机，在校园生活中学会应对方法、防护措施以及一些基本的救援技巧。

三、校园劳动的小技巧

1. 方案策划

精心策划的校园劳动方案就像为我们的行动提供了一张详细的地图，不仅告诉我们要完成怎样的劳动成果，还指导我们按怎样的步骤来完成劳动任务，并充分考虑在校园劳动过程中的时间分配、人员分工、注意事项等。

2. 自主学习

参与校园劳动可以让我们更深入地理解所学知识，掌握劳动技能，并收获劳动成果带来的快乐，同时也能体验劳动过程中的乐趣。对于不熟悉的校园劳动项目，我们可以充分利用专业书籍、网络、专业人士等资源，自主学习，积极实践，不断提升自己。

3. 分工合作

分工合作是校园劳动的最主要特点。每个人都在团队中发挥一己之长，收获的不只是劳动成果，更有深厚的友谊。

【课堂互动】

为了积极响应"劳动最光荣"的号召、提高生活自理能力和学会与他人合作,小张同学为自己设计了一份劳动清单,具体包括以下几项。

（1）打扫宿舍卫生,整理个人物品。

（2）参加社区和学校组织的公益活动。

（3）参与校园卫生清洁、绿化美化活动。

（4）参与班级的集体活动。

（5）参与手工制作活动。

（6）照顾动植物。

（7）践行垃圾分类。

除了小张同学想到的这些劳动项目,你认为中职生还可以参与哪些劳动?试着列举几项。

四、校园劳动任务清单

劳动教育从校园劳动开始。针对现在很多学校的后勤服务由社会服务公司承担的情况,学校可以适当减少聘用社会服务公司人员或适量减少外包业务量,将部分后勤服务交由学生完成。

学生宿舍可实行学生自我管理,对宿舍卫生、被褥整洁、物品摆放等,组织检查、评比、奖励。教室卫生保洁分组值日,组长合理安排,带领全组同学完成每日的班级卫生扫除工作,年级每周一评比,每周一通报,周周评先树优。校园公共区域的卫生保洁工作由学校统筹安排,合理分工,划定班级责任区,组织开展检查、评比和奖励。

有条件的学校还可以分批组织学生进入食堂操作间,在食堂师傅的指导下,择菜、洗菜、烹制食物,在教师的组织下,为同学售饭。学生也可承包食堂的卫生清理、碗筷清洗等工作。

校园的绿化工作,也可以安排学生以班组为单位参加。

校园劳动任务清单如表 1-13 所示。

表 1-13 校园劳动任务清单

类　　别	项目（供选择）	目　　标
校园生活环境的整理	教室、宿舍、实训室、体育场馆等场所的卫生清洁与整理	学会卫生清洁的基本方法,掌握物品整理的基本技能,了解垃圾分类的常识,能够科学应对特殊事态
校园绿化环境的打造	校园花草树木的景观设计、种植、修剪、养护等	掌握花草树木种植的一般步骤,了解花草修剪和养护的常用技术,初步培养自己设计和制作校园景观的能力
校园文化环境的创设	教室、宿舍等处所的文化设计与造景	因地制宜,科学利用,不断优化校园文化环境,打造校园美好生活

项目1 "我爱我家"宿舍设计

一、劳动基础

在中国的传统设计与艺术中,更强调中和雅正之美和意境美。杜甫草堂〔见图1-9(a)〕是中国唐代大诗人杜甫流寓成都时的居所。古人喜欢悬挂名人字画提升住所的品位〔见图1-9(b)〕,满足自己的精神追求。这些悬挂着的古今名联,不仅讴歌了杜甫崇高的精神境界和人格魅力,也让人们了解了很多历史文化,这就是文化布置的魅力所在,这样的文化布置一直延续至今。

(a)杜甫草堂　　　　　　　　(b)草堂内悬挂的字画

图1-9 杜甫草堂及内景

1. 文明宿舍建设要求

同学们应将维护整洁文明的宿舍环境内化为自觉追求和自觉行动。

1)文明宿舍标准

文明宿舍总体应达到"三有""三齐""六净""五无"的标准。

(1)三有:有室长、有值日安排、有宿舍公约。

(2)三齐:室内物品摆放齐、床褥衣服叠放齐、个人物品存放齐。

(3)六净:地面净、玻璃净、桌椅净、墙壁净、床上用品净、洗漱用品净。

(4)五无:无违禁电器、无宠物、无垃圾、无异味、无杂物。

2)文明宿舍日常要求

每天应自觉做到"六个一",自觉遵守"六个不",维护宿舍良好的生活环境。

(1)"六个一":叠一叠被子、扫一扫地面、擦一擦台面、整一整柜子、理一理书架、倒一倒垃圾。

(2)"六个不":异性宿舍不进出,外人来访不留宿,危险物品不能留,违规电器不使用,公共设施不损坏,果皮纸屑不乱扔。

3)杜绝不文明行为

应杜绝不文明行为,不在宿舍养宠物,不在宿舍楼内抽烟,不在门口丢放垃圾,不乱用公共电吹风等。

2. 特色宿舍建设标准

特色宿舍宣扬的是一种文化，一种相互影响、彼此照应、和谐共进的良好氛围，对同学们的文化修养、综合素质等各方面的提高有着很大的促进作用。

特色宿舍的建设，要以"三比"（比理想、比学习、比奉献）为核心，以"四互"（互帮、互助、互管、互爱）为主要形式，以"五要求"（安全、干净、整洁、文明、团结）为目标，考虑宿舍大部分人的特性、喜好、价值观等，然后以此为方向营造别具一格的"特色"文化。

在建设特色宿舍时，可参考以下标准。

（1）全体宿舍成员共同参与特色宿舍建设，共同商议并确定特色宿舍建设方向。

（2）在干净整洁的基础上，按照主题特色布置宿舍。呈现的效果富有特色，简单、大方、美观，别具匠心、新颖独特，让人眼前一亮。

（3）宿舍布置含有若干个小设计，以彰显个性，传递宿舍文化。

（4）有与宿舍文化对应的"行为习惯养成计划""宿舍团建活动安排"等。

3. 宿舍美化的原则

（1）简单、大方：宿舍一般不大，没有必要摆放过多物品进行装饰，否则显得杂乱。

（2）温馨、舒适：宿舍是放松休憩的地方，在美化时要考虑烘托一种温馨、舒适的氛围，让室内充满家的温暖气息。

（3）突出文化气息：宿舍还是学习的场所，在美化时，要从色彩、风格上考虑这个因素，营造一个安静、适宜学习的空间。

二、劳动场所

1. 环境

学生宿舍。

2. 材料

鞋架、盆架、装饰品、纸张、颜料、超轻黏土、毛绒玩具等。

3. 工具

梯子、彩笔、毛笔、剪刀、胶棒、简单手工艺品等。

三、劳动说明

宿舍是学生休息、学习、生活的地方，是所有同学一起共享的小家，所以每个人都有义务维护好宿舍的环境。一个良好的宿舍环境能使同学们心情愉快，可以在一天忙碌的学习之后得到很好的休息，使学习精力充沛。宿舍收纳、美化和清洁的方法、步骤或注意事项如下。

（1）按照从上到下（先打扫天花板，再打扫墙壁，最后收拾地面）、先粗后细（先清扫，再擦拭，再整理）、先内后外（先完成装柜、装箱整理，再整理柜子、箱子外面摆放的物品）的原则实施整理。

（2）打扫卫生间时，先用水浇湿墙面和地面，喷洒洗涤剂，等待污物充分溶解后再洗刷。

（3）擦拭门窗、柜子、桌面、台面时，要先仔细观察，看是否有破损、铁钉等容易伤人的物品，不要攀爬到不安全的地方；擦拭电器和插座时，注意不要使用潮湿的毛巾。

（4）打扫整理完毕后，根据事先设计好的美化方案进行收纳、整理和美化。

（5）整理生活用具和用品时，要将它们规范整齐地摆放到相应位置或柜子内。宿舍里的衣柜很多都是直筒式的，几乎没有隔断，在放置衣物时浪费很多空间。使用隔板能够将衣柜划分成合适大小的区域，充分利用收纳空间。

（6）桌面美化。乱糟糟的桌面非常影响心情。要让桌子拥有更多的收纳空间，可以利用网格板和桌下挂篮等实用的物件。

（7）床边装饰。床边挂篮和床边挂袋是宿舍非常实用的收纳和装饰工具，既能够放水杯、纸巾，还能放一些书，可以避免爬上爬下来回拿东西，同时也可以保证床铺的整洁。

（8）收纳、整理和美化完毕，应将拖把洗净拧干水分，将地面从内往外拖干净。宿舍里的劳动工具也要安全有序摆放。

四、劳动评价

良好、优雅的宿舍文化环境可以丰富学生的宿舍文化生活，陶冶学生情操。装饰宿舍环境评价表如表 1-14 所示。优秀宿舍如图 1-10 所示。

表 1-14　装饰宿舍环境评价表

序　号	项　目	配　分	评 判 标 准	得　分
1	主题和整体设计	18	宿舍布置文雅、温馨、简洁，有鲜明的主题、装饰美观大方，具有整体风格，让人赏心悦目，风格独特，有艺术个性，内容健康，能展示宿舍风采，并包括宿舍人员对设计的解说	
2	创意与创新能力	18	遵循"有限空间，无限创意"的原则，用富有想象力的创新能力，独具心思的设计，使宿舍富有创意和美感，尽显当代中职生的青春活力与时代创新精神	
3	环境整体优美	18	宿舍内务整洁，卫生干净，物品叠放整齐有序，合理规范，让人感觉舒适	

续表

序 号	项 目	配 分	评 判 标 准	得 分
4	环境协调	18	宿舍内的设计摆放合理规范，无拥挤感，色彩搭配协调，布局合理，有温馨家园的气氛	
5	文化内涵	18	宿舍拥有积极向上、文明温馨的学习生活环境，富有朝气蓬勃、奋发向上的文化气息，弘扬校园风采	
6	宿舍标志设计	10	以宿舍为单位，设计自己的主题舍标，舍标内容积极向上，蕴含深意，彰显宿舍团结和谐，用生活用品摆放此标志图案，并为舍标配以简洁的文字讲解，体现宿舍文化特色	

图 1-10 优秀宿舍

五、劳动反思

（1）我在布置宿舍的过程中，有过怎样的思考？我创新性地解决了什么实际问题？

（2）从宿舍文化布置过程中，我学到了什么劳动方法，可否用到今后的工作中？

六、劳动辞典

现代室内设计是一门新兴的学科，虽然它只是近些年才开始崭露头角，但是人们早已从人类文明伊始的时期就有意识地对自己生活、生产活动的室内进行安排布置，甚至美化装饰，赋予室内环境所期望的气氛。自建筑的开始，室内设计的发展即同时产生，所以研究室内设计史就是研究建筑史。

室内设计是指为满足一定的建造目的（包括人们对它的使用功能的要求和视觉感受的要求）而进行的准备工作，是对现有的建筑物内部空间进行深加工的增值准备工作。目的是让具体的物质材料在技术、经济等方面，在可行性的有限条件下形成适合居住的建筑内部空间的准备工作。需要工程技术上的知识，也需要艺术上的理论和技能。

室内设计是从建筑设计的室内装饰演变而来的，是对建筑物内部环境的再创造。室内设计可以分为公共建筑空间设计和居室设计两大类别。当我们提到室内设计时，提到的还有动线、空间、色彩、照明、功能等相关的重要术语。

七、劳动文化

於潜僧绿筠轩

宋·苏轼

可使食无肉，不可居无竹。

无肉令人瘦，无竹令人俗。

人瘦尚可肥，士俗不可医。

旁人笑此言，似高还似痴。

若对此君仍大嚼，世间那有扬州鹤？

苏轼出任杭州通判时，从富阳、新登，取道浮云岭，进入於潜县境"视政"。於潜僧慧觉在於潜县南二里的丰国乡寂照寺出家。寺内有绿筠轩，以竹点缀环境，十分幽雅。苏轼与慧觉游绿筠轩时，写下了这首《於潜僧绿筠轩》。

八、劳动拓展

在学校组织的优秀宿舍评比中，涵涵的宿舍一举摘得"最佳创意奖""最美小家园"两面锦旗！涵涵决定利用周末，精心装扮一下她们的教室。班级文化与宿舍文化有何异同？亮点和难度又在哪里？请查阅资料，为她出谋划策，共建美好校园。

项目2 修剪校园花草

一、劳动基础

园林景观是把自然的和人造的山水以及植物、建筑融为一体的游赏环境。中国园林是中国建筑中综合性最强、艺术性最高的一种类型，不论是哪一种类型的园林，它们之间都有一些共同的特征。

1. 追求诗画意境

自从文人参与园林设计以来，中国园林的主要特征之一就是追求诗意和画意。谢灵运、王维、白居易等著名诗人都曾经营过园林。历代诗词歌赋中咏唱园林景物的佳句多不胜数。画家造园者更多，特别是明清时期，名园几乎全由画家布局。清代许多皇家园林都由如意馆画师设计。园林的品题多采自著名的诗作，因而增加了它们的文化内涵。依画本设计布局使得园林的空间构图既富有自然趣味，也符合形式美的法度。

2. 注重审美经验，通过多种手段调动审美主体的能动性

有些园林毕竟是人造的景物，不可能将自然美完全逼真地再现出来，其中的诗情画意，

多半是人的审美经验的发挥，即所谓借景生情，情景交融。观赏者的文化素养越高，对园林美的领会越深。东晋简文帝入华林园说"会心处不必在远，翳然林水，便自有濠、濮间想也，觉鸟兽禽鱼自来亲人"（见《世说新语》）；明计成《园冶》论假山说 "有真为假，做假成真"，都是强调在园林审美活动中主客观的密切关系。因此，中国园林特别注重两种手法：一是叠山理水，因为假山曲水比较容易模仿自然，形成绘画效果；二是景物命名，通过匾、联、碑、碣、摩崖石刻，直接点明主题。两者都能较有力地引起联想，构成内在形象。

3. 创造无穷的空间效果

私家园林的面积通常都不大，皇家宫苑则是私家园林的精华，诗情画意是私家园林的重要美学特征，其美学内涵流畅而委婉。为了达到山重水复、柳暗花明的效果，必须运用曲折、断续、对比、烘托、遮挡、透漏、疏密、虚实等手法。所谓"套室回廊，叠石成山，栽花取势，又在大中见小，小中见大，虚中有实，实中有虚，或藏或露，或浅或深"（沈复《浮生六记》）等，都是创造无穷空间的手法。

4. 特别强调借景

借景包含借入与屏出两个部分。《园冶》指出"借者，园虽别内外，得景则无拘远近……俗则屏之，嘉则收之"；有"远借、邻借、仰借、俯借、应时而借"种种手法。中国园林运用借景手法创造了许多著名的美的画面，如江苏无锡寄畅园借景锡山宝塔，北京颐和园画中游、鱼藻轩借景玉泉山和西山、河北承德避暑山庄锤峰落照借景磬锤峰等，都是这方面最成功的例子。

一花一世界，一叶一追寻。花草修剪是园艺技术的核心之一，园艺师的修剪使植物生长更有生机和"文明"，更符合人们的功能需求和审美要求。有树木花草的景观和园林塑造了文雅幽静的校园环境，已成为同学们聊天、阅读、休闲的好去处，成为同学们紧张学习之余的养心怡情之地。

图 1-11 所示为颐和园花坛和武汉大学樱花。

图 1-11 颐和园花坛和武汉大学樱花

二、劳动场所

1. 环境

清晨或傍晚，校园主干道两侧花草绿化带、小池塘周边、教学楼前绿篱与草坪等。

2. 材料

花草绿化带、水生花草、绿篱、草坪。

3. 工具

劳保手套、护目镜、帽子、长柄绿篱剪、短柄修枝剪、草坪机、小铲子。

三、劳动说明

同学们挥舞着大剪刀穿梭在绿化带中，对花草树木进行科学合理的修剪，给树木成长提供了充足的空间。经过辛勤工作，修剪过的花草树木线条变得更加流畅，整个校园操场看起来更加豁亮、整洁，同学们创造了干净的学习环境和美丽的校园环境。修剪校园花草如表 1-15 所示。

表 1-15　修剪校园花草

（1）观察绿化带是否阻挡视线，花草横纵向生长是否均衡	（2）用小铲子将杂草连根铲起	（3）使用长柄绿篱剪修剪阻挡视线的枝条

（4）使用短柄修枝剪修剪过密枝、交叉枝、重叠枝、不良枝、病虫枝、枯枝	（5）认真复查，对错剪、漏剪的地方给予修正或补剪	（6）使用长柄绿篱剪将绿篱修剪到适宜高度，注意平整

为了打造一个舒适、漂亮、整洁的校园环境，学校全体教师和学生，在校园内开展了"修剪花草树木，绿化美化校园"的活动，科学合理的修剪，给树木生长提供了充足的空间，更有利于花草树木的健康生长，提高了花草树木的观赏性，使校园环境变得更加优美。

（1）花草修剪应遵循先宏观后微观的原则。先观察被剪花草与校园环境的关系，再修剪枝叶，调节花草生长。

（2）修剪技术多种多样，主要有短截、疏枝、抹芽、摘叶、摘心等。

（3）因树因形，科学修剪。根据树木花草的生物学特性及周期生长变化规律进行科学修剪。

（4）注意防止碎草和树枝误伤眼睛，预防中暑，注意园艺剪刀的使用安全。

四、劳动评价

"七分靠管，三分靠剪"是一条重要的养花经验。通过修剪，不仅可使花卉分布均匀、节省养分、调节株势、控制徒长，从而使花卉株形整齐、姿态优美，更重要的是有利于花卉植物多开花。大多数花卉的花朵都开在新枝上，只有不断修剪老枝，才能促发新枝，多开花，多结果。花草修剪评价表如表 1-16 所示。花草修剪前后对比如图 1-12 所示。

表 1-16　花草修剪评价表

序　　号	任务实施成果	评 判 标 准	是/否
1	劳动队员协作	分工明确，通力配合	
2	修剪过程规范	杂草清除彻底，未误剪花草健康主干枝条	
3	花草整体造型	整洁清爽，造型美观	
4	花草生长	修剪后花草生长更健康，花朵更绚丽	

图 1-12　花草修剪前后对比

五、劳动反思

（1）我在劳动过程中遇到了什么困难？我是如何创造性地解决问题的？

（2）我学到了哪些劳动技能？对我的学习生活有何启示？

六、劳动辞典

园艺服务的对象是人，特别是观赏园艺的目的是使人的身心健康。随着世界上的发达国家进入老龄化与少子化社会，中国也正在面临这种社会变革。人们的情感愈发淡漠，价值观丧失，青少年犯罪率上升，社会与家庭问题日益突出。园艺疗法被认为是最能缓和与解决这些问题的有效手段之一。

园艺疗法是一种辅助性的治疗方法（职能治疗、代替医疗），借由实际接触和运用园艺材料，维护美化植物、盆栽和庭园，接触自然环境而纾解压力与复健心灵。目前园艺疗法已广泛应用于精神病院、教养机构、老人和儿童中心、勒戒中心、医疗院所或社区等领域。

七、劳动文化

2019 年在北京举办的世界园艺博览会是由我国政府主办的级别最高、影响最大的 A1 类博览会。北京世园会闭幕后，为使园区更好地服务社会、服务民众，同时留下世园会记忆，已将北京世园会园区命名为"北京世园公园"（见图 1-13）。

图 1-13　北京世园公园

世园会不仅留下了沉甸甸的生态遗产，也向世界传递了人与自然和谐共生的东方价值，展示了生态文明建设、可持续发展的中国实践，更让携手缔造绿色家园的智慧遗产深入人心，在世界园艺发展史上留下一座"绿色丰碑"。

北京世园会汇聚了世界园艺精华，集中展示了全球花卉园艺新理念、新品种、新技术和特色文化，诠释了绿色发展理念，加强了各国文明互鉴，在推动构建人类命运共同体方面发挥了积极作用。

八、劳动拓展

学校有美丽的"大花园"，班级可以有自己的"小花园"吗？轩轩决定实践一下。请查阅资料，开展调研活动，制订行动方案，精心打造一个"春有花、夏有荫、秋有香、冬有青"的某专业班级小花园。

第二部分　生产性劳动

生产性劳动是中职生的主要劳动形式，中职生要重视新知识、新技术、新工艺、新方法在生产劳动中的运用，积极发现问题并创造性地解决问题，以提升专业劳动和职业劳动能力，尤其是创新劳动能力。

所以，专业学习与生产劳动是相辅相成的，专业学习为未来的生产劳动打下坚实的理论基础，而生产劳动为未来职业积累实践经验。

一、岗位实习概述

1. 岗位实习

实习即在实践中学习。岗位实习是指职业院校的学生在经过理论储备和基本技能的学习之后，在实践岗位上将知识转化为生产力，并在实践中不断提高自身能力的一种实践性教学活动。

2. 岗位实习时间

岗位实习一般安排在学生在校学习的最后一年，持续时间不少于半年，这样的安排符合教学规律。学生只有在积累了一定的理论知识之后，参加岗位实习才能起到真正的作用。若没有前期的知识储备，遇上机械操作性的岗位，学生很可能会因为缺乏相应理论和知识而危及人身安全。

3. 岗位实习的作用

岗位实习可以开阔学生的视野，能使学生将所学知识及技能应用于岗位实践，熟悉自己即将从事的行业的运行情况，较全面地获得本专业生产实际中最常用的技术知识、管理知识和实际操作技能；能提高学生的职业素质和独立工作能力，激励学生的敬业和创业精神，为就业做好心理准备，为毕业后走向工作岗位打下坚实基础。

二、岗位实习的形式

1. 集中岗位实习

为了方便统一管理，完成学生的学习任务，由学校联系企事业单位，安排指导教师带领学生集体到企事业单位进行岗位实习的形式就是集中岗位实习。集中岗位实习有助于学校实施统一的管理和控制，有助于贯彻落实岗位实习的任务目标。学校负责安排实习单位，通过定点定岗的形式对学生的实习内容、实习情况等进行统一安排。

2. 分散岗位实习

分散岗位实习又称自联岗位实习，是学生（及其家长）在确保安全的情况下，自己联系实习单位进行岗位实习，完成实习任务的形式。分散岗位实习能够让学生以家庭为中心，就近选择实习单位，选择喜欢的行业、职位等。对初入职场的学生而言，分散岗位实习使其在交通、食宿等都方便的条件下，安全感相对较高，这也有助于学生集中精力完成实习，收获良好的实习效果。

三、岗位实习的任务

1. 增强岗位担当意识，培养爱岗敬业的职业品质，养成良好的职业道德

一般来说，校园的生活环境和社会的工作环境差距较大，校园主要专注于培养学生的学习潜力和专业技能，而社会则主要专注于员工的专业知识和业务能力。

2. 转变观念，实现角色转换，提升工作能力

学生从学校到企业，从学校的学习生活切换到现实社会的工作生活，往往需要较长的适应期。学生只有实现了角色转换，才能顺利地完成顶岗实习的任务，实现从校园走向社会的平稳过渡，继而树立正确的就业创业观念。

3. 丰富社会实际经验，增强岗位的适应性

参加顶岗实习，对大部分学生而言是一次人生重大挑战与自我升华。在应对用人单位的面试时，大多数学生会被问到有无工作经验，从实际情况来看，这道门槛也拦住了不少学生。

4. 提高社会化程度，促进自我发展

在毕业前，顶岗实习能够使学生提前进入社会，在工作中积累经验，将理论知识与具体工作相结合，找到自己的不足。在明确不足之后，学生要有效利用时间多学习、弥补不足，不断完善自己。只有这样，学生才能既满足企业的岗位需要，又促进自己的职业发展。

【课堂互动】

某职业学校的三年级学生小李按照教学安排参加岗位实习，在参加岗位实习前，校方下发了缴纳新学期学费的通知。面对这样的情况，小李很困惑，既然学生出去顶岗实习，不上课，为什么还要交学费呢？

第一课　农业生产劳动

农业劳动是农业生产过程中劳动力的使用和消费，它是人们直接、间接从事农、林、牧、副、渔业生产，创造使用价值的具体劳动。农业生产的特殊性决定了农业劳动具有许多不同于工业劳动的特点。

1. 农业劳动场所分散

农业劳动的空间主要是在广阔的田野上进行的，而不像工业劳动那样密集在有限的厂房中。农业劳动场所的广阔性、分散性带来了劳动力和生产工具使用上的分散性。

2. 农业劳动季节性强

农业生产的对象是有生命的动植物，生产过程是持续不断的，而劳动过程是间歇中断的。这种生产时间和劳动时间的不一致性，造成了忙闲不均的农业劳动季节性。农忙时需要投入大量的劳动力进行突击，农闲时劳动力需求少。为了充分利用丰富的农业劳动力资源，除了在农业中开展多种经营，还可以实行农业与非农产业的兼业经营。

3. 农业劳动的变动性大

由于农业生产受自然条件的影响很大，农业经营经常需要随着气候、土壤、生物的变化而做出相应的调整。在正常的情况下，农业经营决策和农业劳动的安排应该具有充分的自主性和灵活性。

一、中职生参与农业生产劳动的意义

1. 体验农耕文化

我们的衣食住行都离不开农民的辛勤付出。作为学生，我们应响应党的号召，主动去农村体验农业生产劳动，学习一些劳动技能，体悟劳动为我们创造了美好生活，同时在劳动中理解农业劳动者的伟大和农业发展对社会所产生的重大影响。

2. 培养节约意识

《悯农》的诗句为人熟知，但随着物质生活水平的提高，人们在日常生活中经常会有"舌尖上的浪费"现象。2013 年起，我国在全社会倡导"光盘行动"，引导全社会厉行节约，我们应该在此潮流中起到中坚作用。当全社会都尊重农业生产劳动成果、尊重农业生产劳动者时，我国农业在国民经济中的基础性作用才会得到更好的发挥。

3. 献身乡村振兴

实施乡村振兴战略的总目标是农业农村现代化。无土栽培、精准农业、无人机等高科技的应用，使农业生产劳动的效率大幅度提高。乡村兴则国家兴，我们倡导有志青年献身农村，推动农业从增产导向转向提质导向，增强我国农业创新力和竞争力，为中华民族伟大复兴奠定坚实基础。

【课堂互动】

判断你所在的地区位于中国的南方还是北方，气候条件如何。我国农业南北分布差异如表 1-17 所示。除了表中的农作物，你的家乡还盛产什么？

表 1-17　我国农业南北分布差异

分布地区		耕地类型	农作物收获情况	主要作物
北方地区	东北	以旱地为主	一年收获一次	春小麦、玉米、大豆、甜菜等
	华北		大部分地区两年收获三次	冬小麦、玉米、花生、棉花等
分界线			秦岭—淮河一线	
南方地区	长江中下游地区	以水田为主	一年收获两次或三次	水稻、棉花、油菜等
	华南地区		一年收获三次	水稻、甘蔗等

二、中职生参与农业生产劳动的小技巧

农业生产劳动很辛苦，如果掌握一些小技巧，就会相对轻松一些。

1. 因地制宜

农业生产对自然条件的要求较高，如光热条件、水分、土壤、地形等。平原适合发展种植业，山区适合发展林业，草原适合发展牧业，人们可以充分利用和改造自然条件来促进农业的发展，如大棚养殖、修筑梯田、引水灌溉等。

2. 降低成本

在农业生产中，成本的核算非常重要。对于材料、人工、运输、水电等成本及其损耗，在心中要有一笔账，另外还要预留风险成本。在生产劳动过程中降低成本，实际上就是增加收益。目前常用的稻田养鱼、混合养殖等都是节约成本的好方法。

3. 拓展市场

农业生产劳动获取的产品再好，产品特性也需要能够满足广大目标顾客的需求，分销通路能够实现高度畅通。这就要求生产者从其产品特性出发，寻找区域目标。目前发达的网络平台给生产者向潜在消费者介绍自己的产品提供了很好的平台，生产者要通过各种手

段主动寻找市场，拓展市场。

4. 科技兴农

作物产量和土壤、气候、水分、品种、病虫害这些因素有着密不可分的关系，科学技术目前已广泛运用到农业生产劳动中，解决了"三农"中的许多实际问题。因此，在现代农业领域，农民只凭经验做出决策已远远不够，需要依靠科学技术进行分析然后得出最佳决策。

【课堂互动】

中共中央 国务院《关于加快推进农业科技创新持续增强农产品供给保障能力的若干意见》中突出强调了农业科技创新。请想一想，"农业科技创新"在"现代农业发展"过程中起到了什么作用？

三、农业生产劳动任务清单

农作物种植，俗称"种地"，是第一产业的一项重要活动。农作物种植包括种植粮食、棉花、茶叶、蔬菜、水果等，是制造服装和食物的重要基础。

农作物种植与阳光、水分、气候、土壤、地形息息相关。中职生参与农作物种植，首先要了解农业生产的基本知识。如放假回家后积极主动地帮助父母农耕，体验播种、除草和收获的乐趣。农业生产劳动任务清单如表 1-18 所示。

表 1-18　农业生产劳动任务清单

类　　别	项目（供选择）	目　　标
种植业	无人机喷洒农药、粮食作物种植、蔬菜种植	掌握农作物的种植时间、养护管理、投资成本，了解农作物的收获周期，尝试学习农药的智能喷洒
林业	造林、育林、护林、林产品采集和加工	掌握林产品对恢复自然生态平衡的作用；了解如何依法保护、利用、发展林业；植树节参与植树活动，理解"金山银山不如绿水青山"这句话
畜牧业	牲畜饲牧、经济兽类饲养、家禽饲养	掌握禽畜养殖地区差异，加强理论学习；学习了解农家幼雏的养护；实地操作日常消毒工作
副业	农产品加工、庭院花卉种植、蜜制品加工	掌握选择农副产品项目的原则，实地操作庭院花卉的修剪，通过副业项目培养科技兴农、环保兴农的意识
渔业	淡水渔业养殖、海洋业养殖、水产品加工	掌握不同水产品的喂养，了解水产品消毒、病害防治、环境安全要求，实际操作鱼塘投食机及增氧器
新型农业	精准农业	掌握信息技术支持的现代化农事操作与管理的技术，了解提高产量、降低成本、低耗环保的新方法
	三层水培	是一种以水作为作物生长的主要载体的新方法，适合现场直接采摘食用。掌握其原理和管理办法
	无土栽培	是一种不用天然土壤而采用营养液提供营养的栽培技术，具有绿色环保、高效无害的特点。掌握其原理和管理办法

项目 1　种植庭院花卉

一、劳动基础

我国庭院花卉种植的历史悠久，早在殷商时期，甲骨文中就已出现"园""圃""囿"等字样，有了园林的雏形。秦汉时期，统治者大建宫院，广罗各地奇果佳树、名花异卉。我国农耕文明为庭院花卉种植提供了浓郁的社会氛围。伴随花卉种植的发展，人们发明了很多种植工具，后来逐步演变成今天我们常用的锹和铲子等农用工具，如图 1-14 所示。

图 1-14　农用工具

随着社会经济的发展，人们的生活水平也在不断提高，大众对于生活环境的关注也越来越多。于是，花卉、绿色植物慢慢走入了人们的生活，盆栽种养植物是不少人打发闲暇时光的一种方式，种植花卉的方法有很多种，常见种植方式如表 1-19 所示。

表 1-19　花卉的种植方式

序　号	种 植 方 式	说　　　明
1	籽播	选完整成熟的种子，然后将种子浸泡在温水中，经常换水。当种子吸收充足的水分时，将种子捞起均匀放置，盖上一层薄薄的土壤。注意在种子发芽期间避免阳光直射，同时注意浇水
2	扦插	切取植物的茎或叶放置水中或者直接插入土壤中，等到它生根发新叶。① 要平整切取植物的根茎或叶子，以免丧失植物本身的水分导致植物萎缩死亡。② 注意选择比较健壮的茎叶进行扦插。③ 不宜将扦插的植物插得太深，以免它难以发根
3	压条	选没有虫害、健壮的枝条压入土中，用土壤进行覆压，随后生根与原先的枝条分离成为新的独立个体。压条分为水平压条、堆土压条、空中压条等方法。根据花卉的不同选用不同的方法

二、劳动场所

1. 环境

庭院（杂草清除干净），具备植物生长的基础土质、水源、空间等。

2. 材料

待栽植的各类花卉种子、枝条、半成品或成品苗若干，泥炭土、珍珠岩、复合肥料、装饰用石等。

3. 工具

喷壶、小铲子、小铁锹、小耙子、小锄头、花枝剪、园艺手套、围裙、花盆等。

三、劳动说明

在进行种植之前，首先要了解所选择的植物的种类或品种，更要熟悉其生长习性，最后选择在适当的天气环境中进行种植。

1. 准备土壤

土壤环境是植物生长的基础，我们首先需要做的是准备好土壤。当然，如果是盆栽，还需要准备花盆，做好盆底的排水层，然后将土壤倒入其中准备种植植物。对于喜欢光照的植物，如果地栽培育，需要选择一块空旷的土地，然后整理土壤。

用于种植花卉的土壤一般要求无杂质、无草籽，同时需要翻土，让颗粒变得更小，这样可以确保疏松透气，更能促进花卉的生长。所以，翻耕土壤是一项非常基础又非常重要的工作。

2. 培育小苗

整理好土壤后，接下来就可以进行育苗的工作了。一般是将花种子先放在水中浸泡一段时间，待种子充分吸水发胀后再进行播种。

在将种子播种好之后，还需要覆盖一层厚度适宜的土壤，对于一般的种子而言，不要超过 3 厘米的厚度。具体覆盖土壤的厚度需要根据不同种子的属性及特点来确定。有些植物的种子播种后，还需要覆盖地膜以保温、保湿，确保种子能顺利萌发和出苗。

3. 养护管理

在完成播种后，接下来要做的就是养护管理工作了。后期小苗长得好不好，在很大程度上取决于养护管理工作是否做到位。可见，养护管理工作对于植株的生长，甚至后期的开花结果及观赏价值，都具有重要的意义。

在种子出苗之前，需要尽可能为种子提供一个舒适且适宜萌发的生长环境，尤其是光照、温度、水肥方面的管理。出芽之前一般需要遮蔽以免阳光直射，同时确保温度比较适宜种子的萌发。浇水需要控制好量和频率，一般 2～3 天可以少量给水以保湿。而且在浇水之后，通常需要覆盖稻草或地膜保湿。出芽后要适当增加光照，同时确保环境通风，在补水的同时也可以适当追肥。

四、劳动成果

现在很多城市通过举办花卉评审和竞赛，激发广大花卉产业从业职工的劳动热情、创造活力，巩固和发挥本地产业优势，建立地区产业链体系。这些竞赛根据栽培者的栽培环境、栽培技术和作品，进行综合评价，对优胜者进行表彰，并通过公开展示，促进行业提高生产技术及花卉品质。花卉的评审和竞赛一般针对花卉产业链上的企业公司、农户合作社等各类单位举办。评价内容包括花卉的切花、盆花、花坛等种类的品质、香味、寓意等，以及栽植地的栽培状况、栽培品质、经营状况等。

此外也有针对消费者和市场的评审、竞赛和博览会。我国每年由行业协会、报纸、省市农林部门举办形式多样的面向大众的展览会、展销会，有力推动了花卉生产水平的提高、花卉品种的极大丰富。花卉业已成为某些地区的支柱产业。花卉种植评价表如表 1-20 所示。野生花草与庭院花卉对比如图 1-15 所示。

表 1-20　花卉种植评价表

序　号	任务实施成果	评 判 标 准	是/否
1	花卉种植	种植后植株挺直不倒伏	
2	美学设计	盆底加粗颗粒土，扶正植株，花卉搭配美观	
3	种植技术	盆中加土到距盆口 1～2cm 时，敲盆，使土壤紧实	
4	栽后管理	土、肥、水的管理，除草，松土以及整枝	
5	节能环保	注意节水，使用有机肥	

图 1-15　野生花草与庭院花卉对比

五、劳动反思

（1）我对庭院花卉的种植成果感到：很满意、较满意、一般、不满意、很不满意。

（2）在花卉的种植过程中怎样融合原有的知识，解决了什么问题？

（3）在庭院花卉的种植过程中，我的收获是什么？

六、劳动辞典

庭院花卉是指在居住地周边可以利用的空间内种植的植物（果树、蔬菜、花卉等）。在当今快节奏的社会发展中，家庭园艺不仅可以减轻压力，还可以带来经济效益。

我国庭院的花木种植与文化内涵是极为丰富的。祈福、吉祥寓意、修德、读书，对于国家和家族以及个人前途的美好祝愿，与庭院的花木栽培的寓意联系在一起，构成了我国特有的花文化语境和语言符号体系，表现出了人与自然，人与庭园的高度和谐和文化心理的一致。在我国园林设计中，一花一木之植，都是有其寓意和价值的，绝不是随意点缀的。

七、劳动文化

《二如亭群芳谱》初刻于公元 1621 年，是一部内容丰富的谱录。全书 30 卷，约 40 万字，分为元、亨、利、贞四部，按天、岁、谷、蔬、果、茶竹、桑麻、葛棉、药、木、花、卉、鹤、鱼等分为十四谱，记载植物达 400 余种，每一种植物分列种植、制用、疗治、典故、丽藻等项目。

贯穿《二如亭群芳谱》全书的是天、地、人"三才"理论，强调因时制宜、因地制宜、因物制宜的农业生产原则，强调人在农业生产中的主导作用，形成了科学的农学思想体系。

《二如亭群芳谱》最突出的贡献在于丰富的农业生产技术成就。如稻、麦等粮食作物的栽培技术，果木的栽培管理和滴灌技术，麻、棉的整枝技术等。其中的滴灌技术到今天仍然是世界上最先进的灌溉技术之一。

八、劳动拓展

庭院花卉不仅能带来一定的经济效益，而且有美学、养生、生态价值功能。请查阅相关资料，探究花卉的遴选、搭配以及插花艺术、养生技巧，进一步拓展花卉的利用价值。

项目 2　农业植保无人机喷洒农药

一、劳动基础

农业是国民经济的重要组成部分，包括种植业、林业、畜牧业、渔业、副业五种产业形式。与传统的田间人工喷洒农药相比，无人机喷洒农药有着显著的优势。其作业效率高，农药对作业人员的危害较小，大大减轻了作业者的劳动强度。

1. 农业植保无人机概述

农业植保无人机是无人机家族中一个重要的分支，即专门应用于农林植物保护作业的无人驾驶飞机，由飞行平台与喷洒系统组成，通过地面人员遥控自主作业实现植保作业，它可以进行农药喷雾作业、叶面肥喷雾作业、促进授粉作业等，具有效率高、环保、作业效果显著、智能化等特点。

植保无人机一般由机身（架）飞行控制系统、动力系统、通信链路和喷洒等系统组成。飞机通过地面遥控或地面站导航控制实现相关作业。

2. 农业植保无人机分类

农业植保无人机可按照飞行平台和动力来源等进行分类。

1）直升机植保无人机

直升机植保无人机〔见图 1-16（a）〕由发动机驱动旋翼提供升力，发动机输出动力至尾部的小螺旋桨，机载陀螺仪侦测直升机回转角并反馈至尾桨，通过调整小螺旋桨的螺距抵消大螺旋桨产生的反作用力。其前进、后退、上升、下降主要依靠调整主桨的倾斜角实现，转向则通过调整尾部的尾桨实现。

2）多旋翼植保无人机

多旋翼植保无人机〔见图 1-16（b）〕是近几年发展起来的新型植保无人机，其具有操作简单、价格相对较低的特点。多旋翼植保无人机能够垂直起降、自由悬停，还能够适应各种自然环境，具备自主飞行和着陆能力等优点，可以在一些不适合人类进入的复杂和危险环境中作业，在农业植保方面具有广泛的应用。其飞行中前进、后退、横移、转向、升高、降低主要依靠调整桨叶的转速实现，具有简单易学等优点。多旋翼植保无人机的自动化程度优于其他机型，相同载荷的造价也比其他机型低，能满足大多数作物作业要求。

（a）直升机植保无人机　　　　　　　　　（b）多旋翼植保无人机

图 1-16　直升机植保无人机和多旋翼植保无人机

当然，要做好植保飞防工作，不但要具备植保无人机操作技术，还要有一定的农业、农药和植保知识。

二、劳动场所

1. 环境

晴天，温度 15℃～30℃，风速在 3 级以内，清空作业区域的人、畜等，避免在敏感区域、禁飞区域作业，注意观察周边的障碍物。

2. 材料

待作业的农田作物、农药、飞防助剂、清洁的水。

3. 工具

植保无人机、控制器、配药桶、替换电池组、遮阳帽、口罩、眼镜、工作服、丁腈橡胶手套、水鞋、维修工具、通信工具等。

三、劳动说明

农业植保无人机实施喷防作业的场景在我国农村地区越来越常见，农业植保无人机是一种无人驾驶飞机，通过地面遥控或 GPS 飞行控制，实现喷洒药剂、种子、粉剂等。

随着科技的迅速发展，无人机的使用已越来越广，农业相关的基础设施也在不断地改进，使用喷药无人机代替人工传统设备喷洒农药，大大减少了农业生产对劳动力的需求。

（1）作业前进行作业环境观察，包括作业区域障碍物、周边种植和养殖情况、地形变化等。

（2）做好自身防护，禁止穿短裤及拖鞋进行作业。

（3）禁止在密闭空间、下风向等地方配药。农药空瓶、空袋须统一回收处理，不能将手伸入药液搅拌，药液配置应坚持现配现用原则。

（4）喷洒作业中，严禁悬停，避免在高温天气下中午连续作业。

四、劳动评价

随着现代农业技术的不断发展，农业趋向机械化，无人机喷洒农药技术已经广泛应用到生产实践中，用无人机作业时一定要选择适合无人机作业的药剂，才能达到理想效果。农业植保无人机喷洒农药评价表如表 1-21 所示。

表 1-21　农业植保无人机喷洒农药评价表

序　号	任务实施成果	评 判 标 准	是/否
1	防治效果	无漏喷、无重喷、雾滴覆盖均匀，效果好	
2	节能环保	过程中注意节约用水、用药	
3	作业安全	安全操作，保证环境和人员安全	

五、劳动反思

（1）我在飞防操作过程中有过怎样的思考，创造性地解决了什么实际问题？

（2）我对这次飞防成果感到：很满意、较满意、一般、不满意、很不满意。

（3）从飞防过程中我学到了哪些劳动方法？这些方法可否用到其他农业生产中？

六、劳动辞典

蔬菜、瓜果对药物比较敏感，茎秆柔韧性差且较脆，飞行高度控制不好就会伤害作物导致减产或绝产，还有的伏地类瓜果因无人机下压风场较大导致翻秧从而影响产量，对苗期作物进行作业更要注意控制飞行高度。如扁豆、无筋豆、苗期瓜果、苗期辣椒、烤烟等都要注意选择不同的飞行高度，并且绝对禁止在以上作物上空悬停。

我国果树种类丰富，大面积种植的果树种类主要有苹果树、柑橘树、梨树、桃树、香蕉、猕猴桃、荔枝、莲雾、槟榔、石榴、火龙果、枣树等，各种果树的树冠大小、高低不同，树叶大小、厚度、蜡质层不同，树枝柔韧性、抗风强度也不一样，更特别的是很多柑橘品种都长有棘刺，从 0.5～2 厘米不等，在这类果树上作业时一定不能造成树枝有较大幅度的横向摆动，否则果面会被划伤，造成溃疡、斑疤，影响果品等级并造成经济损失。对于猕猴桃这类果实密集、水分较大的果树，盛果期尽量避免作业，以免造成农药残留和因风场果实相互碰撞造成溃烂，形成减产或绝产损失。

七、劳动文化

1903 年，美国的莱特兄弟制造了世界上第一架飞机"飞行者 1 号"，开创了人类历史的飞行时代。我国于 2010 年制造第一架国产植保无人机并投入市场，从此植保无人机产业在我国得到了快速发展。

目前，工业级无人机和消费级无人机是我国民用无人机市场的两大巨头，主要应用于消防、植保、巡线以及航拍摄影等，其中农业植保领域占产业无人机应用市场的 45% 左右，可见无人机在农业植保中的应用占比较大。

随着我国农业现代化进程加快，农业新型经营主体快速发展，农村劳动力短缺和人工成本急速增加，同时专业化统防统治工作快速发展，农业植保对作业效率高，适用范围广，节水、节药、环保、用工少的大中型植保机械和农业航空植保机械的需求越来越迫切。农业航空植保也将成为我国农业植保专业化统防统治的重要发展方向和保障国家粮食安全的重大措施，成为我国农业的战略性新兴产业。在这种旺盛需求的刺激下，预计农业航空植保，特别是无人施药机低空喷雾具有广阔的前景。

八、劳动拓展

果树植株高大密集，枝叶茂盛，种植地形复杂多样，用无人机进行病虫害防治更具有挑战性。如果有几百亩柑橘园爆发红蜘蛛虫害，请查阅资料了解柑橘树红蜘蛛防治方法，制订柑橘园红蜘蛛飞防方案。

第二课 工业生产劳动

工业生产是社会化分工的产物,在世界各国的国民经济中都起着重要的作用。我国的工业包括钢铁、机械、能源、建筑、航空航天等。广大中职生不仅要了解工业生产的内容,更要积极参与定岗实习、实训、社会实践等活动。

一、中职生工业生产劳动的价值意义

1. 实现社会价值与个人价值的统一

工业产品最终要在市场上销售,满足社会或他人的物质需要,实现工业生产劳动的社会价值。在这种价值关系中,个人通过劳动、创造对社会和他人做出贡献,满足社会需要,创造社会价值。个人也通过价值的创造,社会身份得到了确认和尊重,在专业知识、职业道德、人格等方面得到了自我完善,实现了个人价值。

2. 促进理论学习

在工业生产劳动中,能将学习到的理论知识运用到实践中,把书本中"死"的知识转化为"活"的知识。在劳动中碰到的问题能够反过来促进劳动者进行理论知识的再学习,实现理论知识与实践能力的互相促进。

3. 培养创新能力

工业化时代生产的特点是标准化和通用化,因此,工业化时代更多地强调工人对标准和规范的遵循和坚守。在信息化时代,随着互联网技术的发展,满足消费者个性化需求的定制服务成为可能。这一变化强调了为满足个性化需求而进行的创新和创造。

【课堂互动】

你知道我国工业的分类吗?你知道涉及工业生产的专业都有哪些吗?

二、中职生工业生产劳动的小技巧

工业生产劳动如果掌握一些小技巧,会达到事半功倍的效果。

1. 合理设计

在工业产品制作前对产品的外观、尺寸、结构进行合理的设计,并选择合适的材料,拟定工具清单,做到心中有数,有条不紊,提升工作效率。

2. 规范操作

在工业劳动中要严格按照仪器设备的使用说明书及工艺操作流程规范操作，避免因操作不当给人、财、物带来损害。

3. 安全防护

在工业生产劳动中要做好必要的个人安全防护，如戴好手套、安全帽、护目镜、工作服等，以保护自身安全。

4. 融合创新

在严格按照规范流程进行操作的基础上，积极发挥主观能动性，开拓创新，提供满足消费者个性化需求的定制服务，提升工业产品的附加价值。

【课堂互动】

日本人安藤百福有一次在饭桌上吃到一道夫人做的可口的油炸菜。他猛然间从中领悟了做方便面的一个诀窍：油炸。于是他便成为第一个创造方便面的人。你认为创新思维是什么？人一定要有创新思维吗？

三、工业生产劳动任务清单

中职生选择 1 项或 2 项工业生产项目，如木工、金工、电工等，进行简单产品模型或原型的加工，初步体验工业生产劳动过程。熟悉所选项目的工具特点、设备特点。识读简单的产品设计图纸，根据图纸制作产品的模型或原型，完成产品模型或原型的组装、测试。体验工业生产劳动创造物质财富的喜悦与成就感。

工业生产劳动任务清单如表 1-22 所示。

表 1-22 工业生产劳动任务清单

类　　别	项目（供选择）	目　　标
机械制造加工	磨料磨具制造、仪器仪表装配及元件制造	能掌握机械加工的基本理论知识，具备焊接工艺、钳工工艺、设备操作和设备维护能力；能掌握模具、仪器仪表的制造及装配流程；能选择合适的原材料按设备操作规范进行操作；能在制造过程中进行必要的劳动保护
玻璃、陶瓷、搪瓷及其制品生产	玻璃制品生产、陶瓷制品生产、搪瓷制品生产	熟悉玻璃、陶瓷、搪瓷制作的工作环境；能进行必要的劳动保护；掌握玻璃、陶瓷、搪瓷正确的制作流程，能正确使用制作工具；培养审美表达，注重节约意识及环保意识的养成
电子元器件与设备制造、装配	电子器件制造、电子设备装配调试、计算机维修	能使用万用表检测各种电子元器件的性能；能根据生产任务独立装配电子产品；能根据生产要求使用电子仪器检测电路性能；在处理问题的过程中，养成整理、分析、归纳、总结的工作习惯

项目 1　多功能电子狗的装配与调试

一、劳动基础

多功能电子狗是一款电子产品，它拥有高灵敏度的红外探头，可以在漆黑的环境下，检测到 10 米左右的信号输入，并自动发出高强度报警声或是欢迎光临的声音。该套件采用微电脑芯片设计，集红外探测、报警和欢迎等功能于一体，具有耗电少、无须接线布线、可随身携带、临时设防等优点，适合家庭、学校、仓库、商店、菜棚等场所使用。

要装配一台多功能电子狗，首先应该学会识别和检测各个元器件，保证各个元器件合格，然后依据电路图和印制电路板（PCB）上的序号，正确插装元器件，最后焊接每个焊点，一台合格的整机产品即可装配完成。

1. 多功能电子狗电路原理图

多功能电子狗电路原理图如图 1-17 所示。

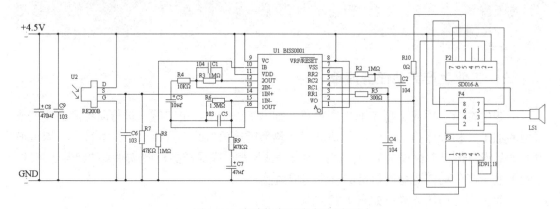

图 1-17　多功能电子狗电路原理图

2. 多功能电子狗电路工作过程

在图 1-17 中，集成电路 U1 型号为 BISS0001。BISS0001 是高性能的传感信号处理集成电路，静态电流极小，配以热释电红外传感器和少量外部元器件可构成被动式的热释电红外传感报警器。

二、劳动场所

1. 环境

配有标准电子实训的操作台，通风、整洁的实训教室。

2. 多功能电子狗装配与调试的材料、工具（见表 1-23）

表 1-23 多功能电子狗装配与调试的材料、工具

器 材 名 称	数 量	器 材 名 称	数 量	器 材 名 称	数 量	器 材 名 称	数 量
MF-47 型万用表	1 套	吸锡器	1 把	稳压电源	1 台	小刀	1 把
示波器	1 台	斜口钳	1 把	毫伏表	1 块	螺丝刀	1 套
音频信号发生器	1 台	尖嘴钳	1 把	电烙铁	1 把	热塑枪	1 把
高频信号发生器	1 台	镊子	1 把	碱性 7 号电池	2 对	剪刀	1 把

三、劳动说明

手工焊接是锡铅焊接技术的基础，尽管现在自动焊接生产工艺已经普及，但是产品装配还是需要手工焊接。

多功能电子狗电路主要装配步骤如表 1-24 所示。

表 1-24 多功能电子狗电路主要装配步骤

步 骤	装配示例图	说 明	注 意 事 项
第一步		按照元件清单整理元件后，焊接电阻、瓷片电容、电解电容等	（1）元器件在电路板的字符面插装。（2）电阻器、瓷介电容和电解电容采用立式插装。（3）报警芯片 P2 焊接在电路板槽口相应处。（4）集成电路、热释传感器焊接时注意极性。（5）所有元器件在有焊盘的一面焊接完成后，要认真检查，防止错焊、虚焊，保证正确插装和焊接
第二步		焊接集成电路、传感器、开关等，插接集成块，注意集成电路、集成块的缺口标志与电路板标志一致	
第三步		先固定菲涅尔透镜，然后将电路板放入后壳中，用螺钉固定，最后焊接扬声器的导线和电源线	
第四步		组装后壳与万向轮塑料件，装配完成	

四、劳动评价

要合理安装和使用，才能让电子狗发挥最大效用。多功能电子狗的装配与调试评价表如表 1-25 所示。

表 1-25　多功能电子狗的装配与调试评价表

序　号	项　目	配　分	评 判 标 准	得　分
1	元器件	15	能够对元器件进行识别和检测	
2	安装	40	将所有的元器件插入相应的位置，能自检、互检	
			整体焊点美观、大小适中，连接导线长度合适，线头剥削长度适中，导线绝缘层无破损、烫皮现象，机壳无破损、烫坏现象	
3	调试	30	人体靠近时，即可发出报警声，灵敏度较高	
4	安全操作	15	严格遵守学校的规章制度及安全操作规程	

五、劳动反思

（1）我在装配过程中有过怎样的思考或顾虑，我创新性地解决了什么实际问题？

（2）从装配多功能电子狗的过程中我学到了什么劳动方法？可不可以用到电机装配、电工维修上？

六、劳动辞典

在电子产品的制作过程中，元器件的安装与焊接非常重要。安装与焊接质量直接影响电子产品的性能（如准确度、灵敏度、稳定性、可靠性等），有时因为虚焊、焊点脱落等原因造成电子产品无法正常、稳定工作。手工安装与焊接技术是电子工作者和电子爱好者必须掌握的基本技术，焊接步骤通常采用"五步焊接法"（见表 1-26）。

表 1-26　五步焊接法

焊 接 步 骤	图 示	焊 接 过 程
第一步		准备施焊
第二步		加热焊件

续表

焊接步骤	图 示	焊接过程
第三步		熔化焊料
第四步		移开焊锡
第五步		移开烙铁

七、劳动文化

电子狗又称驾驶安全预警仪，是一种汽车驾驶专用车载装置，由硬件系统和软件系统组成，包括雷达、GPS 定位、中央处理器和智能测速预警系统。主要是利用 GPS 卫星定位及雷达信号检索，提前提醒车主电子眼或测速雷达等测速设备的存在，防止因为超速等违规而被罚款和扣分。

电子狗的原理就是将采集到的固定测速监控探头的经纬位置分布记录到仪器中，使用时便可通过车内电子狗的 GPS 位置信息，再结合固定测速监控探头的经纬位置分布来判断车辆是否将驶入测速区域，并提示驾驶员，从而做到超速监测预警的作用。

八、劳动拓展

除了多功能电子狗外，小型电子产品的使用已经越来越普及。请尝试着装配一个小型电子产品。

项目 2　电饭锅的工作原理与维修

一、劳动基础

电饭锅又称电饭煲，是一种利用电能转变为热能的炊具，具有对食品进行蒸、煮、炖、煨等多种操作功能，使用方便，清洁卫生，现在已经成为日常家用电器。目前，在市面上销售的电饭锅类型很多，其主要形式如图 1-18 所示。

（a）自动保温式电饭锅　　　（b）电脑控制式电饭锅　　　（c）电压力电饭锅

图 1-18　电饭锅实物图

自动保温式电饭锅是电饭锅的基本形式，也是市场上价位最低、普及率最高的一种电饭锅。下面以自动保温式电饭锅为例介绍电饭锅的基本结构。它主要由外壳、内锅、发热盘、磁钢限温器、双金属温控器及开关等组成。典型自动保温式电饭锅的内部结构实物图如图 1-19 所示。

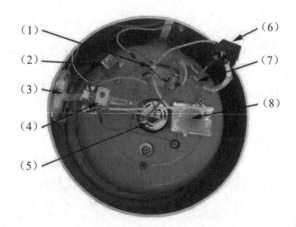

（1）加热盘接线柱；（2）固定螺丝；（3）煮饭开关及指示灯；（4）开关触点；

（5）磁钢限温器；（6）电源插座；（7）保险电阻；（8）保温加热盘

图 1-19　自动保温式电饭锅的内部结构实物图

自动保温式电饭锅的双金属温控器在保温过程中动作频繁，开关的触点容易被通电、断电时的电火花烧坏。采用无触点的 PTC 元件代替双金属温控器，利用 PTC 元件的正温度系数特性来控制电饭锅保温过程中流过发热器的电流，能较方便地实现电饭锅的保温控制。采用 PTC 的自动保温式电饭锅保温控制精度高，使用寿命较长。

电饭锅使用方法很简单，注意对电饭煲的日常清洁与护理，可以长久使用。

1. 电饭锅的检验

电饭锅的检验标准有：GB/T 40978—2021《电饭锅》，JB/T 8308—1995《自动电饭锅》，主要检验项目有：电气绝缘性能、潮态试验、接地电阻、控温性能、热效率、寿命、泄漏电流等。

2. 电饭锅的包装及储运

通常电饭锅置于纸盒中，上下衬有防震发泡材料，附件置于塑料袋中放于锅内。每台电饭锅必须有产品合格证及使用说明书。运输中纸箱应小心轻放，储存的仓库应通风良好，无腐蚀性气体。

3. 电饭锅的生产、订购注意事项

在生产中产品的接地连续性、电气强度、泄漏电流等安全性能必须逐台检验合格，每台电饭锅都必须进行限温值和保温值的测试，以确保其安全和适用。订购合同中需注明品名规格、使用电压、主要性能指标、抽样方法、缺陷的统计、合格批的判别等内容，以便查验。

电饭锅系分别实施进、出口（安全）质量许可制度的产品，国外企业须按规定获得由国家出入境检验检疫局颁发的进口安全质量许可证书，并在产品上加贴相应的标志，方可进口；国内企业须取得由国家出入境检验检疫局颁发的出口质量许可证书方可生产出口产品。

二、劳动场所

1. 环境

配有标准电子实训操作台，通风、整洁的实训教室。

2. 材料与工具

整套家电维修工具和常用电饭锅配件。

三、劳动说明

电饭锅的常见故障是电热盘不发热，主要原因有温度保险烧断、电热盘短路、控温电路故障等，还要考虑电源连接线内部导线折断。电脑控制式电饭锅要从芯片供电、温度传感器、控制继电器以及晶体 XTAL、电源变压器供电等多方面综合检修。电饭锅常见故障及排除方法如表 1-27 所示。

表 1-27　电饭锅常见故障及排除方法

故　障	故障现象	可能原因	排除方法
不煮饭	（1）按下开关，插座打火	（1）插座沾水或有异物	（1）擦干或清除异物
	（2）按下开关，指示灯不亮且锅盘不热	（2）① 电热盘中电热丝断路；② 电源引线断路；③ 双金属温控器触点氧化、接触不良或弹簧片失灵	（2）① 用万用表测试热盘内电阻丝、阻值应在 50～90Ω 之间，否则应换新盘；② 接通电源引线；③ 用砂布清理氧化层，如果接触不良，则逆时针旋转至听到一声"啪"后再旋转约 40° 即可
	（3）按下开关，指示灯不亮但锅盘发热	（3）① 指示灯与电路接触不良；② 指示灯坏；③ 限流电阻烧毁或接线断路	（3）① 检查并排除故障；② 更换指示灯；③ 换电阻或修复接线
	（4）按键按不下	（4）① 联杆顶住磁钢；② 内胆没放稳	（4）① 检查并排除故障；② 将内胆左右转几下，放稳
	（5）锅体带电	（5）① 没有接地线；② 盘底有碰壳现象	（5）① 检查并接上地线；② 检查并排除故障
煮夹生饭	（1）水烧不开，只有 60℃左右	（1）磁钢限温器动静触头接触不良或完全不能接触	（1）用砂布清除氧化层，如根本接触不到，可用手或工具压一下动静触片，使之接触并有压力
	（2）煮饭生熟不均匀	（2）① 电热盘发热不均匀；② 锅底有异物或内胆底变形使锅胆与电热盘接触不好	（2）① 换电热盘；② 清理内锅底，使内锅底与发热面接触良好
煮焦饭	（1）饭焦，磁钢联杆不能落下、复位	（1）磁钢限温器中压紧弹簧的弹性不足或失去弹性	（1）① 将弹簧拆下拉伸增加弹性或换新弹簧；② 排除异物，拆下弹簧，逆绕行方向拧一下
	（2）感温磁钢在103℃～105℃时不能跳起	（2）① 感温磁钢不能紧贴胆底；② 内锅底变形或有氧化层	（2）① 将内锅左右转动一下，再放稳；② 将内锅底整形，如有氧化层或异物，则清除锅底或磁钢表面氧化层或异物
	（3）磁钢复位动静触片能分开但饭焦	（3）双金属温控器动静触点烧死在一起	（3）换新双金属温控器
不保温	电饭锅饭熟后，保温温度太高或太低	（1）温控器弹簧片弹性不足（2）温控器调节螺丝松动移位	（1）换新品（2）重新调整调温螺钉，使温控器触点在 60℃～70℃时动作

四、劳动评价

现在大部分人做饭都是使用电饭锅。电饭锅是一种多功能的电器，它可以用于煮饭，可以用来做蛋糕，还可以用来焖饭。电饭锅使用久了也会坏，很容易出现故障。当家里的电饭锅出现故障时，我们应该如何修理呢？修理的质量有保障吗？电饭锅修理评价表如表 1-28 所示。

表 1-28　电饭锅修理评价表

评 价 项 目	项 目 评 价 内 容	分　　值	得　　分
理论知识	（1）自动保温式电饭锅的工作原理	10	
	（2）电脑控制式电饭锅的结构和工作原理	10	
实操技能	（1）自动保温式电饭锅故障检修	25	
	（2）电脑控制式电饭锅拆装	25	
安全文明生产和职业素质培养	（1）出勤情况	5	
	（2）车间纪律	5	
	（3）团队协作精神	5	
	（4）工具的摆放和维护	10	
	（5）工位的卫生情况	5	

五、劳动反思

（1）我在电饭锅修理过程中有过怎样的思考或顾虑，我创新性地解决了什么实际问题？

（2）我对自己的电饭锅修理成果感到：很满意、较满意、一般、不满意、很不满意。

（3）从电饭锅修理的过程中我学到了什么劳动方法？可不可以用到电机装配、电工维修上？

六、劳动辞典

20 世纪 60 年代后期，现代意义上的电饭锅自动加热装置问世，东芝、三菱、松下等日本企业进入电饭锅行业，在资本加持下，电饭锅技术开始突飞猛进，拥有自动翻盖儿、电磁加热、半导体温度传感装置以及可编程计算机芯片等技术的电饭锅相继问世，我们现在用的电饭锅大都是此类。

我国早已经从世界最大电饭锅消费国成长为世界最大的电饭锅生产国，产品出口新加坡、日本等以米饭为主食的国家，以及欧美国家的华人聚居区。

七、劳动文化

中国上下五千年，在所有美食中米饭是最为常见的主食。我们对米饭钟情不仅因为其魅人的口感，更源于悠久的中国饮食文化。

从古至今，我国各地米饭的做法各有不同：四川等地习惯先把米放入锅中煮一下，等到半熟时再捞出来放进锅里蒸熟，饭粒之间不粘连；而北方大部分地区，煮饭前先把米用水反复淘洗，之后放进锅里加水蒸煮；还有少部分地区，将煮熟的米饭晾干，吃的时候放进汤水中，称为"水浇饭"……一碗简单的米饭，做到极致可胜过任何美味。正如袁枚在《随园食单》里所说："饭之甘在百味之上，知味者遇好饭不必用菜。"

要烹出好饭，器具和火候都很重要。传统的煮饭方式是用柴火加热，铁锅嵌进土灶里，烧火均匀地加热锅底，米饭受热也很均匀，色香味俱全。进入电器时代的今天，美味的柴火饭大多已经成为历史，如何用小家电做出我们记忆中的米饭味道，是每个小家电生产企业需要思考的问题。

八、劳动拓展

一般家用电器在生活中的使用频率都是较高的，那么如果电器出现问题或者故障该怎么办呢？请上网查阅家用电器的维修和保养方法。

第三部分　服务性劳动

广义的服务性劳动是指把社会的分工与协作视为彼此提供服务的过程。狭义的服务性劳动则是同农业劳动、工业劳动和商业劳动等专业劳动相并列的社会分工的产物，因而服务性劳动亦称服务业劳动。服务性劳动一般包括自我服务劳动、家庭服务劳动、学校服务劳动和社会服务劳动。

第一课　公益劳动与志愿服务劳动

公益劳动是指服务于公益事业、不取报酬的劳动，目的在于培养为人民服务、为公众谋利益的良好思想品德，推动我们走进社会，参加各种社会实践，形成良好的社会风尚。

志愿服务是指志愿者组织成员及个人在不求回报的情况下，为改善社会、促进社会进步而自愿付出个人的时间及精力所做的服务工作。

一、树立公共服务意识

1. 认识公益劳动

公益劳动是指服务于公益事业、不取报酬的劳动，是学校劳动技术教育和学生参加社会实践内容的一项内容。其目的在于培养学生为人民服务、为公众谋利益的良好思想品德；推动学生接触社会，深入生活，参加各种社会实践，形成良好社会风尚。其内容包括工农业生产劳动和各种服务性劳动，如参加秋收、植树造林、打扫卫生、帮助军烈属和残疾人等。

实践证明，公益劳动对于培养学生全心全意为人民服务、为社会主义事业服务的思想，自觉自愿地为公共利益而不计报酬的共产主义劳动态度，关心集体、关心他人，以及团结互助、遵守纪律、爱护公共财物等思想品德，都有重要的作用。

2. 认识志愿服务

志愿者活动的三个特性是自愿性、非报酬性和公益利他性。志愿服务精神是指一种精神体现，概括起来是奉献、友爱、互助、进步。奉献精神是高尚的，是志愿服务精神的精髓。志愿者通过参与志愿服务，参与构建和谐社会，促进社会进步，同时自身素质也得到很大提升。

3. 公共服务活动的作用

（1）公共服务活动是对学生进行共产主义教育的重要手段。列宁认为，不计报酬的劳动表现了高度的带动自觉性、劳动的首创精神和个人利益服从社会利益的崇高思想，是共产主义的萌芽。

（2）公共服务活动有利于培养中职生的竞争意识和开拓进取精神。公共服务这一重要的社会实践活动，不仅能够充分调动参与者的内在积极性和主动性，引导他们在实践中自我体悟、自我教育、自我管理和自我提升，在改造客观世界的同时改造主观世界，同时能够使他们在为社会和他人的奉献中真正体悟人生的价值与意义，并内化为自身的一种精神追求，形成社会责任感的持久动力。

（3）公共服务活动有利于提高明辨是非、全面看问题的能力。社会阅历较少，思想单纯，看问题比较片面，是目前大部分中职生存在的共性问题。公共服务为学生提供接触社会、学习社会和全面认识社会的机会，有利于中职生提高自身明辨是非、全面看问题的能力。中职生要在公共服务中认识社会，学会透过现象看本质，分清主流和支流，用社会主义现代意识观察、分析、了解产生某些问题的历史和现实的原因，改掉片面看问题的习惯，增强分析能力，为以后步入社会奠定思想基础。

（4）公共服务活动有利于形成团结、互助、友好、和谐的人际关系。公共服务提供的社会交往和互相帮助的机会，强化了人与人之间的关怀和帮助，增强了社会成员之间的信任、团结和互助，成为缓和日常生活中利益冲突的"减压阀"。

二、了解中国青年志愿者行动

1993 年年底，共青团中央决定实施中国青年志愿者行动。12 月 19 日，两万余名铁路青年率先打出了"青年志愿者"的旗帜，在京广铁路沿线开展了为旅客送温暖志愿服务。之后，40 余万名大中学生利用寒假在全国主要铁路沿线和车站开展志愿者新春热心行动，中国青年志愿者行动迅速在全国展开。

中国青年志愿者行动实施以来，产生了良好的社会影响，志愿服务正在成为新的社会风尚，越来越多的青年及社会各界群众加入了志愿者的行列。实践充分证明，中国青年志愿者行动符合时代发展的潮流，符合人民群众的需要，符合当代青年的特点，蕴藏着巨大的发展潜力，呈现旺盛的生命力和广阔的发展前景，是发展社会主义市场经济中一项生机勃勃的事业，是广大青年实践中国特色社会主义重要思想理论的有效载体。

中国青年志愿者标志（见图 1-20）的整体构图为心的造型，同时也是英文"青年"的第一个大写字母 Y；图案中央既是手，也是鸽子的造型。标志寓意为中国青年志愿者向所有需要帮助的人们奉献一片爱心，伸出友爱之手，以跨世纪的精神风貌面向世界，走向未来，表达青年志愿者"热情献社会，真情暖人心"的主题。

图 1-20　中国青年志愿者标志

三、中职生公益劳动与志愿服务劳动的技巧

1. 加强调研，科学规划，精准设计

做好调研工作，遴选群众所盼、所急、所需的公益劳动和志愿服务项目，设计目标明确、内容详尽、举措扎实的行动计划。

2. 建立团队，培训业务，明确要求

组建志同道合、结构合理的团队，加强业务培训指导，强化安全保护教育和应急预案解读，明确目标和要求。

3. 加强对接，统筹时间，准备物品

加强与社区沟通协调，科学安排行动时间，做好准备工作，如出具公函，印制宣传资料，采购或租借劳动工具，落实安全保护设备等。

4. 科学调度，明确分工，各司其职

做好团队出行车辆、到达时间和地点调度，明确人员岗位和任务分工，加强管理和协作，科学掌控工作进度。

5. 合理交接，做好总结，反思得失

项目任务完成后，做好验收交接工作，召开总结表彰会，表扬先进，反思得失，研究存在问题的整改措施。

【课堂互动】

你身边的同学、朋友、家人有加入青年志愿者协会的吗？他们开展了什么类别的志愿活动？

四、公益劳动与志愿服务劳动任务清单

利用自己已有的日常生活劳动、生产劳动经验，选择 1 到 2 项具有一定挑战性的学校、社区公益劳动与志愿服务项目进行实践。例如，以小组或班级为单位，在学校或社区建立移动书亭、物品捐赠资源共享站，以自己创造性的劳动服务更大范围的群体；参与科技馆、博物馆、纪念馆、植物园、动物园、流浪动物救助站等公共空间与社会机构的服务性劳动，担任讲解员、特定活动志愿者等；参与社区环境治理，进行社区公园环境优化、公共健身设施维护等；参与社区公共卫生服务，进行疫情防控宣讲等。

根据服务对象（包括个体和集体）的实际需要，确定公益劳动与志愿服务的形式、内容与过程，制订合理的服务性劳动方案并进行组织与实施。

公益劳动与志愿服务劳动任务清单如表 1-29 所示。

表 1-29　公益劳动与志愿服务劳动任务清单

类　型	类　别	项目（供选择）	目　标
公益劳动	道路环境整治	道路卫生与保洁、涂鸦清除、杂物清理、公物整理、车辆管理	养成良好的文明习惯，掌握道路整治方法，为社区环境尽责任
	绿地环境整治	植树种草、绿化养护、草木修剪、施肥治虫等	养成生态环保习惯，掌握基本园艺技能，为养绿护绿尽职
	再生资源环境整治	垃圾分类与回收、可再生资源回收	养成低碳环保生活习惯，掌握科学回收方法
志愿服务劳动	交通维护	车辆管理、交通标识维护、交通安全物品管理	养成绿色出行习惯，掌握交通安全防护技能，模范遵守交通规则
	水电维修	自来水管维修，下水管道维护，电线、网线箱维护，门禁系统维护，电梯安保与维护	牢记安全第一，学会节约水电，掌握维修（维护）方法
	贫弱救护	残疾人、孤寡老人、重症患者帮扶，留守儿童、失学儿童助学帮扶	树立爱心帮扶理念，关爱弱势群体，掌握帮扶的方法和技巧

续表

类　型	类　别	项目（供选择）	目　　标
志愿服务劳动	安全防护	治安秩序管理、宠物管理、安保轮值与巡察、安全防范、应急处置	树立科学安全观，培养科学预防、应急处置能力和技能
特殊环境		社区人员出尔反尔，不予配合	与社区领导对接，做好宣传解释工作；出示单位公函或文件；发放相关资料
		极个别闲杂人员寻衅滋事	邀请社区领导出面协调，做好安抚和解释，报警处置
		被服务对象"误解"	耐心解释，发放资料，聚焦矛盾，对症下药
		事态发展超出预期	追根溯源，对症下药；沟通交流，协商解决；暂缓工作，协调一致后再开始工作
		工作过程中突发"状况"	反思方案，及时调整，寻找对策，妥善解决；暂缓工作，纾解问题

项目1　回收再生资源

一、劳动基础

众所周知，资源是人类在地球上赖以生存的必要保证。人类为了满足日益高涨的生活需求，不断地加大对资源开发利用的力度，甚至采用了掠夺式的开采手段。资源的枯竭使人类的生存面临着严重的威胁。如何合理地开发和利用资源已经是人类必须认真对待的一个重要而迫切的问题。

可再生资源即我们通常所说的废弃物资源，其基本定义是：在社会的生产、流通、消费过程中产生的不再具有原使用价值并以各种形态存在，可以通过某些回收加工方法使其重新获得使用价值的各种废弃物的总称（包括工业生产中的废水、废气、废渣、粉尘等，农业生产的副产品，如农作物秸秆等以及生产生活中的废弃物如废钢铁、废纸、废塑料等）。这里的再生，实际上是指废弃物资源的再生利用。

废弃物资源在物质性能上的可再生性，是其可再生利用的根本。利用循环再生原料是人类社会工业技术进步的结果，也是保证自然资源的合理开发利用，保持资源循环利用的必要手段和发展循环经济的内在要求。循环经济理念是在科学发展观的基本思想指导下，通过开发利用可再生资源，减少社会发展对自然资源需求的压力，产生相当的社会和经济效益，对生态环境保护有一定的积极作用。

新中国成立后，我国建立了以乡镇供销社牵头的废旧物资回收系统。改革开放以来，国家形成了"回收网点—分拣中心—集散市场"三位一体的回收体系。如今再生资源回收利用行业迅猛发展，对国民经济可持续发展做出了巨大贡献。

在"双碳"目标的时代背景下，资源循环利用可有效减少碳排放，是节能减排的重要手段，2021年7月，发改委印发《"十四五"循环经济发展规划》，强调了资源循环和高效利用。随着国家积极推进双循环生态经济发展，再生资源产业作为循环经济的重要组成部分，其行业新业态逐步涌现，行业发展取得初步成效。与此同时，受经济、技术、市场等因素限制，产业发展尚存在精细化分拣水平低、行业管理不规范、小厂散乱污回收、缺乏标准化作业、从业人员老龄化严重、人难招难管难留等行业瓶颈，导致国内再生资源的回收率、再生率对比欧美一些国家普遍偏低。我国将提升行业技术水平、完善相关标准体系，加快推进再生资源行业绿色转型升级，实现可持续发展。

《"十四五"循环经济发展规划》提出到 2025 年基本建立资源循环型产业体系，对农作物秸秆、大宗固废、建筑垃圾、废纸、废钢、有色金属的利用率或使用量作出规划，资源循环利用产业产值达到 5 万亿元。

二、劳动场所

1. 环境

社区垃圾箱，单元楼道，地下人防工程，公共绿地等。

2. 材料

废旧包装纸箱，饮料瓶，废弃衣物，塑料、玻璃制品，装修产生的废弃物品（含板材边角料、报废灯具和小家电、废旧书报和衣物、包装材料等）。

3. 工具

胶皮手套，口罩，塑料袋，蛇皮袋，包扎绳，板车。

三、劳动说明

在日常的生活中，不知道你们是怎么处理废品的？可能有些人会直接丢掉；有些人会把这些废品收集起来，集中卖给回收废品的人。废品回收在大家的生活中已经是一件再正常不过的事情了。再生资源回收有什么好处，它的意义是什么？你知道吗？据测算，每回收 1 吨废纸，可造好纸 850 千克；每回收 1 吨塑料饮料瓶，可获 0.7 吨二级原料；每回收 1 吨废钢铁，可炼好钢 0.7 吨；利用碎玻璃再生产玻璃可节能 10%～30%，节水 50%，减少空气污染 20%，减少采矿废弃的矿渣 80%。废品回收不仅是一个变废为宝的过程，更是实现资源永续利用的重要措施。

实现可持续发展和促进生态文明建设已成为全社会关注的重要课题。再生资源回收是生态文明建设的重要组成部分，也是循环经济发展的重要环节，同时也是垃圾减量化、资源化的主要渠道。因此，大力推进再生资源回收利用，是提高资源利用率、实现经济可持续发展的客观要求和现实选择。

（1）对接社区业主和物业，印发《再生资源回收利用手册》，加强技术指导和安全培训。

（2）集中处置可回收资源，充分发挥其应有价值，消除社区可能存在的影响交通出行、环境质量以及老人、小孩生活的安全隐患。

（3）公益劳动结束后，及时对社区进行"复位"处理，分类垃圾箱摆放整齐，相关场地清扫干净，与物业办理相关交接手续。

具体的回收再生资源可采取以下形式和步骤进行。

（1）社区宣传服务。

（2）捡拾废旧物品。

（3）归类整理和捆扎。

（4）销往再生资源收购站。

（5）整理归位垃圾箱。

（6）收益捐助困难学生。

四、劳动评价

做好学校再生资源回收示范工作，逐步推广到其他学校，展现我们对做好再生资源回收工作的决心，倡导学生享受文明绿色生活，把再生资源回收变成社会新时尚，促进社会可持续发展。再生资源回收评价表如表 1-30 所示。

表 1-30　再生资源回收评价表

序　号	任务实施成果	评 判 标 准	是/否
1	公益宣传与指导	多方支持，通力配合	
2	再生资源回收利用（经济价值）	物尽其用，取得一定经济价值	
3	社区环境治理	改善环境，改观明显	
4	公益劳动的社会或生态价值	影响大，辐射广，受众获益多	
5	公益劳动团队收获	幸福感强，贡献度高	

五、劳动反思

（1）在本次活动中，我最大的收获是什么？

（2）通过可再生资源回收，我认为在垃圾分类处理上还需要做何改进？

六、劳动辞典

太阳能来自太阳内部氢原子核聚变释放的巨大辐射能量。人类所需能量的全部几乎都直接或间接地来自太阳能。人类直接利用太阳能还处于初级阶段。太阳能的利用有被动式利用（光热转换）、光化转换和光电转换三种方式。广义的太阳能是地球上许多能量的来源，如风能、化学能、水的势能等。

地球蕴藏的能量通常是指与地球内部的热能有关的能源和与原子核反应有关的能源。煤炭、石油、天然气等化石燃料是由古代埋在地下的动植物经过漫长的地质年代演变形成的。此外，水能、风能等也都是由太阳能转换来的。

七、劳动文化

天下之物，生之有时，用之无度，则必屈；取之有度，用之有节，则常足。

古人云："俭，德之共也；侈，恶之大也。"《晋书·陶侃传》记载："时造船，木屑及竹头悉令举掌之，咸不解所以。后正会，积雪始晴，听事前余雪犹湿，于是以屑布地。及桓温伐蜀，又以侃所贮竹头作丁装船。"勤俭节约和资源回收利用，是中华民族的优良传统和美德。

北宋科学家沈括的《梦溪笔谈》、明代科学家宋应星的《天工开物》都有对废旧金属的再生利用技术及工艺流程的详细论述。

宋应星所著《天工开物》被西方称为"中国 17 世纪的工艺百科全书"，较全面地记述了明代及以前的农业、手工业的生产技术和经验，构成了我国古代比较完整的科学体系。其中，《天工开物·冶铸》记述了利用废铁铸造锅的过程。

八、劳动拓展

除了可再生资源，社区还有很多不可再生资源，如何处置它们？

项目 2　爱心助学行动

一、劳动基础

乐善好施是中华民族的传统美德，捐资助学、开馆讲学在我国历史悠久。孔子创办私学，广招学生，周游列国，整理古籍，为中华文明和教育做出巨大贡献。

1. 希望工程概述

希望工程是由团中央、中国青少年发展基金会于 1989 年发起的以救助贫困地区失学少年儿童为目的的一项公益事业。其宗旨是建设希望小学，资助贫困地区失学儿童重返校园，改善农村办学条件。援建改变了一大批失学儿童的命运，改善了贫困地区的办学条件，唤起了全社会的重教意识，促进了基础教育的发展；弘扬了扶贫济困、助人为乐的优良传统，推动了社会主义精神文明建设。

"大眼睛"女孩苏明娟（见图 1-21）是众所周知的希望工程标志性照片。

如今，希望工程的资助对象已经扩展到进城务工农民工子女、农村贫困地区家庭经济困难的中学生、中等职业技术学校的学生和大学生。希望工程的动员和服务方式也从单一的资金资助发展到"资金资助+勤工俭学+公益实践"以及心理援助、社工服务等多元化格局。希望工程成为中国改革开放以来启动最早、规模最大、参与最广、成效最显著的社会公益事业。

图1-21 "大眼睛"女孩苏明娟

2. 捐赠项目

1）爱心助学行动

爱心助学行动是以资助城乡特困大、中、小学生，以解决就学困难为宗旨的一项扶贫助教的公益活动，通过募捐建立"爱心助学基金"，结对助学，帮助特困学生完成学业，使其健康成长、成才。

2）援建希望小学

希望小学即对贫困地区乡村小学予以资助，帮助其改造危旧校舍或新建学校，并统一命名为希望小学。

3）希望工程快乐电影

希望工程快乐电影项目从农村学生和社区需求出发，着力改善农村学校的教育环境，为青少年形成正确的人生观、世界观起到良好的引导作用，满足农村青少年的个性化发展需求。同时，以希望小学为中心点，以电影为媒介，以活动为中心，可以建立农村社区的综合服务平台。为贫困地区乡村小学配备一套含数字电影播放服务器、数字电影专用投影机、两个环绕立体音箱及两个不同尺寸银幕的流动电影放映设备，每月免费为学生放映 4 场电影，为学校周边农村社区免费提供不少于 1 场的公益放映服务；全年为学生及周边社区进行不少于 50 场的电影放映，达到校内学生覆盖率 100%，周边社区覆盖率 50%。

4）保护母亲河行动

共青团中央、全国绿化委员会、水利部、国家林业局和中国青少年发展基金会等有关部门和单位共同发起"保护母亲河行动——迈向 21 世纪的绿色希望工程"，借鉴希望工程的经验，采用工程造林、项目管理和"一助一"等有效方式，用所有的赠款、物，在国家、省、市、县重点生态治理区，建设绿色工程、流域综合治理工程，资助贫困农户植树造林。

5）希望工程图书室

"希望工程图书室"公益项目内容为：通过发动社会的力量筹集资金，为贫困地区的中小学捐赠图书，建立"希望工程图书室"，以解决这些地区学校图书馆藏书严重不足的困境，使这些学校的学生不仅有学上，而且有书读，为人才培养贡献力量。

6）希望工程快乐音乐

希望工程快乐音乐为贫困地区乡村小学配备一套品种齐全的音乐器材，包括电钢琴、电视机、DVD影碟机、台式音响各一套，鼓号队乐器和服装各29套，儿童打击乐器59件，同时，培训该校的音乐教师，教会学生唱"希望小学校园推荐歌曲"。

通过项目实施，为学校配备音乐器材，提升受助学校音乐教师的教学水平，满足音乐教育教学需要，促进农村小学音乐教育事业的发展，让农家子弟人人都能享受到音乐教育的快乐，促进政府和社会各界重视贫困地区学生的健康成长。

7）希望工程快乐体育

为贫困地区乡村小学配备篮球架（篮球）、足球球门（足球）、单双杠、乒乓球台（乒乓球）、跳绳等一套符合国家标准的体育器材和设备，满足师生正常的体育教育教学和课外活动需要。

通过体育老师教学和学生对体育器材设备的使用，加强关于各类体育项目知识的传播和普及，增强学生体质，引起学校和政府对体育教学的重视，促进和弘扬全社会关心青少年身心健康的良好风气。

二、劳动场所

1. 环境

社区生活困难家庭，外来务工人员租住地。

2. 材料

公函，调查问卷，流动儿童基本信息表，随赠的文具和图书资料等。

3. 工具

横幅，志愿服务三角旗等。

三、劳动说明

用坚韧的力量，扬起希望的风帆；用真诚的爱心，托起明天的太阳。点滴之水汇成清泉可成就爱的绿洲，星星之火引燃火把可照亮坦坦前路。爱心助学行动如表1-31所示。

表 1-31　爱心助学行动

（1）对接社区主管部门	（4）召开子女座谈会	（7）走访周边学校
（2）召开家长座谈会	（5）了解教育诉求	（8）普及国家助学政策
（3）发放调查问卷	（6）赠送纪念品	

爱心助学行动旨在帮助贫困的弱势群体，坚守"教育成就未来"信念，只要人人都献出一点爱，贫困孩子们一定会步入知识的殿堂，他们的明天一定会充满希望！

（1）对接团市委、妇联、人社局、教育局、公安局，了解当地困难学生经济和教育情况，精选助学活动施展社区。

（2）精心设计调查问卷和信息表，充分尊重困难学生及家长的自尊心和个人隐私。

（3）活动过程中加强情感交流，拉近彼此距离，给予必要的帮助和救济。

（4）如实反馈合理诉求给社区、学校及教育局，跟踪处理过程和结果，落实志愿服务的价值和功能。

四、劳动成果

爱心助学表达的是一种殷殷关爱的情感。知识改变命运，爱心成就未来。青少年是祖国的未来，家庭的希望。青少年能否正常求学、健康成长，关系到千家万户的幸福和谐。爱心助学行动成果评价表如表 1-32 所示。

表 1-32　爱心助学行动成果评价表

序　　号	任务实施成果	评 判 标 准	是/否
1	各方支持与配合	支持度高，协作性好	
2	调查问卷和信息表	设计科学，完成率高，重视保护隐私	
3	家长及其子女收获	满意度高，精神状态好，积极配合解决问题	
4	社区、学校和教育局反馈意见	客观公正、切实有效解决问题	
5	志愿服务工作目标	达成预期目标，工作有创新，社会价值大	

五、劳动反思

（1）在本次活动中，我最大的收获是什么？

（2）对于困难学生助学问题，我能提出哪些建议？

六、劳动辞典

乡村振兴是党的十九大做出的重大决策部署，是决战全面建成小康社会、全面建设社会主义现代化国家的重大历史任务，是新时代"三农"工作总抓手。

乡村振兴是包括产业振兴、人才振兴、文化振兴、生态振兴、组织振兴的全面振兴，这一战略的总体要求是产业兴旺、生态宜居、乡风文明、治理有效、生活富裕。十九大以来，各地及有关部门按照党中央、国务院的部署，聚焦重点、聚集资源、聚合力量，全力抓好各项措施落实，乡村振兴实现了良好开局，呈现出如下主要标志：保供能力稳步提升、农民收入连年增长、农村生态建设得到加强。农村教育、文化、卫生等社会事业得到全面发展，城乡协调发展的格局正在全面形成。

当前，我国已开启全面建设社会主义现代化国家新征程，"三农"工作转入全面推进乡村振兴、加快农业农村现代化新阶段。习近平总书记在 2020 年中央农村工作会议上强调，民族要复兴，乡村必振兴。

七、劳动文化

补子瞻赠姜唐佐秀才

宋·苏辙

生长茅间有异芳，风流稷下古诸姜。

适从琼管鱼龙窟，秀出羊城翰墨场。

沧海何曾断地脉，白袍端合破天荒。

锦衣他日千人看，始信东坡眼目长。

苏轼被贬于海南儋州，见当地教育文化极其落后，于是讲学明道使儋州教化日兴。向苏轼求学的学子姜唐佐成为海南历史上第一个举人，苏辙为哥哥苏轼补全其赠予姜唐佐的诗即《补子瞻赠姜唐佐秀才》。

八、劳动拓展

借鉴公益助学社区里的困难学生，我们对于边远山区的孩子又能提供哪些帮助？请查阅相关资料，了解山区孩子的生活和学习需求，为他们量身打造切实可行的志愿服务项目，为国家脱贫攻坚助力尽责。

第二课 勤工助学

勤工助学是职业学校学生资助政策体系的重要组成部分，是提升学生综合能力和素质的有效途径，是实现全程育人、全方位育人的有效平台。勤工助学不仅可以帮助学生掌握系统的理论知识，提高实践能力，顺利完成学业，而且可以帮助他们培养创新意识、凝聚创造能力，为将来就业创业打下良好的基础。

一、勤工助学概述

勤工助学是指学生在学校的组织下利用课余时间，通过自己的劳动取得合法报酬，用于改善学习和生活条件的社会实践活动。勤工助学是学校学生资助工作的重要组成部分，是提高学生综合素质和资助家庭经济困难学生的有效途径。

1. 活动管理

学生在学有余力的前提下，向学校提出勤工助学的申请，接受必要的勤工助学岗前培训和安全教育，再由学校统一安排到校内或校外的岗位上进行勤工助学活动。学校不得安排学生参加有毒、有害和危险的生产作业以及超过身体承受能力、有碍健康的劳动。任何单位和个人未经学校同意，不得聘用在校学生打工。

2. 时间安排

学生参加勤工助学不应当影响学业，原则上每周不超过 8 小时，每月不超过 40 小时。

3. 劳动报酬

学生参加校内固定岗位的勤工助学，其劳动报酬由学校按月计算。每月 40 个工时的酬金原则上不低于当地政府或有关部门制定的最低工资标准或居民最低生活保障标准，可以适当上下浮动。学生参加校内临时岗位的勤工助学，其劳动报酬由学校按小时计算。每小时酬金原则上不低于 12 元人民币。学生参加校外勤工助学的酬金标准不低于学校所在地政府或有关部门规定的最低工资标准，具体数额由用人单位、学校与学生协商确定，并写进聘用协议。

4. 权益保护

学生在开始勤工助学活动前应当与有关单位签订协议，保护自身的合法权益。在进行校内勤工助学前，学生应当与学校的学生勤工助学管理服务组织签订具有法律效力的协议书。在进行校外勤工助学前，学生应当与代表学校的学生勤工助学管理服务组织、用人单位签订具有法律效力的三方协议书。协议书应当明确学校、用人单位和学生三方的权利和义务，意外伤害事故的处理办法以及争议解决方法。

二、学生参与勤工助学活动的重要意义

1. 有利于经济困难学生缓减经济压力，保持自尊和自信的良好心态

一些家庭经济困难的学生普遍自尊心较强，作为有能力的知识青年如果只是一味被动地依靠国家、社会或他人的资助，无疑会打击他们的自信心。对于这部分自尊心较强的学生，通过自己的劳动获得一定的报酬，减轻家庭的负担，补贴自己的生活所需，无疑是一件令其感到快乐而自豪的事。

2. 有利于学生进一步增长知识，得到能力上的锻炼

"实践出真知"，学生在校学习十年有余，在这一段漫长的学习过程中，知识的增长主要是从教师的讲授和书本的阅读中获取的。但只有把理论知识和社会实践结合起来，才能对人和事物有更准确的认识。勤工助学使学生暂时从书本中走出来，到人与人的交往、人与社会的相处中学习更多的知识。

三、勤工助学劳动任务清单

对于勤工助学的勤工俭学活动及报酬，财政部、教育部等作出了一些原则性规定，以保障学生的安全。随着时间的推移，勤工助学不仅将成为社会实践形式之一，也将原有"俭学"内涵完全更新成"助学"，以帮助学生更好地学习知识，提高实践能力，及增加学生的创业活动。

勤工助学劳动任务清单如表 1-33 所示。

表 1-33 勤工助学劳动任务清单

类　　别	项目（供选择）	目　　标
教研辅助	校教务信息员、学院教务助理等；兼职实验员	参与教师科研、教学工作，承接校内外研究项目等
院内管理	党总支工作助理、学生工作助理、共青团工作助理、图书馆管理员、校园治安员等	负责帮助学生或教师在生活或教学中更好地开展相关事务
校内兼职	帮厨、膳食助理及卫生保洁	校内生活服务、环境美化和卫生保洁，临时搬运和卫生、绿化工作
校外兼职	家庭辅导教师，校外科技实践活动助理，发传单、送报纸，做服务员、兼职导游等	利用课余时间，通过劳动取得合法报酬，用于改善学习和生活条件

项目 1　名胜景区导游

一、劳动基础

导游主要分为中文导游和外语导游，其主要工作内容为引导游客感受山水之美，解决旅途中可能出现的突发事件，并给予游客食、宿、行等方面的帮助。凡希望从事导游业务活动的人都必须按规定参加导游人员资格考试。考试合格者，由国务院旅游行政管理部门委托省、自治区、直辖市人民政府旅游行政部门颁发导游资格证。导游通常挂靠在旅行社或集中到专门的导游服务管理机构。

1. 基本职责

根据当前中国旅游业的发展状况和导游服务对象，导游的基本职责可概括为下述五点。
（1）根据旅行社与游客签订的合同或约定，按照接待计划安排和组织游客参观、游览。
（2）负责为游客导游、讲解，介绍中国（地方）文化和旅游资源。
（3）配合和督促有关单位安排游客的交通、食宿等，保护游客的人身和财物安全。
（4）耐心解答游客的问询，协助处理旅途中遇到的问题。
（5）反映游客的意见和要求，协助安排游客会见、会谈活动。

2. 职业道德

一般而言，导游的职业道德是指所有的导游在导游职业活动中应遵循的行为准则。导游职业道德主要由导游职业责任、态度、纪律、技能、良心、荣誉等因素构成，可以概括成以下几句话：遵纪守法，敬业爱岗；优质服务，宾客至上；真诚公道，信誉第一；不卑不亢，一视同仁；团结协作，顾全大局；好学上进，提高业务。

3. 素质要求

导游良好素质的标准是：成为有理想、有道德、有文化、有纪律的社会主义导游。其素质要求基本可以归纳为思想素质、道德素质、知识素质、技能素质、心理素质和身体素质等六个方面。

4. 法律规定

2018 年 1 月 1 日起正式施行《导游管理办法》（以下简称《办法》），导游执业不得出现擅自变更行程、诱骗或强迫消费等违法违规行为。

《办法》明确，导游在执业过程中不得有安排旅游者参观或参与涉及色情、赌博、毒品等违反我国法律法规和社会公德的项目或活动；擅自变更旅游行程或拒绝履行旅游合同；擅自安排购物活动或另行付费旅游项目；以隐瞒事实、提供虚假情况等方式，诱骗旅游者违背自己的真实意愿，参加购物活动或另行付费旅游项目；以殴打、弃置、限制活动自由、恐吓、侮辱、咒骂等方式，强迫或变相强迫旅游者参加购物活动、另行付费等消费项目；获取购物场所、另行付费旅游项目等相关经营者以回扣、佣金、人头费或奖励费等名义给予的不正当利益等 11 项行为。同时，《办法》对导游日常执业活动提出了具体要求，规定导游在执业过程中应当携带电子导游证、佩戴导游身份标识，并开启导游执业相关应用软件。旅游者有权要求导游展示电子导游证和导游身份标识。

二、劳动场所

1. 环境

旅行社、横幅、展架、盆景，旅游景区，旅游大巴、高铁、飞机，入住酒店、餐厅等。

2. 材料

宣传单、派团单、行程表、意见反馈单、客人信息表、车牌及座位卡、团款、饮用水等。

3. 工具

导游资格证、身份证、导游图、导游旗、团帽、扩音器、拉杆箱、旅游大巴、话筒、音响、欢迎（送）词、解说词等。

三、劳动说明

　　导游主要研究导游业务、旅游地理等方面的基本知识和技能，进行旅游服务接待、管理、景区开发、公关营销等。如为旅游团提供旅游活动安排、讲解、翻译等服务，博物馆、自然保护区等导游讲解，接待计划安排和组织游客参观、游览等。导游名胜景区的过程如表 1-34 所示。

表 1-34　导游名胜景区的过程

出发前的服务	（1）做好出发前的准备：准备导游旗、导游证、必要的票证。 （2）提前抵达出发地点：提前 10 分钟到达集合地点。 （3）核实实到人数。 （4）提醒注意事项：当地天气、游览地形、行走路线、游览时间。 （5）准点集合等车
赴景点途中的服务	（1）重申当日活动安排：路途时间、景点名称、午晚餐时间、购物和娱乐项目、当日新闻。 （2）沿途风光导游。 （3）活跃气氛。 （4）介绍游览景点：名称、地理位置、历史价值、成因特征
抵达景点后的导游服务	（1）抵达景点时，下车前：旅游车型号、颜色、标志、车号、停车地点、开车时间、卫生间位置及收费情况。 （2）游览注意事项：是否可以拍照、摄像等。 （3）游览示意图前：浏览路线、浏览时间、自由活动时间、集合的时间、地点。 （4）严格执行接待计划。 （5）不能擅自增加或减少景点。 （6）"导""游"结合。 （7）注意旅游者安全，随时清点人数，地陪在前，全陪领队在后。 （8）带领游客返回游览车，清点人数
返程中的导游服务	（1）回顾当天活动：游览内容、补充讲解。 （2）回答问询、适当休息。 （3）进行风光导游：原路返回（补充讲解）、非原路（风光导游）。 （4）宣布次日活动日程：叫早时间、早餐时间、出发时间、集合时间、注意事项。 （5）安排叫早服务

　　参观游览活动通常在日间进行，也称"日间活动"，是旅游者活动最重要的部分，是旅游产品的核心内容，也是导游服务工作的中心环节。导游必须认真准备、精心安排、热情服务、主动讲解，使旅游者详细了解观光游览地的历史背景、风土人情、景观特色、艺术价值等，使旅游计划得以顺利、圆满地完成。

（1）严格执行行业管理制度，认真研读签约协议，明确导游策略。

（2）树立安全意识和时间观念，研制安全工作应急预案，做好安全警示教育。

（3）强化救护技能培训，常备急救药品，注重积累突发事件处置经验。

（4）随时关注游客心理和情绪，确保全团的和谐性、满意度和幸福指数。

（5）导游结束时，做好留影、话别工作，并与旅行社做好交接事宜。

四、劳动成果

导游是旅游业中最积极、最活跃的元素，导游的工作是旅游服务工作的焦点，并在旅游服务工作中起主导作用。对旅游者来说，导游就是带领旅游者寻找美、欣赏美和享受美的人。同时，导游又是实践性很强的一项工作。作为一名称职的导游，除了需要强烈的服务意识，还应掌握带团程序与服务内容，特别是带团过程中的技能、技巧，是搞好导游服务的至关重要的事情。

导游应该具有多种技能。例如，与领队协作，与旅游者成为伙伴，使旅游生活欢愉的带团技能；根据旅游接待计划和实情，巧妙、合理地安排参观旅游活动的技能；选择最佳的旅游点、线，组织活动，当好导演的技能；触景生情，随机应变，进行生动精彩的导游讲解的技能；灵活回答旅游者的询问，帮助他们了解旅游目的地的宣传技能；沉着、果断地处理意外事故的应急技能，合情、合理、合法地处理各种问题和旅游者投诉的技能等。导游评价表如表 1-35 所示。

表 1-35　导游评价表

序　号	任务实施成果	配　分	评 判 标 准	得　分
1	仪容仪表言行举止	20	衣着打扮大方整齐，符合执业需求。言行举止得体，符合礼仪礼貌规范，文明用语、态度友好，表情自然生动，手势及身体语言应用适当与适度	
2	语音语调表达能力	30	语音清晰，语速适中，节奏合理。语言准确、规范，表达流畅、有条理，具有生动性和趣味性	
3	景区景点讲解	30	游览内容介绍，介绍景区景点的知识性信息，文化内涵融入，融合文化内涵的特色性介绍，框架条理清晰，导游词、讲解词通俗易懂	
4	文明旅游	20	有无文明旅游提醒语；强调文明旅游、安全出行。充分发挥宣传引导效果，介绍文明旅游知识	

五、劳动反思

（1）本次导游活动遇到哪些实际问题，如何解决这些问题？

（2）在本次活动中，我最大的收获是什么？有哪些需要改进的地方？

六、劳动辞典

导游之称从"向导"演化而来。在古代，"向导"源自军队术语，《孙子兵法》云："不知山林、险阻、沮泽之形者，不能行军；不用乡导者，不能得地利。"

春秋时期，管仲跟随齐桓公攻打孤竹，春往冬返，因无向导带路，在返程中迷失方向。管仲说："老马之智可用也。"于是放开老马在前面走，大家跟在后面，终于找到了归路。

三国时，诸葛亮五月渡泸，聘用了熟悉云南地理的永昌人吕凯为向导官，按其指引进军入滇，取得"七擒七纵"的胜利。

近代中国旅游业最早诞生于上海。1923 年，上海商业储备银行总经理陈光甫在银行下设旅游部。1927 年，旅游部独立出来，更名为中国旅行社。改革开放以来，我国旅游业发展迅猛，"导游"正式取代了"向导""领队"等术语。

旅游资源是指自然界和人类社会中，凡能对旅游者产生吸引力，能激发旅游者的旅游动机，具备一定旅游功能和价值，可以为旅游业开发利用，并能产生经济效益、社会效益和环境效益的事物和因素。旅游资源犹如一面镜子，反映了一个国家的历史、文化、艺术和文明水平。

七、劳动文化

徐霞客（1587—1641 年），名弘祖，字振之，号霞客，南直隶江阴县（今江苏省江阴市）人，明代杰出的地理学家、旅行家，被称为"千古奇人"。他经 30 年考察撰写而成的地理名著《徐霞客游记》在地理学和文学上都有着重要的价值。

徐霞客出生在一个诗礼之家，却自小摒弃科举，醉心于旅行考察。自 22 岁起，到去世前一年的 30 多年中，他共步行 10 万余里，足迹遍及今江苏、浙江、河南、河北、广西、贵州、云南等 21 个省区市，"达人所之未达，探人所之未知"，所到之处，探幽寻秘，并记有游记，记录观察到的各种现象、人文、地理、动植物等。

2011 年 3 月，《徐霞客游记》开篇之日（5 月 19 日）被定为中国旅游日。数百年来，徐霞客的科学精神和人文精神在全国乃至世界得到传承和发扬。徐霞客故居和画像如图 1-22 所示。

八、劳动拓展

作为一名导游，媛媛深知旅游资源就是她的"金饭碗"。为了感谢家乡父老的哺育之恩，她决定对家乡旅游资源进行挖掘、宣传和推广，吸引周边都市居民来此休闲娱乐。请为"媛导"支招，如何开发乡土旅游资源，做大做强乡土旅游品牌。

图 1-22　徐霞客故居和画像

项目 2　制作中式面点

一、劳动基础

1. 常见的中式面点

中式面点一般指用面粉或米粉调制面团制成的面食小吃和正餐筵席的各式点心。我国历史悠久、地域广阔、民族众多、气候不同，因此，中式面点品种丰富，口味各异，并且因时而异，轮番上市，形成四季更替的特点。

中式面点亦可称"点心"或"面点"，它是以各种粮食、畜禽、鱼、虾、蛋、乳、蔬菜、果品等为主要原料，再配以多种调味品，经过加工而制成的色、香、味、形、质俱佳的各种营养食品，如糕、团、饼、包、饺、面、粉、粥等，其制作工艺在中国饮食行业中通常被称为"白案"。在日常生活中，中式面点的饮食功能呈现多样化，既可作为主食，又可作为调剂口味的辅食。如有作为正餐的米面主食，有作为早餐的早点、茶点，有作为筵席配置的席点，有作为旅游和调剂饮食的糕点、小吃，以及作为喜庆或节日礼物的礼品点心等。

1）春节——饺子

饺子历史悠久，是人们过年过节必不可少的美食之一。如冬至吃饺子也由来已久，这是为了纪念医圣张仲景而流传下来的习俗。人们也常常把花生、红枣和糖果包进馅里，寓意着健康长寿，生活甜美。有一句俗话叫"软面饺子硬面汤"。可以用温水煮饺子，这样煮出来的饺子柔软而晶莹剔透。饺子馅也是多种多样。如虾仁、蟹黄、鸡、鱼、鸭、猪牛羊肉搭配各种各样的蔬菜，既可以保证荤素搭配、口味又可甜可咸。不论春夏秋冬，来一碗热腾腾的饺子，总会让人心情愉快。饺子也被包成各种各样的形状，如波波饺、元宝饺、月牙饺、钱包饺等，形状各异，甚是美观。

2）元宵节——元宵

汤圆的名称与"团圆"字音相近，取团圆之意，象征全家人团团圆圆，和睦幸福，人们也以此怀念离别的亲人，寄托了对未来生活的美好愿望。正月十五吃元宵，是全国各地的共同风俗。南方人称汤圆为"水圆""浮圆子"。每到正月十五，几乎家家户户都要吃元宵。据说汤圆起源于中国宋朝。当时明州（现为浙江省宁波市）兴起吃一种新奇的食品，即用糯米粉包黑芝麻、猪油、白砂糖馅儿，煮熟后，吃起来香甜可口，饶有风趣。因为这种食品煮在锅里上下浮沉，所以最早叫"浮元子"，后来把"浮元子"改称汤圆。

3）清明节——青团

清明的习俗是丰富有趣的，南方部分地区家家蒸青团互赠，不仅讲究禁火、扫墓，还有踏青、荡秋千、蹴鞠、打马球、插柳等一系列风俗体育活动。相传这是因为清明节要寒食禁火，为了防止寒食冷餐伤身，所以大家参加一些体育活动以锻炼身体。因此，这个节日中既有祭扫新坟，生死离别的悲酸泪，又有踏青游玩的欢笑声，是一个富有特色的节日。

4）中秋节——月饼

传统月饼就是中国本土传统意义下的月饼，按产地、销量和特色来分主要有四大派别：广式月饼、京式月饼、苏式月饼和潮式月饼。当前月饼按产地分有京式、晋式、广式、滇式、潮式、苏式、台式、港式、徽式、衢式、秦式月饼等；按口味分有甜味、咸味、咸甜味、麻辣味月饼等；按馅料分有桂花、梅干、五仁、豆沙、玫瑰、莲蓉、冰糖、白果、肉松、黑芝麻、火腿、蛋黄月饼等；按饼皮分有浆皮、混糖皮、酥皮、奶油皮月饼等；从造型上又有光面与花边之分。

2. 中式面点制品熟制工艺

中式面点的熟制方法主要有蒸、煮、炸、烙、煎、烤（烘）、烙等单加热法，以及为了适应特殊需要而使用的蒸煮后煎、炸、烤、炒、烙、烩等综合加热法（又称复合加热法）。

1）蒸

蒸是将生坯放在笼屉中，架在开水锅上，用蒸汽制成熟制品。蒸的方法主要用于发酵面团、水调面团、米粉面团等制品。

2）煮

煮是将成形的生坯放入沸水锅中，利用水的热量传导和对流作用，使制品成熟的一种方法。煮制法的使用范围较广，可用于面团制品和米类制品。面团制品如冷水面的饺子、面条和米粉面的汤圆、元宵等；米粉制品如饭、粥、粽子等。

3）炸

炸是用油传热的熟制法，它的成熟原理和煮制法相同，几乎各类面团制品都可炸制。炸制法主要用于油酥面团、矾碱盐面团、米粉面团等制品。油温大体可分为温油（90℃～130℃）、热油（150℃左右）、旺油（180℃～220℃）三种。

4）煎

煎与炸一样，也是用油传热的熟制法。不同的是，煎制法用油量较少，一般都是使用平底锅煎制。煎制法主要用于馅饼、锅贴、煎包等。煎时用油量的多少，要根据制品的要求而定。煎制法可分为油煎和水油煎两种。

5）烤

烤又称烘，是利用烘烤炉内的高温将制品加热成熟的一种熟制法。目前使用的烤炉式样较多，如电动旋转炉、红外线辐射炉、微波炉、光波炉等。烤制法主要用于各种膨松面、油酥面及其他糕点等制品。

6）烙

烙是将生坯摆在平锅中，放在炉火上，通过金属传热的一种熟制法。烙制法适用于水调面团、发酵面团、米粉面团、粉浆面团等制品。

二、劳动场所

1. 环境

厨房操作间干净明亮整洁，灶具、能源齐备，电源插座完好。

2. 材料

低筋面粉 300 克，泡打粉 3 克，酵母 2 克，白糖 10 克，温水 150 克，豆沙馅 200 克。

3. 工具

炒锅、蒸锅、案板、盆、盘子、勺子、面粉筛、电子秤、围裙。

三、劳动说明

佛手包属于花色包子的一种，因外形像佛手而得名，如图 1-23 所示是做好装盘的佛手包。其制作方法很简单，深受人们的喜欢。中式面点（佛手包）的制作过程如下。

图 1-23　佛手包

（1）按照原料配比准备好所需原料，豆沙馅分成 20 克一个的剂子，搓圆备用。

（2）面粉过筛并开窝，加入酵母、白糖、泡打粉和温水，用掌根搓至无糖粒后将面粉拌入，和成团。

（3）用双手掌根压住面坯，用力向外推动，把面坯揉开，再从外向内卷拢，反复推开、卷拢，将面坯揉匀、揉透，盖上湿布放置 20 分钟。

（4）发好的面坯用压面机轧光滑后，由上往下卷成圆柱形，搓条下剂，用擀面杖将剂子擀成直径约 5 厘米的圆皮。

（5）圆皮中包入馅心，用虎口收拢捏严，并搓成长约 6 厘米的椭圆形。

（6）将生坯交口朝下，蘸少许干面粉，在 2/3 处按扁成铲刀状。

（7）用刀片在按扁处切 8~10 刀，第一刀和最后一刀完全切断，中间用刀片划出刀口，不切断，露出馅心即可。

（8）将中间"手指"向反面弯曲，贴在反面粘牢，呈弓起状，"拇指"和"小指"则无变化。

（9）在"手指"另一端，用手稍捏细、修形，并用刮板压出两道印痕。

（10）将做好的生坯摆入刷过油的蒸盘中，放入醒发箱二次醒发 20 分钟左右。

（11）将生坯放入蒸箱中，足汽蒸 6 分钟。

（12）蒸制时间到后关火，等 1 分钟左右，再打开蒸箱，取出佛手包点缀即可。

中式面点制作技术是一种技术性较强、工艺复杂的专业技能，学习难度较大，要手脑并用，既需要运动技能，又需要智力技能，学生必须在教师的指导下，反复练习才能逐步掌握。因此，这就要求学习者牢牢打好理论基础，把指导自己制作的各类技术和注意事项记好，勇于在实践中将理论与实践密切结合起来。

（1）酵母要根据气候的变化适当增减。

（2）面坯要求软硬适中。

（3）醒发好的面坯用压面机轧光滑后再操作，可使成品质量更佳。

（4）面剂不要太大，否则会导致成品蒸熟后形态不符。

（5）蒸制过程中不可打开蒸箱门，要一次性足汽蒸熟。

四、劳动评价

中式面点具有历史悠久、工艺精湛、品种繁多、用料广泛、注重口味、讲究馅心、技法多样、造型美观的特点，在漫长的发展过程中，历代面点师通过不断实践、总结和交流，创造了一套具有独特技艺的面点制作技术，使中式面点品种繁多，花色复杂。据记载，我国面点有一万七千多种，且其用料广泛，制作方法众多。制作中式面点评价表如表 1-36 所示。

表 1-36　制作中式面点评价表

序　　号	项　　目	配　　分	评 判 标 准	得　　分
1	味感	30	口味鲜美纯正，调味适当，具有咸、甜、鲜、香等口味特点，无异味	
2	质感	30	选料精致，用料配比准确，火候得当，质感鲜明，具有软、糯、酥、松、脆等特点	
3	观感	20	形态优美自然，平滑光润，层次清晰，花纹细腻匀称，规格协调一致，馅儿与皮均衡适度，色调匀称、自然、美观，具有色泽洁白、金黄、透明的特点，装盘美观	

序　号	项　目	配　分	评判标准	得　分
4	营养卫生	20	成品中无异物，使用添加剂适当，营养配比合理，突出绿色营养和技能创新的特点，讲究餐具和盘饰清洁卫生	
5	创新加分	1～3	可食性原料、调味、烹调技法、成品装盘、造型款式等方面有创新者，给予加分	
6	难度加分	1～3	菜品加工制作难度高，使用两种以上技法或使用两种以上刀法制作的菜肴	

倘若西式烘焙是生活的点缀，那么中式面点就是生活本身。中式面点普遍蓬松、柔软香甜，出炉的那一瞬间，喷香直入人心。如图1-24所示为几种常见的中式面点。

（b）香菇木耳猪肉包　　　　　（b）椒盐花卷　　　　　（c）红糖马拉糕

图1-24　中式面点

五、劳动反思

（1）在制作过程中有过怎样的思考或顾虑？解决了哪些实际问题？

（2）学到了什么劳动方法，是否可以应用于其他的劳动中？

六、劳动辞典

西点行业在西方通常被称为烘焙业（baking industry），在欧美十分发达。现代西式面点的主要发源地是欧洲。西式面点的熟制方法主要是烘焙，因此也叫烘焙食品，英文名为baked foods，在汉语口语中通常称作"西点"。西点主要是指来源于欧美国家的点心。它是以面、糖、油脂、鸡蛋和乳品为主要原料，辅以干鲜果品和调味品，经过调制、成形、成熟、装饰等工艺过程制成的具有一定色、香、味、形的营养食品。

1. 比萨

比萨（pizza），又称为比萨饼，是一种发源于意大利的食品，在全球颇受欢迎。比萨的通常做法是在发酵的圆面饼上覆盖番茄酱、奶酪以及肉、海鲜、水果等。先将称好的面粉加上配料和匀，然后在底盆上油，铺上一层由鲜美番茄混合的风味浓郁的比萨酱料，再撒上柔软的乳酪，放上海鲜、意式香肠、加拿大腌肉、火腿、五香肉粒、蘑菇、青椒、菠萝等新鲜馅料，最后放进烤炉在260℃下烘烤5～7分钟。值得注意的是：出炉即食、风味最佳，千万不要等到搁置时间长了再品尝。比萨按大小一般分为三种尺寸：6寸（切成4块）、9寸（切成6块）、12寸（切成8块），按厚度分为厚、薄两种。

比萨之所以被人们喜欢，除了它本身美味可口，还配有其他小食点缀。如奶香浓郁的鸡茸蘑菇汤、浓情香鸡翼、香草凤尾虾、蔬菜沙拉等。

2. 提拉米苏

提拉米苏，英文是tiramisu，是一种带咖啡酒味儿的意大利甜点。以马斯卡彭芝士作为主要材料，再以手指饼干取代传统甜点的海绵蛋糕，加入咖啡、可可粉等其他材料。吃到嘴里香、滑、甜、腻、柔和中带有质感的变化，味道并不是一味的甜。在意大利文里提拉米苏的意思是"马上把我带走"。第二次世界大战时期，一个意大利士兵即将奔赴战场，可是家里什么也没有。爱他的妻子为了给他准备干粮，把家里所有能吃的饼干、面包全做进了一个糕点里，那个糕点就叫提拉米苏。后来每当这个士兵吃到提拉米苏，他就会想起家，想起家中心爱的人。

七、劳动文化

黄桥烧饼是我国古老的特色传统小吃之一，属于江苏面点，在1940年10月著名的"黄桥决战"后广为人知，当时有首广为流传的民歌：黄桥烧饼黄又黄哎，黄黄烧饼慰劳忙，哩！烧饼要用热火烤哎，军队要靠老百姓帮。同志们呀吃个饱，多打胜仗多缴枪！

黄桥烧饼是江苏省泰兴市地方传统小吃，流传于江淮一带。泰兴黄桥烧饼制作的主要原料有面粉、猪油、花生油、芝麻。所用的面粉必须是中筋，强筋和弱筋不宜制作，所用芝麻必须去皮，去皮的芝麻不得改变它的色泽与形状，一般有咸甜两种口味，讲究的做法是以上等肉松作为馅料。泰兴黄桥烧饼色泽金黄，外形美观，香酥可口，不油不腻，适合各地消费者的口味。2003年荣获"中华民族小吃"的称号，2004年获"江苏食品博览会金奖"，2005年被评为泰兴市名牌产品，是江苏特色小吃之一。

泰兴黄桥烧饼是中华名小吃、中国地理标志产品，曾被选入开国大典国宴，先后荣获"天下第一饼""中华第一饼"等称号。

八、劳动拓展

借鉴佛手包的加工方法，利用面粉还可制作哪些南北面点？请查阅相关资料了解制作方法并尝试操作，做出精美、可口的美食与他人分享。

第二单元　劳动铸就最美品质

习近平谈劳动

"五一"国际劳动节，是全世界劳动人民共同的节日。习近平总书记在不同场合多次深情寄语劳动者，为他们的辛勤付出点赞喝彩。

劳动者素质对一个国家、一个民族发展至关重要。技术工人队伍是支撑中国制造、中国创造的重要基础，对推动经济高质量发展具有重要作用。

2019年9月 对我国技能选手在第45届世界技能大赛上取得佳绩作出重要指示

劳动最光荣、劳动最崇高、劳动最伟大、劳动最美丽。全社会都应该尊敬劳动模范、弘扬劳模精神，让诚实劳动、勤勉工作蔚然成风。

2018年4月30日 给中国劳动关系学院劳模本科班学员的回信

劳动思政

在新征程上铸就新的历史伟业

　　人民创造历史，劳动开创未来。回望中国共产党波澜壮阔的百年征程，一代又一代共产党人团结带领中国人民接力奋斗，创造了一个又一个彪炳史册的人间奇迹，谱写了气吞山河的壮丽史诗。

　　党的十八大以来，我国工人阶级和广大劳动群众在以习近平同志为核心的党中央的坚强领导下，撸起袖子干、挥洒汗水拼，在实现中国梦伟大进程中拼搏奋斗、争创一流、勇攀高峰，为决胜全面建成小康社会、决战脱贫攻坚发挥了主力军作用，用智慧和汗水营造了劳动光荣、知识崇高、人才宝贵、创造伟大的社会风尚，谱写了"中国梦·劳动美"的新篇章。

实践充分证明，劳动是创造价值的唯一源泉，是推动人类社会进步的根本力量。正是因为劳动创造，我们拥有了历史的辉煌；也正是因为劳动创造，我们拥有了今天的成就。

2020 年 7 月，教育部印发的《大中小学劳动教育指导纲要（试行）》明确规定，准确把握社会主义建设者和接班人的劳动精神面貌、劳动价值取向和劳动技能水平的培养要求，全面提高学生劳动素养，使学生树立正确的劳动观念，具有必备的劳动能力，培育积极的劳动精神，养成良好的劳动习惯和品质。

案例阅读

大山里走出新"鲁班"

2022 年 10 月，江西环境工程职业学院教师李德鑫在 2022 年世界技能大赛特别赛瑞士赛区获得家具制作项目金牌，这是我国自参加该赛以来在家具制作项目上夺得的首金。

在这份喜悦的背后，是 1000 多个日夜的付出，这期间几乎每天早上 8 时就开始训练，直到晚上 9 时训练才结束，在特定的冲刺期，还会有加练，"家具制作需要保持手的熟练，一天不练都会感到生疏"。

为准备此次大赛，李德鑫几乎每天都待在训练场地，"过年的时候也只在家待了一天，大年初一下午就回去训练了"。可就在 1000 多天的努力快出结果时，李德鑫在比赛前一个半月不小心被美工刀划伤了手，到医院缝了 4 针。他坦言，虽然平时也会有小的擦伤，但这次划伤是他从事家具制作以来所受过的最严重的伤，还伤在了最关键的手部。万幸的是李德鑫的手恢复顺利，他赶上了比赛。

虽然经历了艰苦的训练，但真正站到世界顶级大赛的场地上，李德鑫还是感到非常紧张，手不自觉地发抖，"第一天状态不好，进度明显落后了"。好在经过调整，从第二天开始李德鑫渐入佳境，到了第三天，他感觉自己已经"沉浸"到比赛当中。最终经过 4 天角逐，他后来居上，成为世界冠军。

（资料来源：2022 年 10 月 15 日，新华社，有删改）

第一部分 劳动习惯和品质

2022 年，教育部发布《义务教育劳动课程标准（2022 年版）》。从当年秋季开学起，劳动课将正式成为中小学的一门独立课程，打扫卫生、整理收纳物品、烹饪食物、家用器具使用维护等基本的生活技能知识将正式进入课堂。中小学开设劳动课可以增强学生的劳动意识，提升学生的劳动能力，让学生养成良好的劳动习惯和品质。

劳动习惯和品质是指通过经常性劳动实践形成的稳定行为倾向和品格特征。主要表现为：学生具有安全劳动、规范劳动、有始有终等习惯；养成自觉自愿、认真负责、诚实守信、吃苦耐劳、团结合作、珍惜劳动成果等品质。

一、劳动习惯教育

劳动习惯是个体在长期劳动实践训练中形成的稳定的行为模式。新时代互联网的飞速发展、数字经济的到来、人工智能的崛起，在给人类生活带来极大便利的同时，也使一些年轻人在无形中滋长了企图不劳而获、渴望一夜暴富、追求一夜成名的不良心理。习近平总书记一直强调"空谈误国，实干兴邦"，倡导"在全社会大力弘扬真抓实干、埋头苦干的良好风尚"，强调"幸福不会从天而降，梦想不会自动成真"，"人世间的美好梦想，只有通过诚实劳动才能实现；发展中的各种难题，只有通过诚实劳动才能破解；生命里的一切辉煌，只有通过诚实劳动才能铸就"，实现我们的奋斗目标，开创我们的美好未来，"必须依靠辛勤劳动、诚实劳动、创造性劳动"。

2018 年 5 月 2 日，在北京大学师生座谈会上的讲话中，习近平总书记更是谆谆教诲广大青年"要力行，知行合一，做实干家"，"不论学习还是工作，都要面向实际、深入实践，实践出真知；都要严谨务实，一分耕耘一分收获，苦干实干"。新时代中职学校劳动教育要回到全面的、本原的劳动观上：劳动是人类创造世界、改造世界的一切实践活动，是工作、做事、干事、奋斗的统称。让"真抓实干、埋头苦干"成为新时代中职生学习、工作、做人、做事的基本行为方式。

新时代中职生劳动教育更加强调劳动习惯教育的持续性。一方面，强调劳动习惯教育的持续性是由养成良好劳动习惯的长期性决定的。良好劳动习惯的养成是一个长期的过程，不是一朝一夕的事情，需要长时间的教育和引导。因此，教育主体在教育的过程中不能断断续续，而应该持久进行。另一方面，强调劳动习惯教育的持续性是由新时代中职生劳动习惯的现状所决定的。与以往的中职生相比，新时代的大学生大多是"90 后""00 后"，他们是伴随着互联网长大的一代，智能化、数字化的发展在给他们的生活带来便利的同时，也导致他们劳动机会减少，再加上生活条件的优越、父母的宠爱，致使这一代人中不想劳动、不会劳动、不爱劳动的现象更为突出。因此，针对上述问题，应持续加强新时代中职生劳动习惯的教育，让自觉劳动成为新时代中职生的生命底色。

二、劳动习惯的养成

现阶段对劳动观念和劳动精神的强调与重视，是针对一段时间以来青少年中存在的追求享乐、崇尚暴富、不劳而获思想的蔓延。新时代职业院校实施劳动教育，从目标到内容到评价，都要更多地对劳动价值观念和劳动精神品质培养的内涵设计。通过不懈的训练和实践，养成学生良好的劳动习惯。

1. 在日常生活中养成

劳动习惯是在一点一滴的积累中逐渐养成的。对于培养未来人才的全面素质，劳动习惯和劳动技能素质养成是必不可少的。首先从培养劳动意识入手，通过观察长辈和他人的劳动活动，学会尊重他人的劳动。同学们也可以在教师的引导下创造劳动成果，亲自品尝自己的劳动成果，体会劳动的喜悦。

注重培养劳动兴趣，主动参加多种形式的劳动教学活动，有意识地培养自己的劳动能力，在具体的操作中积极进步，让劳动兴趣油然而生，逐步养成劳动习惯。俗话说"习惯成自然"，劳动习惯的养成需要劳动实践的积累，需要体力的投入与情感的投入，离不开勤奋努力，更离不开对劳动的正确认识与态度。因为态度永远比能力更重要，习惯的养成与坚持是劳动的本质要求，也是劳动最珍贵的地方。

2. 注重培养劳动技能

注重培养劳动习惯，更要注意培养自身劳动技能。劳动绝对不是随意地"做"，而是需依靠一定的知识和技能，或者具备一定的技能手艺才能完成。因此，劳动技能是劳动的最基本前提，也是首要前提。劳动是理论与实践的统一，是学与做的结合；掌握劳动技能是前提和基础，是手段也是目的。事实上，我们认识劳动往往都是从某一种技能开始的，劳动是一种知识学习，也是一种能力锻炼；劳动是一种经验积累，还是一种理性思考；劳动是一种行为活动，更是一种精神态度。

【课堂互动】

现在很多家长舍不得孩子动手劳动，一些学生从小就缺乏劳动的机会，对一些基本的日常工具或劳动工具既叫不出名也不知道怎么用。

某修理厂的一线工作人员向学校反映，很多职业院校的学生缺乏劳动教育，基本的劳动都不会，学校一般又不会专门传授这些普通的劳动技能。

谈谈你的看法。

第一课　劳动习惯的养成

劳动教育就是让劳动者学会基本的劳动知识和技能，逐步培养正确的劳动观念，养成良好的劳动习惯，培养热爱劳动和热爱劳动人民的感情，要深入领会"幸福是奋斗出来的"，从而发自内心地愿意培养自己良好的劳动习惯。

在专业技术劳动中，通过多动手体会劳动带来的快乐；结合所学专业知识，多动脑提高自己的劳动效率，进一步激发自己学习专业知识的兴趣。通过劳动，熟悉了解与自己专业对应的职业领域，学会规划自己的职业生涯。在生活中，学会自理，自己动手改善生活质量，获得积极的情感体验，以形成正确的劳动价值观，养成良好的劳动品质。

一、培养良好劳动习惯的途径

1. 坚定劳动光荣的正确观念

当代青年作为现代社会主义建设的中流砥柱，一定要树立正确的劳动观念，通过寻找身边的劳动模范，学习身边的劳动榜样，以榜样的力量激励自己。通过参加学校提供的勤工助学、岗位实践、岗位助手等实践活动，深刻认识到劳动光荣，意识到人人都需要积极参与劳动，坚定劳动光荣的信念。

作为职业院校的学生，更要时时树立劳动光荣的观念，崇尚劳动，尊重劳动者和劳动成果。充分认识到劳动是世界上欢乐和美好的源泉，劳动是最大的财富。正是通过劳动，人类社会才会进步和发展。在劳动实践中逐步体会到，劳动是生命的源泉，劳动是生活的使者，劳动是人生的指明灯，一切美好皆由劳动得来。

在中铁十一局武汉轨道交通 12 号线土建工程第五标段工作的张子辛，是一名青年工程师。在认真阅读了解全国劳动模范和先进工作者事迹后，他说："我们要向劳动模范和先进工作者致敬，要用他们的崇高精神和高尚品格鞭策自己，将辛勤劳动、诚实劳动、创造性劳动作为自觉行为，在工作中严格执行各类规范要求，脚踏实地地为城市地铁建设贡献力量。"

2. 在校园文化中感受劳动的意义

注重劳动教育，可以促进我们身心的和谐发展，丰富我们的校园生活。积极向上的校园文化能够净化我们的精神世界，培养劳动情怀。同学们除了学习专业知识，苦练专业技能，还要积极参与校园各种实践活动。在学校开展的与劳动相关的主题劳动活动中，积极参与、认真实践，真正去体验劳动的快乐，去真切感受劳动价值，提升对劳动观教育的关注度，并能在生活中主动进行劳动体验，树立科学的劳动观。积极参加校内、校外的劳动实践活动，充分感受劳动的意义。

陶艺，给人们创造了一个快乐活动的家园，提供了一片个性发展的天空。某高职院校结合新劳动教育的理念，积极开展富有特色的陶艺教学实践活动，培养和提高学生的审美能力、实践能力和创新能力。泥土本没有生命，但经过同学们的巧手揉、搓、捏、拉、切、雕、磨，变成了栩栩如生的花草树木、虫鱼鸟兽，完成了自己满意的陶艺作品。该校以手工劳动形式，遵循教育规律，手脑并用、安全适度，强化实践体验，让学生亲历劳动过程，大大提升了劳动育人的实效性。

学校开辟了陶艺教室，以陶窑文化为装饰，配备了拉胚机、烧制设备等专业工具，配合课程教学。在精心打造的空间宽敞、设施完善的新型陶艺教室，同学们跟着非遗传承人吴如琴老师学习瓶窑镇当地的"韩瓶"制作技艺。在一堂堂趣味十足的陶艺课中，同学们享受着劳动带来的喜悦。

在实施新劳动教育的过程中，学校巧妙地将各种劳动与非遗文化传承项目结合起来，让学生在快乐劳动中，领悟到非遗的美，在动手和动脑过程中获得劳动的兴趣和技艺传承的自豪。这些形式多样、内涵丰富、意义突出的劳动教育活动，激发学生积极、主动参与劳动的热情。

3. 对标学校劳动教育的考核评价体系自觉提升自己

学校教育的评价标准以"立德树人"为根本前提，注重学生德、智、体、美、劳等全方面发展，但是一些学校劳动教育考核机制尚未完善，学校劳动教育的氛围还不够浓厚。

对于劳动实践考核形式形成多样考核要求，学校可以结合学生劳动技能成果，自主设计考核内容，客观公正地评价学生劳动观教育状况。职业院校可以结合学生专业技能和参与技能劳动的时长、劳动的成果，形成能满足学生专业劳动考核的评价方式。同学们也要善于利用学校不断完善的劳动教育考核体系，认清自身问题，及时提升劳动价值理念，树立科学的劳动观，踊跃参与到劳动实践中去。

4. 在家庭劳动中形成良好的劳动习惯

在日常生活中，家长应该高度重视孩子的家庭劳动教育，帮助孩子制订合理的劳动计划，孩子要把家务劳动作为锻炼自己劳动能力的主要途径，从小事、细节入手，培养自己的劳动能力。

5. 主动积极参与各种劳动实践

同学们一定要有"自己的事情自己做"的劳动观念。不断督促自己坚持做力所能及的事情。例如，参加公益劳动也是培养劳动习惯的途径。我们可以利用周末或假期，主动参加社区组织的公益劳动，参加春天的植树、夏天的灭蚊蝇、秋天的除草、冬天的扫雪等；也可以主动加入社区组织，成为志愿者，主动承担照顾孤寡老人、军烈家属、困难家庭的活动；还可以为需要帮助的人做力所能及的事，如分发报纸、取送牛奶、为行动不便的老人送菜、照顾留守小朋友等。

【课堂互动】

体育运动是否能代替劳动

对于体育运动是否能代替劳动，同学们存在以下不同观点。

（1）与劳动相比，运动消耗的体力更多。因此，在学生阶段参加体育运动就可以了，不用额外增加劳动量。

（2）劳动和运动是两个概念。劳动能锻炼我们的独立生活能力，锻炼技能；体育运动只能锻炼体质，不能培养独立能力。

（3）劳动和运动在本质上是一致的，都是出力流汗，参加哪个都行。

你认为体育运动能够代替劳动吗？请阐述你的理由。

二、中职生培养良好劳动习惯的价值意义

1. 培养严谨的工作作风

人们常说"细节决定成败"，就是强调做事严谨的重要性。严谨是一种良好的思维品质，其核心是思维方式具有严密的逻辑性，严谨性表现为一个人做事认真、踏实、细致周全、有责任心。做事严谨细致，是一个人的习惯问题，是刻意练习的结果，需要在"勤"字上下功夫。

2. 提升职业劳动素养

劳动不仅仅是靠激情、靠运气，而是要以扎实的学识和技能作为其支撑。我国要真正成为制造强国，就应提高当代青年的劳动素养。我们各级政府及工会组织对在技能竞赛中涌现的优胜者，优先推荐评选"劳动模范""五一"奖章等，都是对劳动价值的尊重和弘扬。

3. 提高责任担当意识

没有责任感，就不会有工作的主动性、创造性；不愿承担责任，做任何工作都会因循守旧、敷衍了事。作为新时代青年，我们要有舍我其谁的责任担当意识，要勇于承担责任，要敢想、敢创新，相信自己没问题，坚信"天生我材必有用"。

三、中职生培养良好劳动习惯的小技巧

1. 养成良好的劳动习惯

记录劳动过程，劳动结束后及时总结、反思。理论学习和动手实践相结合，边学习，边劳动，边验证。

2. 关注劳动的时代变化

要适应科技发展趋势，结合劳动新形态，关注劳动的时代性，提升与新事物相关的劳动技能。例如，为无线路由设置密码时，在 WEP、WPA 和 WPA2 三种密码设置方式中，选择最安全的 WPA2 加密方式，关闭路由器的"访客模式"等。

四、劳动习惯的养成劳动任务清单

良好的劳动习惯不仅影响着劳动的速度，也影响着劳动质量，培养学生良好的劳动习惯是劳动教育的一个重要教学目标。洒下花籽，将收获鲜花；播下种子，将收获粮食；播种良好的习惯，我们将收获效率与质量，收获高素质的劳动者。

劳动习惯的养成劳动任务清单如表 2-1 所示。

表 2-1 劳动习惯的养成劳动任务清单

类 别	项目（供选择）	目 标
手工制作	指南针、袖珍台虎钳制作	正确使用常用手工工具，读懂一般零件图与装配图，体验动手的乐趣
机械加工	轴类零件、异形件加工	掌握机械操作规程，培育吃苦耐劳的劳动精神和严谨的工作作风
智能制造	3D 技术打印长城、花瓶、十二生肖	了解 3D 技术打印应用领域，感受创造的魅力，彰显匠心
	设计古人开凿京杭大运河的策划案	了解京杭大运河的用途，确定开凿线路，制订方案，测算人工、耗资、时间，计算劳动成本
	尝试模拟活字印刷	了解毕昇的活字印刷术，确定印制内容，网络购买制版、繁体单字，排版，印刷

项目 1 轴类零件加工

一、劳动基础

轴类零件是机器中经常遇到的典型零件之一，它主要用来连接和支承传动零部件，传递扭矩和承受载荷。轴类零件是旋转体零件，其长度大于直径，一般由同心轴的外圆柱面、圆锥面、内孔和螺纹及相应的端面组成。根据结构形状不同，轴类零件可分为光轴、偏心轴和空心轴等（见图 2-1）。传动轴实物图如图 2-2 所示，其用途是连接其他配合件，支承传动零部件，传递扭矩和承受载荷，可用于汽车、机械等行业。

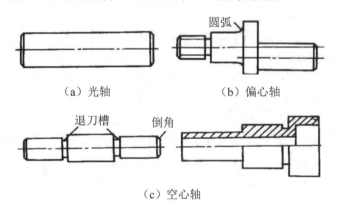

（a）光轴　　　　　　　　（b）偏心轴

（c）空心轴

图 2-1 轴类零件图

在轴类零件加工中，经常使用的加工方式是磨削以及车削，当对表面质量具有较高要求时，还需要增加光整加工，其工艺特点如下。

图 2-2　传动轴实物图

1. 预备加工

预备加工主要有校直、切断、钻中心孔等。中心孔是轴类零件加工最常用的定位基准面，为保证钻出的中心不偏斜，应先切端再钻中心孔。如果锥角不够准确、尺寸过小，顶尖以及中心孔将受到较大的磨损。同时，需要保证两端中心孔处于同一轴心线位置，如顶尖同中心孔存在接触不良，则会形成磨损、变形导致外圆圆度误差。

2. 外圆磨削加工

在外圆表面加工中，磨削是一种较为有效的方式。通过磨削能够获得相对理想的表面粗糙度以及精度。可能对外圆表面质量产生影响的磨削工艺因素包括磨削用量、加工时振动、冷却、砂轮修整以及砂轮特性等。其中，砂轮特性包括尺寸、结合剂、硬度、粒度以及磨料等。

3. 外圆表面光整加工

外圆表面光整加工是对轴类零件的光洁质量、尺寸精度等进行加工，包括以下方式。

（1）研磨。这是一种较为简便的加工方式，分为机械和手工两种。研磨后工件直径尺寸公差在 0.001～0.003mm。

（2）超精加工。该方式采用具有较细粒度的磨具，对工件施加压力，通过慢速纵向、往复振动进给运动进行微量磨削。

（3）滚压加工。该方式使用滚压工具施加压力，将坯料成形或滚光工件表面。

（4）抛光。该方式通过化学、电化学以及机械方式使工件平整表面、光亮。在抛光加工中，通常不去掉余量，因此不能提升工件的尺寸精度。

（5）金属表面加工。金属表面加工采用金属表面加工装置，通过高频电磁脉冲加工金属表面，提升工件表面粗糙度。目前，该装置较为频繁地应用在卧车、立车等设备上，能够使装置粗糙度一次性提升 Ra0.8 以上。

二、劳动场所

环境：标准化车间，具有良好的空间和采光，接通水、电、气、网络，配备生产设备（车床、计算机、钳加工设备、钻床、工量刃具、劳动保护用品等）。

材料与工具：轴类零件毛坯。

三、劳动说明

轴类零件加工中台阶轴的加工工艺较为典型，它反映了轴类零件加工的大部分内容与基本规律。下面以减速箱中的传动轴为例，介绍一般台阶轴的加工工艺。

台阶轴类零件由圆柱面、轴肩、螺纹、螺尾退刀槽、砂轮越程槽和键槽等组成。轴肩一般用来确定安装在轴上零件的轴向位置，各环槽的作用是让零件装配时有一个正确的位置，并使加工中磨削外圆或车螺纹时退刀方便；键槽用于安装键，以传递转矩；螺纹用于安装各种锁紧螺母和调整螺母。

根据工作性能与条件，传动轴的图纸规定了主要轴颈 M、N，外圆 P、Q 以及轴肩 G、H、I 有较高的尺寸、位置精度和较小的表面粗糙度，并有热处理要求。这些要求必须在加工中得到保证。因此，传动轴的关键工序是轴颈 M、N 和外圆 P、Q 的加工。

在学校机械加工实习课中，轴类零件的加工是学生练习车削技能的最基本也最重要的项目。由于工艺较复杂，学生最后完工工件的质量常常很不理想，经过分析，主要原因是学生对轴类零件的工艺分析、工艺规程制订不够合理。

轴类零件中工艺规程的制订，直接关系到工件质量、劳动生产率和经济效益。在制订机械加工工艺规程时，须注意以下几点。

（1）在零件图工艺分析中，需理解零件结构特点、精度、材质、热处理等技术要求，且要研究产品装配图、部件装配图及验收标准。

（2）渗碳件加工工艺路线一般为：下料—锻造—正火—粗加工—半精加工—渗碳—去碳加工（对不需提高硬度部分）—淬火—车螺纹、钻孔或铣槽—粗磨—低温时效—半精磨—低温时效—精磨。

（3）粗基准选择：有非加工表面，应选非加工表面作为粗基准。对所有表面都需加工的铸件轴，根据加工余量最小表面找正。且选择平整光滑表面，让开浇口处。选牢固可靠表面为粗基准，同时，粗基准不可重复使用。

（4）精基准选择：要符合基准重合原则，尽可能选设计基准或装配基准作为定位基准，即符合基准统一原则，尽可能使定位基准与测量基准重合。选择精度高、安装稳定可靠表面为精基准。

四、劳动成果

工艺规程制订是否合理，直接影响工件的质量、劳动生产率和经济效益。一个零件可以用几种不同的加工方法制造，但在一定的条件下，只有某一种方法是较合理的。因此，在制订工艺规程时，必须从实际出发，根据设备条件、生产类型等具体情况，尽量采用先进加工工艺，制订合理的工艺规程。传动轴单件小批生产的机械加工工艺过程评价表如表 2-2 所示。

表 2-2 传动轴单件小批生产的机械加工工艺过程评价表

考 核 项 目	考 核 内 容	配分（IT；Ra）	得 分
外圆	（$\phi58mm$、 $\phi45mm$、 $\phi48mm$、 $\phi30mm$）；Ra3.2	10	
三角螺纹	（大径、中径）Ra3.2；牙形	10	
退刀槽	3×2；Ra3.2	10	
长度	198mm；50mm；30mm；25mm；18mm	10	
倒角	C1（5 处）；C3	10	
同轴度	$\phi0.025$（2 处）	10	
两端面粗糙度	Ra3.2（2 处）	10	
中心孔	A3（2 处）	10	
工/量/刃具和设备的正确使用	工/量/刃具的使用和设备的使用保养	20	
工艺制定	加工工序的制定、切削用量的选择、装夹方式		
安全文明	安全生产、文明生产		

注：尺寸精度超差不得分；粗糙度值超差不得分；倒角不合格不得分；三角螺纹中径超差、同轴度超差均不得分。

五、劳动反思

（1）中心孔在轴类零件加工中起什么作用？有哪些技术要求？在什么情况下需修研中心孔？

（2）金属表面加工装置采用什么技术？应用在什么设备上？使用效果如何？

六、劳动辞典

对于 7 级精度、表面粗糙度 Ra0.8～0.4μm 的一般传动轴，其工艺是：正火—车端面钻中心孔—粗车各表面—精车各表面—铣花键、键槽—热处理—修研中心孔—粗磨外圆—精磨外圆—检验。

由于细长轴刚性很差，在加工中极易变形，对加工精度和加工质量影响很大。为此，生产中常采用下列措施予以解决。

1. 改进工件的装夹方法

粗加工时，由于切削余量大，工件受的切削力也大，一般采用卡顶法，尾座顶尖采用弹性顶尖，可以使工件在轴向自由伸长。但是，由于顶尖弹性的限制，轴向伸长量也受到限制，因而顶紧力不是很大。在高速、大用量切削时，有使工件脱离顶尖的危险。采用双顶尖法可避免这种现象的产生。

精车时，采用双顶尖法（此时尾座应采用弹性顶尖）有利于提高精度，其关键是提高中心孔精度。

2. 采用跟刀架

跟刀架是车削细长轴极其重要的附件。采用跟刀架能抵消加工时径向切削分力的影响，从而减少切削振动和工件变形。注意仔细调整，使跟刀架的中心与机床顶尖中心保持一致。

3. 采用反向进给

在车削细长轴时，常使车刀向尾座方向作进给运动（此时应安装卡拉工具），这样刀具施加于工件上的进给力方向朝向尾座，因而有使工件产生轴向伸长的趋势，而卡拉工具大大减少了由于工件伸长造成的弯曲变形。

4. 采用车削细长轴的车刀

车削细长轴的车刀一般前角和主偏角较大，以使切削轻快，减小径向振动和弯曲变形。粗加工用车刀在前刀面上开有断屑槽，使断屑容易。精车用刀常有一定的负刃倾角，使切屑流向待加工面。

七、劳动文化

切削工艺是轴类零部件和盘类零部件等旋转类加工件中最基础的加工工艺。机械车床作为金属切削机械中最主要的一种类型，在所有金属切削机械中占比大约为35%。

机械车床，特别是中高端数控车床是十分关键的一种工业母机，是现代工业中不可或缺的基本装置。数控车床是汽车发动机、变速箱、底盘等零部件中轴、齿轮、轮毂等典型零件非常关键的加工装备。身为汽车制造业母机，现代数控车床承担了汽车制造业现代化的独特任务。当下，"中国制造2025"把发展高档数控车床确立为我国工业振兴战略的重点范畴之一，高车速、精密、功能复合化、智慧联网、自动化、环境化，将成为数控车床的重点发展趋势。

八、劳动拓展

数控车床的机械加工精度高、质量平稳，而且能够多坐标系连接，完成机械加工形状较繁杂的零部分，也能够按照编写好的编程完成机械加工，一旦零部件设计发生变化，只需修改程序即可，省时省力，自动化程度高，减轻了人工劳动力的压力。

请试一试采用数控车床编制如图2-3所示传动轴的机械加工工艺规程。

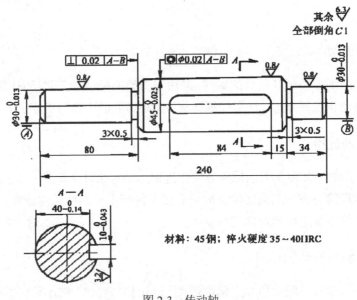

图 2-3　传动轴

项目 2　视频制作

一、劳动基础

视频制作软件是将图片、背景音乐、视频等素材经过非线性编辑后，通过二次编码，生成视频的软件，除了简单地将各种素材合成视频，视频制作软件通常还具有添加转场特效、MTV 字幕特效、添加文字注释的功能。视频制作软件属于多媒体视频编辑软件的范畴。

1. 视频制作软件简介

1）会声会影

会声会影是一款高清视频剪辑、编辑、制作软件，其功能灵活易用，编辑步骤清晰明了，即使是初学者也能在软件的引导下轻松制作出好莱坞级的视频作品。会声会影提供了从捕获、编辑到分享的一系列功能，拥有上百种视频转场特效、视频滤镜、覆叠效果及标题样式，用户可以充分利用这些元素修饰影片，制作出更加生动的影片效果。

2）Vegas

Vegas 是一款整合影像编辑与声音编辑功能的软件，其中无限制的视轨与音轨更是其他影音软件所没有的特性。

3）Premiere

Adobe Premiere Pro 是目前比较流行的非线性编辑软件，是数码视频编辑的强大工具。

4）EDIUS

EDIUS 是一款非线性编辑软件，为广播电视后期制作而设计，拥有完善的工作流程、友好的操作界面，能够提供实时、多轨道、多格式混编与合成、视音频特效、字幕和时间线输出等功能。

5）爱剪辑

爱剪辑是一款剪辑软件，完全根据人们的使用习惯、功能需求与审美特点进行全新设计，许多创新功能都具独创性。

爱剪辑从一开始便以更适合国内用户的使用习惯与功能需求为出发点进行全新创新设计。人人都能轻松成为出色剪辑师是其设计软件的期望，不需要视频剪辑基础，不需要理解"时间线""非编"等各种专业词汇，让一切都还原到最直观易懂的剪辑方式。更多人性化的创新亮点，更少纠结的复杂交互，更稳定的高效运行设计，更出众的画质和艺术效果，一切都所见即所得，随心所欲成为自己生活的导演。

视频制作软件很多，后面还要详细介绍数码大师。

2. 视频制作流程

视频制作不是简单拍摄，配上文字和音乐即可，它需要 5 个制作步骤：确定主题、撰写脚本、拍摄视频、后期制作、上线投放。

1）确定主题

明确视频表达的内容和思想，每个视频需要传达明确的信息，可以是具体的知识、技巧、日常事物等，也可以是情绪、感情、思想状态等。

2）撰写脚本

确定视频主题后，需要针对主题进行脚本的撰写，用具体的文字描述需要拍摄的内容。

3）拍摄视频

拍摄视频就是用镜头记录拍摄的内容，用语音对内容进行说明，采用不同的拍摄技巧使内容清晰呈现。

4）后期制作

视频拍摄完成后，需要对视频进行后期的制作剪辑，包括文字特效、添加背景音乐以及调色等。

5）上线投放

上线投放就是在各种视频平台对视频进行最后的编辑上传，让更多的用户看到你的视频。

二、劳动场所

1. 环境

干净整洁的机房，灰尘少，温度、湿度适宜。

2. 材料

自行采集或上网搜集视频、音频、图片、文字等素材。

3. 工具

可流畅运行视频后期制作软件的计算机、格式工厂（进行素材格式转换）、视频制作软件。

三、劳动说明

如何制作视频？在网络上，我们经常看到别人可以将各种照片和短片制作成一个精美的视频。我们也不禁跃跃欲试，想要制作一个精彩的视频，和亲朋好友们共享。那么，这些视频是怎么制作的呢？下面为同学们介绍制作一个精美视频的简单方法。

制作视频的软件有很多，下面以数码大师为例，介绍视频制作过程，如表 2-3 所示。

表 2-3　视频制作过程

（1）首先下载数码大师软件，然后进入这个软件
（2）导入要制作成视频的照片和视频短片
数码大师支持导入的素材包括照片、视频、音乐等，非常丰富，更多的素材意味着制作出的视频更具丰富性。分别导入照片和视频短片素材。 单击"插入片头/片尾"按钮，可为视频设置一个精彩炫丽的片头。 单击"相片间插入视频短片"按钮，可在相片间插入和照片主题一致、平时拍摄的精彩视频短片，将相片与视频完美融合，宜动宜静

续表

（3）添加动听的背景音乐和配上 MTV 同步字幕

单击"背景音乐"选项卡，在这里导入背景音乐和同步歌词。导入背景音乐对应的 LRC 歌词文件，很多播放器在播放背景音乐时都会自动下载匹配的 LRC 歌词文件，这样制作出来的视频就会具有 MTV 般的效果，还可以方便我们在观看 MTV 视频时跟唱。

当然，还可以为 MTV 歌词设置字幕样式和展示特效，来丰富视频的展示效果

（4）为视频制作动感的文字特效

单击"名字/注释"按钮，为照片配上一段文字，单击左下角的"显示方式"按钮，即可为相片文字选择展示形式，动态、静态、不显示或名字注释任选其一，都能灵活设置

（5）使制作的视频以动感炫丽的特效展示

相片特效使得制作的视频更有动感，这里不进行设置也会默认随机特效。也可以单击"应用特效到指定相片"，为每张相片指定更符合相片内容的炫丽特效。数码大师的相片特效多达数百种，是同类软件中效果最多、最精美的，火焰、液态、卷轴、3D 旋转、翻页、百叶窗、碎片飞出等，丰富而动感，足够我们打造一个唯美动感的电子相册。

直接单击"视频相册导出设置"右下角的"开始生成"按钮，一个极富个性的绚丽视频就生成了

续表

（6）在视频中插入视频片头和视频短片

单击"插入视频片头"按钮，可为制作的视频设置一个精彩炫丽的视频片头。如果需要在相片间插入视频，也可以单击"相片间插入视频短片"按钮进行操作。设置好全部的参数后，单击右下角的"开始生成"按钮，即可快速导出这个精心制作的视频

在制作视频的过程中，要注意一些问题，例如视频制作软件的选择、画面和声音的协调、视频画质的清晰度、视频编辑技巧的运用等。

（1）在录制音频素材时，注意选择安静的环境，减少杂音。

（2）如果受到器材等条件的限制，也可以在网络中寻找素材。注意一定要到正规素材网站购买和下载，避免发生侵权行为。

四、劳动评价

视频制作是将图片、视频及背景音乐重新剪辑、整合、编排，从而生成一个新的视频文件的过程，不仅是对原素材的合成，也是对原素材的再加工。视频制作评价表如表 2-4 所示。

表 2-4 视频制作评价表

序 号	项 目	配 分	评价标准	得 分
1	选题	5	选题符合要求，能科学、完整地表达主题思想	
2	创造性	5	有一定的想象力和表现力	
		10	内容结构完整、流畅、独到、新颖	
3	技术性	30	视频处理：是否运用滤镜效果、覆盖效果、转场效果等	
		10	音频处理：声音是否原创，是否设置声音特效等	
		10	图片处理：符合审美习惯，色彩运用得当、版面设计合理生动，能和谐、合理地表现主题，过渡自然、顺畅等	
		20	文字处理：片头与片尾是否添加字幕、中间字幕是否同步、是否添加字幕特效	
		10	输出：是否按照要求输出视频（大小、格式）	

五、劳动反思

（1）我在视频制作过程中有过怎样的思考？我创新性地解决了哪些问题？

（2）我对视频制作成果感到：很满意、较满意、一般、不满意、很不满意。

（3）从制作视频中我学到了什么方法？这些方法能否用到动画制作、三维建模上？

六、劳动辞典

2005 年，随着 YouTube 第一部 19s 影片的问世，短视频出现在人们的视野中，但是由于当时的短视频必须依托网站作为载体，以及盗版现象严重等一系列问题，其并未得到快速普及，这一时期短视频更多地体现其工具性。直到 2011 年，美国 VIDDY 短视频 App 出现，在手机上以一键分享视频到各个社交软件而得到大众的青睐，此后各种独立短视频 App 如雨后春笋般地出现，如国外的 VINE、PEEKS VIDEO，国内的快手、秒拍、抖音等，短视频的社交性逐渐放大。我国的短视频已经越过探索期、市场启动期，目前正处在高速发展期，用户数量稳步上升。QuestMobile 发布了《2022 中国移动互联网半年大报告》，数据显示，短视频用户总时长占比增长到 28%，是中国移动互联网用户使用总时长占比最高的细分行业，各行业应用也在加强短视频内容板块的构建，服务推送亦逐步向视频化发展。短视频行业在爆发式发展中持续产出新内容、创造新生态、营造社会新气象。

目前短视频行业已经孵化出各种"短视频+"的经济模式，"短视频+电商""短视频+广告""短视频+内容付费"这三大模式已经给短视频创作平台带来了经济回报，从而产生了一定的经济效应。除此之外，短视频在发展过程中还伴生了一些其他形式的经济效应，例如"抖商"风潮带来的"抖商培训费"，"抖音之城"带动当地旅游、餐饮消费的大幅度增加等。

短视频的火爆，使得很多优秀的短视频生产者在长期发布优质内容、集聚大量人气后化身为电商，成功实现流量变现。古风博主李子柒就是一个典型的代表，她用田园牧歌式的生活类短视频抚慰奔波于大城市的万千粉丝疲惫的心，即使转身为电商仍然人气不减。

七、劳动文化

电影是视频的重要表现形式，它是一门可以容纳戏剧、摄影、绘画、音乐、舞蹈、文学、雕塑、建筑等的现代科技与艺术的综合体。电影的发展历史大致可以划分为三个重要时期：形成期、发展期、成熟期。

1895 年 12 月 28 日，在法国巴黎卡普辛路 14 号大咖啡馆的地下室里，卢米埃尔兄弟放映了世界上公开售票的第一场电影。卢米埃尔兄弟因此被称作"现代电影之父"，电影《火车进站》是其代表作之一。

《火车进站》拍摄的是一辆火车开进巴黎萧达车站时，人们上车或下车、离别或相聚的场景，1min 左右的短片，真实地记录了秋冬之际巴黎萧达车站月台的情景。

卢米埃尔兄弟在父亲经营的照相馆里，改造了爱迪生发明的"西洋镜"，研制了"活动电影机"，成为电影和电影放映机的发明人。除了《火车进站》，兄弟两人还用同样纪实的手法拍摄了一批短片，包括《工厂的大门》《婴儿的午餐》《水浇园丁》等 12 部，开创了电影短片和故事片的先河。

1905 年，我国第一部电影《定军山》在北京丰泰照相馆诞生。影片随后被拿到前门大观楼熙攘的人群中放映，就此宣告中国电影的诞生。1934 年，我国首部获得国际荣誉的电影《渔光曲》诞生，该影片被当时著名电影人厉麟似等推介参加了莫斯科国际电影节，荣获第九名。

八、劳动拓展

片头在视频中非常关键，精美的片头可以起到吸引观众注意、提炼视频主题的作用，怎样增加片头的吸引力呢？请查阅资料了解片头制作的技巧，并对片头进行设计制作。

第二课　合作性劳动

勤劳的中华民族自古以来就在生产、生活中讲求团结互助、合作共享，形成了团结合作的劳动理念。团结就是力量，只有团结起来，才会产生巨大的智慧和力量，才能无往不利。劳动需要团结，需要彼此合作，依靠团队才能创造更多的劳动成果。

合作性劳动是指多人在生产、生活中为达到共同利益和目的而合作进行的劳动。

一、合作性劳动的意义

1. 满足人类群体的需求

在生产、生活中有许多劳动需要多人合作才能完成。这是因为有些劳动超出个人力量或能力范围，有些劳动内容很复杂或需要高技能，而有些劳动则需要群体合作以提高效率和效益。合作性劳动可以充分发挥群体的力量，产生"1+1 > 2"的劳动效果，从而提高速度和质量，增加劳动效益，创造更大的劳动价值，实现多方共赢的局面。

2. 提高工作效率

单凭个人的能力已经越来越无法应对当今错综复杂的社会环境，也很难高效地处理劳动中的问题。相互配合的协作劳动越来越受到青睐，在劳动中配合得当，能提高劳动效率，使劳动任务得以高效完成。

3. 发挥团队优势

团队成员各自的优势和个性都不一样，有些沟通能力强，有些专业技术强，如果能将成员各自的优势最大限度地发挥出来，协同劳动，弥补劣势，就能更好地完成劳动任务。

4. 增加劳动价值

有效的协作劳动，能够统一目标和方向，通过劳动目标进行工作分配和安排，劳动运转速度会更快，从而提升劳动附加值。

二、中职生合作意识的培养

1. 树立合作意识

合作意识是指个体对共同行动及其行为规则的认知与情感，是合作行为产生的一个基本前提和重要基础。为迎接新时代的挑战，应积极树立合作意识，奠定个人自我发展的基础。首先，我们要懂得自己与别人合作时，先付出对别人的信任，才会收到别人的信任。其次，有团队就可能出现竞争，我们应该树立团队意识，不应看重输赢，应注重参与。

2. 中职生应具有团队合作精神

当今时代，社会分工更加复杂，科学技术日新月异，信息呈爆炸级增长。这更加需要人和人之间的合作和分享，也更需要具备良好的与人相处的能力。作为肩负历史责任的中职生，拥有良好的团队精神对社会发展以及自身的成长尤为重要。

一些中职生存在集体意识比较薄弱，重竞争轻合作，主动沟通意识不强，对人不够宽容、不够信任等问题，因此通过弘扬传统文化中"二人同心，其利断金""君子和而不同""唯宽可以容人，唯厚可以载物"等协作精神，并将之贯穿于课堂和相应实践活动之中，将有助于教会学生与他人、与社会共处的能力，进而培养其大局意识、合作精神和服务精神，既保证团体的有效运转，也能让学生更有效地进行学习和创造，在和谐友好的环境中保持积极健康的心理状态。

三、中职生合作性劳动的技巧

1. 分工协作的策略

为了达成合作性劳动目标，我们需要将整个劳动项目合理分解为若干劳动任务，由团队成员分别承担各项任务并完成相应工作。在分工时，应当对自己和他人有客观的认识，根据每个人的特点布置合适的劳动任务。

2. 沟通交流的策略

参与合作性劳动的每个成员都是独特的，可能会对同一个问题产生不同的看法，如果成员之间无法达成一致，就会引发矛盾甚至争吵。这种情况对于合作性劳动来说是极具危害的，说明团队成员在沟通交流上出现了问题。

3. 领导与管理的策略

不同于独立性劳动的单打独斗，合作性劳动需要领头雁指引方向，以确保合作团队不会迷失方向。根据实际情况，我们可以选择成为团队的领头人，或者是团队的跟随人。

【课堂互动】

在美好的校园生活里，同学们经常一起参与各种各样的合作性劳动，而在劳动实施过程中会出现不和谐的现象，最为常见的是团队成员意见不和而影响劳动结果。合作性劳动实施前需要制订计划，有时团队成员热情高涨，都积极发表自己的意见，热情地推荐自己的方案，结果大家你一句我一句，谁都说服不了谁，讨论了好久也没有决定下来；而有时大家都沉默不语，一些任务无人认领，一些同学抱着事不关己的态度推诿搪塞，可想而知最终只能草草收场。

针对这种情况谈谈你的看法。

四、合作性劳动任务清单

选择一项任务，例如制作一顿营养餐、售卖二手物品，邀请家人、同学或朋友一起完成该项任务。在行动之前，和团队成员一起确定劳动目标，根据团队中的个人优势协商团队的分工，制订行动计划。

根据以上行动计划，和同伴一起完成劳动任务，在劳动过程中注意与同伴交流、配合。完成劳动之后，反思整个劳动的成效以及个人价值在劳动过程中是如何体现的，同时反思自己的劳动知识与技能、合作意识、沟通能力、团队管理能力、人际关系有什么变化。请你客观评价整个劳动过程，并思考针对不足之处如何加以改进。

合作性劳动任务清单如表 2-5 所示。

表 2-5 合作性劳动任务清单

类　　别	项目（供选择）	目　　标
农业	修筑河堤、抢收、抢种等农业劳动	养成统一部署、具体分工、通力合作的劳动习惯，体验劳动协作精神，提高劳动效率
制造业	服装流水线等生产劳动	养成劳动过程连续性、统一性、规则性和程序性的习惯，用工匠精神铸造学有专长的协作劳动品质
服务业	民乐合奏、婚庆等服务劳动	养成目标统一、分工明确、协同合作的劳动习惯，用专业知识取长补短，树立协作劳动理念

项目1 服装生产

一、劳动基础

从养蚕种棉到缫丝纺纱，从穿针引线到缝衣制服，都体现了人类文明的进步。我国几千年的农业社会，不仅树立了以农为本的思想，同时也形成了男耕女织的传统，古代女子从小学习描花刺绣，纺纱织布，裁衣缝纫等女红（见图2-4）活计，为全家人提供四季服饰，甚至有的还要日夜赶工缝制服装来贴补家用。女红活计细致、烦琐，而且效率极低。直到第一次工业革命，珍妮纺纱机一次可以纺出几倍于人工的纱线，极大地提高了生产率，随后卷轴纺纱机解决了生产纯棉布的技术问题。纺织业就这样逐渐从手工业作坊过渡到流水线生产。减少了生产工人数量，实现一定程度的自动化生产。

图2-4 古代女红和现代化服装厂流水线

不同的服装企业有不同的组织结构、生产形态和目标管理方式，但其生产过程及工序是基本一致的。服装生产大体上由以下八道主要生产单元和环节组成。

1. 服装设计

一般来说，大部分大、中型服装厂都有自己的设计师。服装企业的服装设计大致分为两类：一类是成衣设计，根据大多数人的号型比例，制定一套有规律性的尺码，进行大规模生产。设计时，不仅要选择面料、辅料，还要了解服装厂的设备和工人的技术。第二类是时装设计，根据市场流行趋势和时装潮流设计各款服装。

2. 纸样设计

当服装的设计样品得到客户确认后，下一步就是按照客户的要求绘制不同尺码的纸样。将标准纸样进行放大或缩小的绘图，称为"纸样放码"，又称"推档"。目前，大型服装厂多采用计算机来完成纸样放码工作，在不同尺码纸样的基础上，制作生产用纸样，并画出排料图。

3. 生产准备

生产前的准备工作很多，例如对生产所需的面料、辅料、缝纫线等材料进行必要的检验与测试，材料的预缩和整理，样品、样衣的缝制加工等。

4. 裁剪工艺

一般来说，裁剪是服装生产的第一道工序，其内容是把面料、里料及其他材料按排料、划样要求剪切成衣片，还包括排料、辅料、算料、坏布疵点的借裁、套裁、裁剪、验片、编号、捆扎等。

5. 缝制工艺

缝制是整个服装加工过程中技术性较强也较为重要的成衣加工工序。它是按不同的款式要求，通过合理的缝合，把各衣片组合成服装的一个工艺处理过程。所以，如何合理地组织缝制工序，选择缝迹、缝型、机器设备和工具等都十分重要。

6. 熨烫工艺

成衣制成后，经过熨烫处理，达到理想的外形，使其造型美观。熨烫一般可分为生产中的熨烫（中烫）和成衣熨烫（大烫）两类。

7. 成衣品质控制

成衣品质控制是使产品质量在整个加工过程中得到保证的一项十分必要的措施，是研究产品在加工过程中产生和可能产生的质量问题，并且制定必要的质量检验标准。

8. 后处理

后处理包括包装、储运等内容，是整个生产过程的最后一道工序。操作人员按包装工艺要求将每一件整烫好的服装整理、折叠好，放在胶袋里，然后按装箱单上的数量分配装箱。有时成衣也会吊装发运，即将服装吊装在货架上，送到交货地点。

二、劳动场所

1. 环境

服装生产车间，要求食物不进车间，杂物不放衣框；机台保持清洁，场地整洁卫生。

2. 材料

服装面料、缝纫线等。

3. 工具

缝纫机、锁边机、烫台等服装厂基本设备。

三、劳动说明

服装加工，旧时指女子所做的纺织、缝纫等工作。人们更习惯用"女工"一词特指古代从事纺织、缝纫、刺绣等工作的女性从事的一种体力劳动。服装加工是以现代化的机器生产为主，手工生产为辅的一种服装生产方法。

服装样品试制是指根据款式效果图或客户来图、来样及要求，结合企业自身条件，选择即将批量生产的服装产品中的各款式，制作实物标样。试制的目的是充分了解产品特点，以便充分体现设计及要求效果，摸索和总结出一套符合生产条件、省时省力、保证产品质量、科学合理高效的生产工艺及操作方法。通过试制，可以修正不合理或超越客观现实的因素，并总结出一系列生产技术条件，以指导大批量生产。

服装生产样品试制工艺单如表2-6所示。

表2-6　服装生产样品试制工艺单

款号	款式	客款号	客户	办单号	型号	洗水方式		说明	
DK627391	女装衬衫	DK627391	学生	GS32/03 44	84-A	水洗		松布后，再裁剪	
季节	造型	面料厂家	面料名称	面料编号	制版	样衣	制单员	工艺	审批	起办数量	开单时间
春季	修身	轻纺城	天丽	700							

款式图	规格　单位cm	
	规格	160/84A
	衣长	60
	胸围	92
	腰围	78
	肩宽	37.5
	袖长	57
	袖口	13
	领高座	2
	领面	3
	袖克夫	5
	门襟	2

续表

主料		辅料要求	
面料	蓝色格子布料（棉）	用线要求	明线用配色 20/2 牛仔线，其余部位均用本色 40/2 缝纫
衬	有纺衬（门襟处）	针距要求	明线 10 合缝 14 针/3cm，锁边 16 针/3cm
扣子	透明白色扣子	机针型号	缝制用 11 号机针，较厚部位用 12 号机针
		锁边	四线锁边，领边线宽 0.5cm
裁剪工艺要求		注意事项	
（1）核实样板数是否与裁剪相符		裁剪	面料容易滑动，裁剪在每层面料之间夹着一层纸
（2）各部位纱向按样板所示		小烫	面料不耐高温，熨烫高温不易过高
（3）各部位钉眼、剪口按样板所示		门襟	统一门襟 2cm，为了防止宽窄不一样，门襟用模板制作
（4）推刀不允许走刀，不可偏斜		前片	先育克链接，育克锁边
（5）钉眼位置准确，上、下层不得超过 0.2cm		后片	无分割，注意缝合
（6）打号清晰，位置适宜，成品不得漏号		扣眼	扣眼用套结机，大小 0.5cm
缝纫工艺要求		袖克夫	袖克夫大小不一样
（1）各部位缝制线路整齐、齐固、平服		袖口	袖口压明线，明线顺直，宽窄一致，接头在缝处
（2）上下线松紧适宜，无跳线、断线、起落针应有回针		大烫	所有部位烫平顺，无褶皱、印痕、死折、污痕、激光
（3）领子平领，领面、里、衬松紧适宜，领尖不反翘			
（4）袖口圆顺，吃力均匀，两袖前后基本一致			
（5）袖头及口袋和衣片的缝合部位均匀、平整、无歪斜			
（6）锁眼定位准确，大小适宜，两头封口，开眼无定线			
（7）商标位置端正，号型标志、成分含量标志、洗涤标志准确清晰			
（8）成品中不得含有金属针			

服装生产过程中需注意以下几点。

（1）生产前须检查消防器材，杜绝火源；检查电器、器械，排除安全隐患。

（2）白色雪纺面料在烫缩和贴衬时，应注意选择合适的温度和时间，清洁烫台、垫布和熨斗等，不要污染面料。注意排料原则，避免浪费。

（3）一些瓶颈工序如飘带、领子、袖衩、底摆等耗时较长，前后道工序人员要相互配合，保证工位不堆积也不空位，布置人机工位时应针对这一点做精心安排。

（4）多功能工应时刻待命，随时补位，保证生产顺利进行。

（5）质检人员应全程监督，避免某些工序"一错到底"，保证成品质量符合要求。

四、劳动评价

服装样品试制完成后应进行样品鉴定。服装样品鉴定多由企业设计开发、生产加工、质量管理、供销等部门共同组成样品鉴定小组汇同审核。服装生产样品试制评价表如表2-7所示。

表2-7 服装生产样品试制评价表

序　号	项　目	配　分	评 判 标 准	得　分
1	样衣裁片配伍	5	① 裁片经向、纬向裁剪正确；② 裁片正、反面裁剪正确	
2	领子外观	10	① 领面光滑平顺；② 领座光滑平顺；③ 翻领线圆顺；④ 外领口弧线长度合适；⑤ 驳领线平服	
3	袖子外观	10	① 袖山的圆度；② 袖子的角度；③ 袖子的前倾斜；④ 袖子的弯度；⑤ 袖子的内旋	
4	衣身外观	10	① 前后衣长平衡、底摆平服；② 胸围松量分配适度；③ 胸和肩胛骨的立体适度；④ 腰部合体；⑤ 袖窿、领口无浮起或紧拉；⑥ 无不良皱褶	
5	领工艺	10	① 领角左右对称，大小一致，自然窝服；② 装领位置准确，方法正确；③ 领面、领座光洁平挺，宽窄一致；④ 领面粘衬平整，不起泡；⑤ 无领的领口平服，无浮余量；⑥ 线位准确，领口线与肩线交点左右对称	
6	袖工艺	10	① 纳袖圆顺，对位准确，吃势均匀；② 袖角度自然前斜，左右对称；③ 袖弯度自然；④ 袖口规格准确、袖开衩平服，无毛露	
7	前后衣片及部件工艺	30	① 口袋：符合款式比例；口袋平服，规格准确，有立体感，造型方正；② 扣眼：位置、距离适宜，钉扣方正；③ 粘衬：粘衬平整、贴合、无泡；④ 省道：大小适宜、左右对称，省尖无泡、无坑，曲面伏贴；⑤ 下摆：贴边宽度一致，顺直平服，两端平齐，中间不皱不拧；⑥ 挂面：下端不起吊，不外翻，止口平整；⑦ 开衩：平服，内外光洁；⑧ 缝份处理光洁，宽窄一致	
8	针距、密度、缝纫、线路	10	① 明、暗线每3cm 13针；② 缝纫线路牢固、顺直；③ 面、底线松紧适宜；④ 回针线路重合一致；⑤ 面线无接线；⑥ 整件无漏缝	
9	整烫	5	① 熨烫平整挺括，外观光滑，无不良皱褶；② 归拔造型到位；③ 表面无极光、无焦、无烫黄	

五、劳动反思

（1）我在协作劳动过程中遇到了什么困难？是什么原因导致的？我是否有效地解决了此问题？

（2）我对自己岗位或工序成果感到：很满意、较满意、一般、不满意、很不满意。

（3）从流水线的工作中我学到了什么方法，可不可以用到学校运动会、排练舞蹈节目、辩论赛上？

六、劳动辞典

精益生产方式是指综合运用多种现代管理方法和手段，以客户需求为依据，以充分发挥全体员工的积极性为根本，对企业的各项资源进行有效配置、合理使用，最大限度地为企业谋求经济利益的一种新型生产方式，是全员参与持续改善的一种管理状态，也是一种适时制造，消除一切浪费和故障，向零缺陷、零库存努力的新型生产管理方式。

精益生产方式的实质是要求企业运用精益思维消灭一切浪费，以降低生产成本，并以服务对象的需求为依据进行生产，鼓励员工全面参与，持续改进质量、持续改善工作的一种管理运营方式。目标是彻底消除无效劳动和浪费，以最小的资源投入及时为顾客提供产品与服务，为客户创造尽可能多的价值，最终最大限度地为企业创造经济效益。

精益生产既是一种以最大限度地减少企业生产中所使用的资源和降低企业管理运营成本为主要目标的生产模式，同时它也是一种理念，是支撑个人与企业生命的一种精神力量，是一种员工精益求精不断优化的企业文化。

精益生产方式是以企业内部、外部客户的需求拉动式生产为特点，有别于以往推动式生产方式，坚持全员参与、持续改善的工作方法，通过准时化生产、看板管理、作业研究、5S管理、全面质量管理、可视化管理、标准化现场管理、人本管理、单性作业、项目团队工作法、并行工程等有效的方法和手段消除一切浪费，向零缺陷、零库存进军，最终确保质量、成本、交货期、安全目标的实现与提高。

七、劳动文化

游子吟

唐·孟郊

慈母手中线，游子身上衣。

临行密密缝，意恐迟迟归。

谁言寸草心，报得三春晖。

《游子吟》是唐代诗人孟郊创作的一首五言诗。这是一首对母爱的颂歌。全诗共六句三十字，采用白描的手法，通过回忆一个看似平常的临行前缝衣的场景，凸显并歌颂了母爱的伟大与无私，表达了诗人对母爱的感激以及对母亲深深的爱与尊敬之情。此诗情感真挚自然，虽无藻绘与雕饰，然而清新流畅，淳朴素淡的语言中蕴含着浓郁醇美的诗味，千百年来广为传诵。五言诗《游子吟》的意境如图2-5所示。

图2-5　五言诗《游子吟》的意境

八、劳动拓展

2021年8月28日，《宁波晚报》第5版刊发了一则新闻，主题为："她（储德琴毕业于东华大学服装设计系）是宁波服装修补界的'YYDS'（永远滴神），如果她都修补不好的衣服，那就不用再找别人了"。这则新闻报道了一位新时代"缝补女工"，读起来真让人大开眼界，没想到简单的缝补工作居然可以做到这个程度，真不愧是YYDS。

老话说，"三百六十行，行行出状元。"《宁波晚报》的这则新闻给了我们一个生动的诠释，在世俗眼光中看起来不起眼的传统手艺人，一旦成为行业状元，就是这个模样——YYDS！

谈谈这则新闻带给你的就业启示。

项目2　服务结婚庆典

一、劳动基础

俗话说，"天生才子配佳人，只羡鸳鸯不羡仙。"情投意合的两个人在经过一段时间的相处后往往会选择步入婚姻的殿堂，开启人生的另外一段旅程。大家都知道婚礼仪式流程步骤是很烦琐的，但是再烦琐的流程和步骤也没办法阻挡相爱的两个人奔赴相守的旅程。其实，只要提前熟悉这些流程和步骤，做好相应的准备，婚礼上的一切难题都将不是难题。

婚庆服务指的是婚礼庆典策划，是指为客人量身打造的婚礼，它涵盖各种婚礼形式或者是各种婚礼形式的组合体，它根据各位新人的不同爱好和诉求点为新人量身定做。

中国自古是多民族国家，各民族的婚俗及礼仪也有所不同，但是自从华夏先祖进入文明社会后，男婚女嫁就逐渐有了一套约定俗成的礼仪，并被后代王朝定为礼制，为汉族普遍认同，即"六礼"。"六礼"原来是周代贵族男子的婚娶礼仪，包括纳采、问名、纳吉、纳徵、请期、亲迎等六个步骤及其礼仪。

1．纳采

"纳采"是婚礼的第一礼，男方选定意中人后，请媒人向女方提亲，女方同意后，男方再备礼前去求婚。纳的意思就是纳送，其所送的礼物用雁，因为在古人心目中，雁为候鸟，顺阴阳往来，象征男婚女嫁顺乎阴阳，后代也有用羔羊、合欢、嘉禾、胶漆等物代替的，都用以象征夫妻关系和睦牢固之义。

2．问名

"问名"是婚礼的第二礼，男方行纳采礼后，再托媒人询问女方的姓名、排行、出生年月日时等，以便男方卜其吉凶，这实际上是男方详细了解女方及其娘家的过程。

3．纳吉

"纳吉"是婚礼的第三礼，男方行问名礼后，在自家祖庙卜问吉凶。若得吉兆，男方再遣使者通知女方，于是两家正式缔结姻亲关系，后代称为定盟，现在称为订婚。纳吉是正式订立婚约，行礼时须有信物，古代用雁，此后多用首饰、戒指、彩绸等。

4．纳徵

"纳徵"是婚礼的第四礼，徵的意思是成，即男方在纳吉之后，将币帛等贵重彩礼送给女方，纳币以成婚礼，故又称"纳币"。币指作为礼物的丝织品，以及鹿皮等，非指钱币，后代称为"聘礼"或者"彩礼"等。纳徵所送彩礼数量取双忌单，如束帛（丝绸）为十、鹿皮成对（即俪皮）等。

5．请期

"请期"是婚礼的第五礼，男方行纳徵礼后，即派使者往女方征求成婚日期，但这只是一种走过场，因为男方已经卜得吉期，请女方决定婚期只是谦辞，以示尊重对方，女方自然辞让一番，意即婚期由男方决定，于是男方使者将婚期告知女方，故后代将"请期"直称"告期"。

6．亲迎

婚礼的第六礼是"亲迎"，到了约定的婚期，新郎于黄昏时分亲自前往女方家中迎娶新娘。

至此，"六礼"完备，婚礼的男女双方才正式登场，举行拜堂、合卺（后代演变为"交杯酒"）、入洞房等婚庆仪式。"六礼"本是贵族婚礼，在其整个过程中，始终贯穿着繁文缛节，因此，随着这一婚礼模式在民间的流行，也逐步有所减省，而所送礼物也因时因地不断变化。

二、劳动场所

1. 环境

迎娶路线明确，新房、饭店等场所布置喜庆吉祥，婚礼会场设置签到台。

2. 材料

鲜花、礼花、烟花鞭炮等。

3. 工具

婚（花）车、红盖头、婚纱、礼服、礼簿、伴手礼等。

三、劳动说明

婚礼仪式是整场婚礼最重要的环节，如图 2-6 所示是婚礼现场布置简图，建议提前彩排、多次熟悉整个流程。当然，可结合自身情况酌情更改。结婚庆典仪式现场流程如表 2-8 所示。

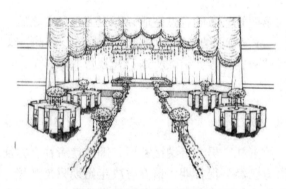

图 2-6　婚礼现场布置简图

表 2-8　结婚庆典仪式现场流程

时　间	内　容	目 标 提 示
8:00	新娘开始化妆，新郎准备更衣	
9:00	新郎乘坐花车迎接新娘，新娘已准备完毕	
9:30	新郎到达新娘家，新娘蒙红盖头，在伴娘的伴随下，牵着新郎手持的大红绸，慢慢地登上花车	

续表

时　间	内　容	目 标 提 示
10:00	花车在乐队伴随下，向婚礼地点行进，来宾可以向新人喷放礼花弹，沿途设置欢乐球或彩带横幅，在锣鼓的敲打声和绚丽张扬的舞狮中喜庆热烈场面尽展风采	舞狮、锣鼓
11:00	新人下车射箭、迈火盆、跨马鞍，在众人簇拥下进入婚礼现场	舞狮、锣鼓
11:08	婚礼仪式开始，新娘更换服装步入舞台中央	音乐暖场
11:40	新郎、新娘用餐及敬酒	

主持人是婚礼仪式中的灵魂人物。在婚礼仪式中，主持人要掌控现场，调动气氛，运用语言把婚礼各环节串联起来，引导新人、家长、证婚人及来宾等共同完成婚礼仪式。

（1）确定客户婚礼需求，认真查阅婚庆习俗，与客户讲解沟通，形成婚礼策划案。

（2）婚礼风格的确定、流程的安排、现场的安排、司仪与新人的配合、形象妆容的设计、婚礼录制、拍摄要做好统筹。

（3）分工协作，由婚礼策划师统一调度安排，增强团结协作精神。

四、劳动评价

结婚是新人一辈子的大事，每对新人都想要一个独一无二的浪漫婚礼，留下难忘的回忆。因此，越来越多的新人选择把婚礼庆典委托给婚庆公司来操办，看中的是它们的专业与创意。我国首部《婚姻庆典服务》国家标准于 2009 年 12 月 1 日开始实施。服务结婚庆典评价表如表 2-9 所示。

表 2-9　服务结婚庆典评价表

序　号	项　目	评 判 标 准	备　注
1	婚礼策划环节	策划师应有扎实的专业功底、正直的人品、较强的沟通能力、敏锐的时尚潮流感，有统筹安排团队的领导力	
2	婚礼司仪服务	司仪文字功底深厚，环节清晰，有较强的语言表达能力，有别出心裁的设计，有较强的文艺特长	
3	婚礼化妆服务	较强的新娘妆的基本功，会根据不同服饰、人员、环境设计妆面，有很好的跟妆经验及随机应变的能力，良好的沟通能力及对时尚的敏锐感知力	
4	婚礼摄像及后期制作服务	较强的摄影、摄像技术，有巧妙的设计能力，后期剪辑制作功底强，能抓住婚礼美好的瞬间，有较强的审美能力	
5	综合评价	团队协作、目标清晰、分工明确、各司其职、齐心协力	

五、劳动反思

（1）我是如何统筹安排中式婚礼服务的，各环节之间衔接是否妥帖？还有哪些值得改进的地方？

（2）从婚庆服务的策划实施过程中我学到了什么方法？可不可以应用到其他劳动服务中？

六、劳动辞典

传统婚礼仪式是人生五礼之一，其意义在于使新婚夫妇获得社会的承认和祝福，帮助他们适应新的社会角色和要求，准备承担社会责任。

世界上所有的民族都有各自传统的婚礼仪式，这个仪式使民俗文化得到传承和发展。婚礼是一个人一生中重要的里程碑，属于生命礼仪的一种。世界上最古老、延续时间最长，影响最广的婚礼是儒教婚礼、印度教婚礼、基督教婚礼，即三大文明圈的婚礼。

七、劳动文化

相传王安石去京师赶考，遇到用"走马灯，灯马走，灯熄马停步"的上联招女婿的人家。王安石赶考面试时，主考官出了个下联："飞虎旗，旗虎飞，旗卷虎藏身。"王安石灵机一动，开口用招女婿的那半副对联对了出来，随后又用考官出的下联应对招女婿的上联。这门婚事就成了。拜天地的那天，忽有报子来传："王安石进士及第，金榜题名！"这可真是喜上添喜呀！乐不可支的王安石马上在红纸上挥笔写下两个连体的"喜"字贴在门上，再赋诗一首："巧对联成双喜歌，走马飞虎结丝罗。洞房花烛题金榜，小登科遇大登科。"从此，人们逢有新婚吉庆时，都爱在门户、厅堂和洞房器物上贴上用红纸写的双喜字。

八、劳动拓展

学校安排了毕业设计展示活动，作为本专业的毕业生，在组织这项活动时应该做好哪些准备工作？

第二部分 劳 动 态 度

劳动习惯和品质教育，有助于激发学生的学习热情，使学生形成尊重劳动成果和尊重劳动人民的高尚品质，形成辛勤劳动、诚实劳动、创造性劳动的正确态度。

习近平总书记强调，要让劳动最光荣、劳动最崇高、劳动最伟大、劳动最美丽的观念蔚然成风，依靠辛勤劳动、诚实劳动、创造性劳动开创美好未来。劳动的光荣、崇高、伟大、美丽是在辛勤劳动、诚实劳动、创造性劳动中体现出来的。

一、辛勤劳动

功崇惟志，业广惟勤。三峡工程竣工、青藏铁路通车，南水北调、西气东输，"嫦娥"飞天、"蛟龙"潜水……每个"中国奇迹"，都离不开众多劳动者经年累月的辛勤奋斗。民生在勤，勤则不匮。农民用四季的辛勤耕耘，换来秋天的丰收喜悦；工人用日复一日的辛勤劳作，生产质优价廉的产品；老师用年复一年的辛勤教学，获得桃李满天下的累累硕果。

当今的中国，劳动的内涵不断丰富，劳动者的主动性、创造性愈加彰显，知识型、技能型、创新型劳动者成为时代的要求，但辛勤劳动仍然不可或缺。无论是知识分子、工人还是农民，都需要以自我革新的勇气和胸怀，不断努力学习新的知识，打破既有的思维模式、劳动习惯，运用新技术、新理念改造劳动工具、劳动方法，提升劳动效率，升华劳动价值。这意味着，很多劳动者从重体力或重复性的工作中解放出来，可以将更多精力投入创新、创造。这也意味着，社会需要提供更为宽松的创新环境、更加完善的分配制度、更为顺畅的晋升渠道，从制度层面保障权利公平、机会公平、规则公平，以切实维护劳动者的权益，让辛勤劳动得到应有的回报。

二、诚实劳动

在遍布大街小巷的同仁堂药店门前，有一副古联："炮制虽繁必不敢省人工，品味虽贵必不敢减物力。"这既是对消费者的承诺，也是这家老字号创立300多年屹立不倒的秘诀。

人无信不立，业无信不兴。劳动是个体实践，也是社会行为。每个劳动者通过诚实劳动收获财富，社会的基本秩序才能够得以维系。偷工减料、制假售假、抄袭盗版、科研做假等失信行为，通过瞒与骗的不当手段或许换来了一时的私利，但最终全社会都要为诚信缺失"买单"，没有人是受益者——地沟油的使用者或许就是毒奶粉的受害者，毒奶粉的制造者或许有一天会买到"山寨货"，"山寨货"的生产者或许有一天也将和"老赖"过招……

习近平总书记说："人世间的美好梦想，只有通过诚实劳动才能实现；发展中的各种难题，只有通过诚实劳动才能破解；生命里的一切辉煌，只有通过诚实劳动才能铸就。""我们要在全社会大力弘扬劳动精神，提倡通过诚实劳动来实现人生的梦想、改变自己的命运，反对一切不劳而获、投机取巧、贪图享乐的思想。"

三、创造性劳动

创造性劳动是指人们突破惯常的思维方式、生产方式、组织方式，创造和运用全新的思维观念、知识技术、工艺流程等，产生新知识、新技术、新思维、新成果，从而提高劳动效率，或产生超值社会财富，或产生新成果的劳动。

创造性劳动也称为创造劳动，或创新劳动，就是有创新行为的劳动，它不是一个劲地死干，在劳动中讲究多动脑、多思维、多变化。创造性劳动是劳动最重要的构成部分，普通劳动是创造性劳动的基础，创造性劳动植根于普通劳动，诞生于普通劳动过程，创造性劳动可以引领普通劳动发展进步。

"三百六十行，行行出状元"，每个行业的"状元"级人物，大都是这个行业创造性劳动的践行者。他们不受制于当时的劳动现状、不局限于当时的劳动方式、不满足于当时的劳动效率，在劳动过程中勤于实践、善于思考，秉持创造精神、发挥创新能力，不断改进甚至颠覆当时的劳动方式。创新驱动、引领发展，实现劳动方式的创新，促进劳动效率的提升，这些都属于创造性劳动的范畴。

【课堂互动】

有人认为"诚信者吃亏，失信者沾光"。以制作出版盗版书、盗版光碟为例，对顾客而言，只要花很少的钱就可以看更多的图书和影片，且不影响知识的获取。对盗版商来说，可以以较少的成本获得更大的收益，这岂不是聪明的做法？

还有人说 21 世纪是一个弱肉强食的时代，竞争成为人们的生存方式。例如两个同样拥有高职文凭的人去应聘同一家公司，一个讲诚信，另一个不讲诚信，不讲诚信的那位凭借一张假的本科文凭，被公司录取了，另一位因为学历不够高而被淘汰了。讲诚信的那一位不就吃亏了吗？

请谈谈你的看法。

第一课　辛　勤　劳　动

"一勤天下无难事"，辛勤劳动是我们每个人对劳动应有的基本态度和要求，是诚实劳动、创造性劳动的前提和基础。作为人的体力和脑力的付出，任何劳动都是辛苦的；我们周围的一切都是劳动创造的，而且无时无刻离不开劳动。

一、中职生辛勤劳动的价值意义

1. 辛勤劳动创造美好生活

习近平总书记在 2019 年春节团拜会讲话中指出："春华秋实，岁物丰成。过去的一年，我们在前进路上奋力奔跑，跨过许多沟沟坎坎，越过不少激流险滩，很辛苦、也很充实，有付出、更有收获。""全党全军全国各族人民要在中国共产党坚强领导下，同心同德，开拓进取，用辛勤劳动创造中国人民的美好生活、创造中华民族的美好未来，继续同世界各国人民一道构建人类命运共同体。"只有辛勤劳动才能带来美好的生活。

2. 辛勤劳动平凡而伟大

2020 年在抗击新冠肺炎疫情斗争中，冲锋在一线的党员，逆行出征的医务人员、解放军指战员，加紧钻研攻关的科技工作者，夜以继日建设火神山、雷神山医院的工人，坚守一线的社区工作者、公安干警……虽然所处岗位不同，工作方式各异，无数劳动者同心携手，辛勤劳动，为疫情防控阻击战的胜利做出了贡献。无数看似平凡的劳动者通过辛勤劳动创造出一个又一个奇迹。

3. 辛勤劳动者最光荣

现实生活中人们享受着各种方便快捷，正是因为无数默默无闻的劳动者在为我们的幸福生活而辛勤工作，所以要尊重每一位劳动者。"劳动者最光荣"，因为每个劳动者都是社会向前发展的创造者，辛勤劳动最光荣。

二、中职生辛勤劳动的小技巧

1. 辛勤耕耘

辛勤耕耘是辛勤劳动的基础，要勤劳而肯于吃苦。一分耕耘一分收获，美好的收获全靠辛勤的耕耘。

2. 不辞劳苦

不辞劳苦是辛勤劳动的前提条件，是不逃避劳累和辛苦，不怕吃苦，工作勤奋努力，毅力强。只有不辞劳苦，才能兢兢业业、任劳任怨地做好工作。

3. 爱岗敬业

爱岗敬业是辛勤劳动的基本要求，是忠于职守的事业精神，是良好职业道德的基础。爱岗就是热爱自己的工作，敬业就是专注干好本职工作。爱岗是敬业的基石，敬业是爱岗的升华。

4. 精益求精

精益求精是辛勤劳动的高标准要求，本来已经很好，还要求更好、完成标准更高，体现了工匠精神。在平凡的岗位上，劳动者用刻苦钻研、不懈努力诠释着"三百六十行，行行出状元"的至理名言。

【课堂互动】

在新冠肺炎疫情初期，很多行业暂时歇业，除必要的生活服务外，大部分单位采用居家办公的方式来抵抗疫情。在那段时间里，很多人感慨生活非常不方便，健身房关闭、电影院关闭、网吧关闭、游戏厅关闭……

请你试想一下，如果菜农、快递员、医生、公交车司机、飞行员、售货员、出租车司机、超市工作人员、厨师、环卫工人、保洁人员等都放假了，我们的生活会是什么样子。

三、辛勤劳动任务清单

劳动是推动人类社会进步的根本力量，勤劳智慧的中国人民用劳动和创造托举起震惊世界的发展奇迹。展望未来，美好幸福依然要靠辛勤劳动来创造，感悟劳动的价值与意义，凝聚劳动的共识与合力正当其时。

辛勤劳动任务清单如表 2-10 所示。

表 2-10　辛勤劳动任务清单

类　　别	项目（供选择）	目　　标
农业	采摘棉花等农业劳动	掌握农业劳动技能，尊重劳动、珍惜劳动，养成辛勤耕耘、不畏艰辛的习惯，培养崇尚劳动的意识
工业	花布扎染等制造业劳动	掌握生产制造劳动技能，弘扬劳模精神、工匠精神，养成精益求精、不辞劳苦的习惯，铸造热爱劳动的品质
服务业	火车站问讯等服务业劳动	掌握服务业劳动技能，弘扬无私奉献、助人为乐的精神，养成爱岗敬业、任劳任怨的习惯，树立劳动光荣的观念

项目 1　人工采摘棉花

一、劳动基础

1. 棉花概述

棉花，是锦葵科棉属植物的种籽纤维，原产于亚热带。植株呈灌木状，在热带地区栽培可长到 6m 高，一般为 1～2m。花朵乳白色，开花后不久转成深红色然后凋谢，留下绿色小型的蒴果，称为棉铃。棉铃内有棉籽，棉籽上的茸毛从棉籽表皮长出，塞满棉铃内部，棉铃成熟时裂开，露出柔软的纤维。纤维呈白色或白中带黄，长约 2～4cm，含纤维素约 87%～90%，水 5%～8%，其他物质 4%～6%。

棉花产量最高的国家有中国、美国、印度等。棉花是世界上重要的经济作物之一，在中国及世界经济发展中占有重要地位。我国已形成了长江流域、黄河流域和以新疆为主的西北内陆三大棉区。新疆因其独特的自然生态条件和资源禀赋，已成为我国最大的商品棉基地、国内唯一的长绒棉生产基地和世界重要的棉产地。每年到了棉花收获的季节，都需要大量从事手工采摘棉花的工人，由此产生了一个新的群体——采棉工，也叫拾花客。

棉花主要分为三类：粗绒棉、细绒棉（普通）、长绒棉（优质）。

粗绒棉〔见图 2-7（a）〕也叫亚洲棉，原产印度，由于产量低、纤维粗短，不适合机器纺织，主要用来制造棉毯和价格低廉的织物或与其他纤维混纺，因此这种棉花渐趋被淘汰。

长绒棉〔见图 2-7（b）〕也叫海岛棉，原产南美洲，特点是纤维细长、强度高，品质优良，适合纺高支纱，我国种植较少，除新疆长绒棉以外，主要进口埃及棉、苏丹棉等。

细绒棉〔见图2-7（c）〕也叫陆地棉，原产中美洲，因此又称美棉，其特点是适应性广、产量高、纤维较长、品质较好，可纺中支纱，我国种植的棉花大多是此品种。

（a）粗绒棉　　　　　　　　（b）长绒棉　　　　　　　　（c）细绒棉

图2-7　棉花

2. 棉花收获机械

棉花收获机械就是采摘成熟子棉或摘取棉桃的作物收获机械。美国从1850年起有多种棉花收获机的设计或样机专利出现，但直到20世纪20年代才有少量摘棉机商品出售。到1975年，美国的棉花收获已实现机械化。1980年苏联有75%的棉花用机器采摘。

当前在棉花种植的耕、种、收全过程机械化发展程度上，我国机耕、机种均达到较高水平，但在收获环节机械化率水平仍有待进一步提高。据统计，2020年我国棉花种植综合机械化率为83.98%，主要环节机耕和机播机械化水平分别为98.76%和88.16%，机采率为60.08%。可见，棉花机采仍然存在较大的市场空间。

《中国制造 2025》《农机装备发展行动方案（2016—2025）》等政策文件中均明确提出，大力发展以棉花收获机（3行以上，自走式或拖拉机背负式，摘花装置为机械式或气力式，适应棉珠高度35~160cm，装有籽棉集装箱和自动卸棉装置）为代表的高效能收获机械。

二、劳动场所

1. 环境

棉花采摘季节，天气晴好，待采摘的棉田。

2. 材料

饮用水。

3. 工具

手套、口罩、帽子、防晒服、带有编号的袋子等。

三、劳动说明

现在棉花生产已经实现了一定程度的机械化，但由于棉花采摘工作的特殊性，采摘季节还是需要大量的"采棉工"。人工采摘棉花劳动过程如表 2-11 所示。

表 2-11　人工采摘棉花劳动过程

（1）天未亮，寒意刺骨，不到七点，采棉工从住地赶往棉田	（2）棉桃自然开裂，棉花吐絮，棉絮没有下垂即可采摘	（3）采摘时要"快、准、稳、狠"，从棉桃开裂最低处插入手指，快速抓出棉絮

（4）采摘时，弯腰弓背，双手协调前行	（5）新疆强烈的阳光会晒伤采棉工的皮肤，要注意防晒	（6）为了节约时间，午饭在田间地头解决

（7）一直站着腰酸背痛，所以有时会蹲下，甚至跪着采摘	（8）将棉花装满包袱，然后将重达三四十斤的包袱扛到车上去	（9）看着采摘的棉花，既感受到劳动的辛苦，又体会到丰收的喜悦

　　人工采摘棉花是一个比较辛苦的工作，采摘棉花不仅考验一个人的体力，还考验一个人的耐力。拾棉花时要准备好袋子随身装棉花，还需要手套，防止被棉花壳割伤。

　　棉花从吐絮到采收结束，一般需要 60～70 天，故必须分多次采收，适时收花的时间一般以棉铃开裂后 7 天为好。

1. 适时采摘

　　棉花吐絮后，每隔 5～7 天采摘一次。采摘过早，棉花纤维还未充分成熟，产量、品质降低；采摘太晚，棉絮经风吹日晒，纤维拉力降低，影响质量。

2. 防止雨淋

一旦淋雨，棉花被棉壳、棉叶的色素污染，会出现阴红、阴黄的斑点等，甚至霉烂变质。

3. 籽棉中防止"三丝"混入

棉花收摘、晾晒、包装、运输等过程中防止混入化纤丝、麻棕丝、编织袋丝等。

四、劳动成果

采棉机采摘棉花和人工采摘棉花相比，主要在效率、成本、采摘方式、采摘的棉花质量方面存在一定的区别，两种采摘方式各有各的优缺点，采棉机效率更高，成本更低，人工采摘的棉花质量更好，不过随着农业机械化的发展，摘棉机代替人工采棉是大势所趋。

人工采摘棉花评价表如表2-12所示。采摘前后棉田对比如图2-8所示。

表2-12　人工采摘棉花评价表

序　号	任务实施成果	评 判 标 准	是/否
1	采摘数量	50kg/天	
2	棉花质量	不含草籽、棉壳、枯枝叶、发丝等杂物	

图2-8　采摘前后棉田对比

五、劳动反思

（1）我在采摘过程中采用了什么方法提高效率？我是如何保证采摘的棉花的质量的？防止"三丝"混入，我有什么窍门？

（2）从采摘过程中我感受到了哪些优秀的劳动品质，这对我今后的工作、生活有什么帮助？

六、劳动辞典

天然彩色棉是采用现代生物工程技术培育出来的一种在棉花吐絮时纤维就具有天然色

彩的新型纺织原料。彩色棉制品在纺织过程中可减少印染工序，减少了对环境的污染，有利于人体健康。

《御制棉花图》是清乾隆三十年（1765年）直隶总督方观承主持绘制的一套从植棉、管理到织纺、织染成布的全过程的图谱。

《御制棉花图》有图十六幅，计有布种、灌溉、耕畦、摘尖、采棉、炼晒、收贩、轧核、弹花、拘节、纺线、挽经、布浆、上机、织布、练染，每图都配有文字说明和诗一首，似连环画。

七、劳动文化

《棉花帝国》的作者是斯文·贝克特。作者叙述了棉花产业的发展历史，阐释了资本家如何在短时间内重塑了这个世界历史上极为重要的一项产业，进而改变了整个世界面貌的。棉花是一个链条非常丰富的产业，不仅跨越了国界、洲际的界限，而且跨越了人种、宗教及文化的界限。棉花产业创造了一个关于土地、劳动力、运输、生产和销售的全球性网络，它能够把不同网络中的链条统一起来，促成一种新的经济秩序的产生。谁位于这个链条的顶端，谁就能收获最大的利润分成，并能够全球化地重新配置很多资源。

由中央新闻纪录电影制片厂（集团）出品的《采棉时节》2022年4月18日在央视纪录频道登陆。该片深入新疆维吾尔自治区阿克苏地区的阿瓦提县，记录下三户棉农家庭在棉花丰收时节的真实生活。片中有关新疆农村现代化的纪实呈现，让海外观众对新疆有了全新的认知。

八、劳动拓展

茶树是多年生常绿木本植物，一年中茶叶可分若干次采摘，手工采茶也是传统的茶叶采摘方法。请查阅资料了解茶叶的采摘特点和要求，并在茶叶成熟的季节尝试去采茶。

项目2 室内电力线路安装

一、劳动基础

1. 电力系统组成

电力系统由发电、变电、输电、配电和用电等环节组成，是一个电能生产与消费系统。它的主要功能是将自然界的一次能源通过发电动力装置（主要包括锅炉、汽轮机、发电机及电厂辅助生产系统等）转化成电能，再经输电、变电及配电系统将电能供应到各负荷中心，通过各种设备再转换成动力、热、光等不同形式的能量，为地区经济和人民生活服务。

由于电源点与负荷中心通常处于不同地区，电能也无法大量储存，故其生产、输送、分配和消费必须在同一时间和地域内完成，以保持供需平衡。因此，电能的集中开发与分散使用，以及电能的连续供应与负荷的随机变化，就制约了电力系统的结构和运行。据此，电力系统要实现其功能，就需在各个环节和不同层次设置相应的信息与控制系统，以对电能的生产和输运过程进行测量、调节、控制、保护、通信和调度，以确保用户获得安全、经济、优质的电能。从发电厂到用户的送电过程如图 2-9 所示。

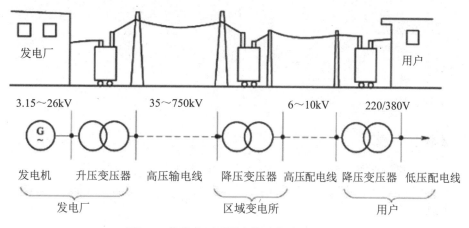

图 2-9　从发电厂到用户的送电过程示意图

建立结构合理的大型电力系统不仅便于电能生产与消费的集中管理、统一调度和分配，减少总装机容量，节省动力设施投资，而且有利于地区能源资源的合理开发利用，更大限度地满足地区国民经济日益增长的用电需要。电力系统是国家及地区国民经济发展规划的重要组成部分。电力系统的出现，使得高效、无污染、使用方便、易于控制的电能得到广泛应用，推动了社会生产各个领域的变革，开创了电力时代，成为第二次技术革命的重要标志。电力系统的规模和技术水平已成为一个国家经济发展水平的标志之一。

2. 电力系统的额定电压

电网的电压是有等级之分的，电网的额定电压等级是根据国民经济发展的需要、技术经济的合理性以及电气设备的制造水平等因素，经全面分析论证，由国家统一制定和颁布的。

我国电力系统的电压等级有 220/380V、3kV、6kV、10kV、20kV、35kV、66kV、110kV、220kV、330kV、500kV。随着标准化要求越来越高，3kV、6kV、20kV、66kV 已很少使用。供电系统以 10kV、35kV 为主。输配电系统以 110kV 以上为主。发电机过去有 6kV 与 10kV 两种，现在以 10kV 为主，用户通常使用 220/380V 电压。

3. 无线电力传输

无线电力传输利用无线电技术，将由电厂产生的电力转换成无线电波发送出去，再通过特定的接收装置将无线电波收集起来并转换为电力，供人们使用。

如今，越来越多的电子产品为人们的工作生活带来了极大的便捷，但传统的电力传输方式大多是通过导线或插座将电力传输到终端产品。随着移动设备、无线数据传输、无线网络技术的日益普及，人们希望能摆脱传统电力传输方式的束缚，解除纷乱电源线带来的困扰。由此，无线电力传输技术成为 21 世纪最值得期待的技术，无线充电产品成为人们热议的新焦点。目前，全球许多国家都在研究开发无线电力传输技术，并探索其在不同领域的应用，致力于将其实用化。

二、劳动场所

1. 环境

室内正常环境。

2. 材料

聚氯乙烯绝缘铜芯软电线、插座、水龙头、生料带等。

3. 工具

剥线钳、螺丝刀、扳手等。

三、劳动说明

安装和更换室内电力线路对许多人来说可能是个难题，因为一般都由电工负责安装，自己又不懂室内用电装置安装知识。然而，其实这并不是一件太复杂的事情。只要你认真了解了电路知识，做任何操作时，务必切断电源，即可在教师指导下动手安装和更换。室内插座安装过程如表 2-13 所示。

表 2-13　室内插座安装过程

插座安装		
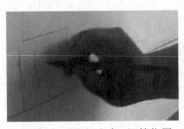		
（1）用墨斗弹出插座盒、埋管位置，沿墨线用切割机切割出边框，配合使用电锤完成开槽	（2）安装暗盒、线管，并用线卡固定；利用钢丝引线，在线管中穿入电线；用剥线钳剥除电线端头绝缘层	（3）将导线接入插座对应的位置，用螺丝刀拧紧螺丝

续表

插座安装

（4）检查插座背面接线口 | 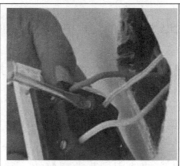（5）完成插座接线 | （6）插座固定，扣上面板

插座的安装以安全为第一要务，掌握房间内走线情况，确定断开电源。安装插座前，先了解插座的安装方法及注意事项，避免出现施工安全问题及日后安全隐患。

（1）安装室内电力线路之前，要做好统筹考虑、布局设计。

（2）插座数量要留够，否则需接插线板，不但影响家居美观，也有安全隐患。

（3）禁止带电操作。

（4）室内电力线路安装完成后，应绘制电管线图纸，供未来维修时查阅。

四、劳动评价

插座，又称电源插座、开关插座，通常有一个或一个以上电路接线插口，通过插座，可插入各种插头。插座安装评价表如表 2-14 所示，插座结构示意图如图 2-10 所示。

表 2-14　插座安装评价表

序　号	项　　目	配　分	评价标准	得　分
1	插座安装	85	接线正确，面板紧贴墙面，四周无缝隙，安装牢固	
2	劳动安全	15	操作过程中保证用电安全、人身安全	

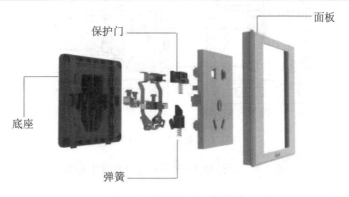

图 2-10　插座结构示意图

129

五、劳动反思

（1）我在学习安装室内电力线路的过程中有过怎样的思考？我创新性地解决了什么实际问题？

（2）从室内电力线路安装过程中我学到了什么劳动技能？可否用到安装灯具及其开关上？

六、劳动辞典

在我们的日常生活中，插座的使用是非常频繁的，其中五孔带开关的墙壁插座最为常用。有时我们需要自己动手简单地替换插座，那么该怎么接线呢？

五孔带开关的墙壁插座接线如图 2-11 所示。

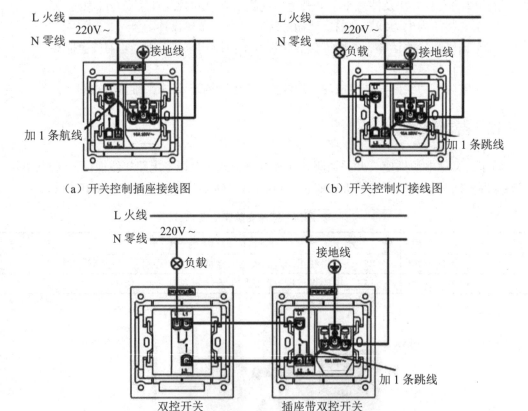

（a）开关控制插座接线图   （b）开关控制灯接线图

（c）开关（双控）控制灯接线图

图 2-11　五孔带开关的墙壁插座接线示意图

七、劳动文化

墨斗（见图2-12）由墨仓、线轮、墨线（包括线锥）、墨签四部分组成，是中国传统木工行业中极为常见的工具。墨斗通常被用于测量和房屋建造等方面。

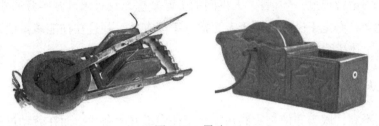

图 2-12　墨斗

为确定加工制作的位置，将墨线印在构件上的工艺，被称为"弹线"。古人就有"设规矩、陈绳墨"的说法。时至今日，墨斗在泥石瓦木等行业里仍是不可缺少的弹线工具，而不同时代的墨斗也成为一种特殊的古董收藏品。

相传，宋朝诗人秦少游出一谜语给苏东坡猜。谜面是："我有一间房，半间租与转轮王，有时放出一线光，天下邪魔不敢挡。"苏东坡心中有数，却装猜不着，另作一谜语让秦少游猜，曰："我有一张琴，琴弦藏在腹。凭君马上弹，弹尽天下曲。"苏小妹马上和诗一首："我有一只船，一人摇橹一人牵。去时拉纤去，归来摇橹还。"苏小妹诗罢，见秦少游一时不解，便答道：你的便是大哥的，大哥的便是我的，我的便是你的。原来三个谜语互为谜面，亦互为谜底，三人说的均是墨斗！

八、劳动拓展

电力线路直接关系到居住的舒适度与安全性。在电力线路改造动工之前，应根据居住要求，完整、细致地统筹考虑。请查阅相关资料了解普通住宅家用电器的相关参数与配置要求，设计一份旧房电力线路改造方案。

第二课　诚 实 劳 动

诚实劳动是辛勤劳动的表现，也是创造性劳动的前提。诚实劳动要求我们在法律法规和国家政策允许的范围内从事各种有益于社会发展的体力和脑力劳动，要求我们实事求是地认识和对待自己的劳动过程和劳动成果。

一、中职生诚实劳动的价值意义

1. 铸就个体价值

习近平总书记曾说过一句话："人世间的美好梦想，只有通过诚实劳动才能实现。"一个诚实的劳动者，必定于己无愧、于人无损、于国有益，并且往往能赢得他人的尊重和爱戴，最终铸就个体生命的价值。

2. 彰显人格魅力

人无信则不立，诚实守信是我们在社会交往中最好的名片。而在劳动过程中，我们要自觉践行诚实劳动，培育正确的劳动观、价值观。诚实劳动能够展现个人的人格魅力，从而获取他人的信任与帮助。

3. 创造精神财富

众所周知"劳动创造财富"，一些人对其的理解停留在物质财富的层面。其实，劳动所创造的财富不仅仅是物质财富，更包含着宝贵的精神财富。诚实劳动能够为社会带来良好的风气，创造珍贵的精神财富。

二、中职生诚实劳动的小技巧

1. 以诚为先

在职业领域，诚实劳动是最宝贵的职业品质之一。在生产、销售、服务等劳动过程中，要始终保持实事求是的职业本真，以诚为先、以诚待人。

2. 遵守纪律

纪律就是规则，是指要求人们遵守业已确定的秩序、执行命令和履行自己职责的一种行为规范，是用来约束人们行为的规章、制度和守则的总称。任何一个社会、一个企业、一个团队都要有自己的纪律，遵章守纪是诚实劳动的前提。

3. 流程规范

任何岗位均设置有岗位标准。在职业劳动过程中，首先要了解岗位标准，严格对照标准规范开展生产劳动。规范化、流程化、标准化是职业素养中对生产操作的最基本的要求。无论从事何种工作都要遵守规范、注重流程、提高效率。

【课堂互动】

2020 年有一句非常感人的话："人民需要什么，五菱就造什么。"为了抗击疫情，五菱汽车集团将旗下广西德福特原有的生产车间改建为 2000 平方米的无尘车间，共设置了 14 条口罩生产线，其中 4 条生产 N95 口罩，10 条生产普通医用口罩。从想法提出到第一批口罩下线，仅用了 3 天，这又一次刷新了"五菱速度"。五菱口罩让世界见证了中国速度，也见证了民族企业的担当。

对此你怎么看？

三、诚实劳动任务清单

诚实乃"进德修业之本""立人之道"。其对立面是欺骗、弄虚作假。经济领域的制假贩假，政治领域的耍花架子、搞形式主义、虚夸浮报等，都是好逸恶劳的表现。

诚实劳动任务清单如表 2-15 所示。

表 2-15 诚实劳动任务清单

类　　别	项目建议	职业要求
生产制造	不偷工减料、不制假造假	在生产制造类职业劳动中，诚信为本，严格执行合同约定，重质量、讲信誉
商业服务	不短斤缺两、不以次充好	商业服务过程中要实事求是，不短斤缺两、不以次充好、不降低服务标准
设备操作	不违规操作、不掩盖过失	设备操作要严格按照规章规程，不图省事，不隐瞒操作中的失误
营销推广	不夸大其词、不虚假宣传	商品销售过程中要根据商品的实际开展宣传推广，不欺骗消费者
农业生产	不滥用农药、不乱用激素	在农业生产过程中，讲究诚信，保证食品安全，珍惜他人生命

项目 1　诚信网络销售

一、劳动基础

网店是电子商务的一种形式，能够让人们在浏览商品的同时进行购买，并通过各种在线支付手段进行支付完成交易的网站。大多数网店都使用淘宝、易趣、拍拍、京东、购铺商城等大型网络贸易平台完成交易。我们要合理利用网店，争取实现效益最大化。

1. 网店平台

目前网店平台有很多，常见的网上开店平台有淘宝网、拼多多、京东商城、抖音小店等。

淘宝网的入门门槛极低，几乎任何人都可以注册成为淘宝的客户并进行买卖交易。淘宝商品种类繁多，无论是扫帚，还是电视机，都可以在淘宝上买到，极大地方便了人们的生活。因此，淘宝得到了大众的支持与喜爱。

拼多多的开店优势在于拼团和实惠多多，能让更多的买家获得实惠并分享实惠。从拼多多本身的字意来理解，可将其拆分为"拼"团和实惠"多多"两层意思，即鼓励买家"拼团"分享，享受更多优惠。

京东是自营式电商企业，在线销售计算机、手机及其他数码产品、家电、汽车配件、服装与鞋类、家居百货等各类商品。京东迅猛的发展速度，吸引了不少商家入驻。

抖音小店是抖音平台提供的一站式电商经营平台，为商家提供全链路服务，帮助商家持续经营和高效交易，实现生意的增长。抖音小店和淘宝店铺性质相同，都可以卖货。

2. 网店商品的选择

商品的好坏与网店的动态评分密切相关，对网店的运营有着直接影响。因此商品选择的原则、商品选择渠道、商品选择分析工具、选择合理的供应商，对于新手卖家至关重要。

商品选择的基本原则有以下几点：高性价比的商品、有利润空间的商品、有独特性的商品、及时满足需求的商品、流行应季的商品和品质有保障的商品。

3. 商品选择渠道

对网上开店来说，货源的选择是一个很重要的环节，如何寻找货源，如何选择物美价廉的货源，对于卖家来说至关重要。常见的商品渠道有阿里巴巴批发网、天猫供销平台。

分销网站如购途网、爱买卖、四季星座网、杭州女装网、生意网、美美淘等；链条产业集中区域，如杭州的女装、镇江的眼镜、扬州的毛绒玩具、深圳的 3c 数码产品、佛山的卫浴产品等；线下批发市场等。

4. 选择合适的供应商

作为网店卖家，有必要了解需要怎样的供应商，一般从行业类目、商品丰富、商品款式、利润空间、商品质量几个方面来考察选择供应商。

5. 网店商品定价

商品定价是一门很深的学问。在市场竞争激烈的时代，经营者要把自己的商品成功销售出去，掌握商品的定价方法是必须要做的事。

商品价格是影响买家下单的重要因素。定价策略直接影响买家的消费意向，奇特的定价策略会给买家带来心理刺激。一般来说，常见的定价策略有阶梯定价、商品组合定价、批量购买引导定价、成本加成定价、竞品对比定价、非整数定价等。

二、劳动场所

1. 环境

互联网网络环境，淘宝、京东等网络销售平台或 App 小程序。

2. 材料

农副产品、生活用品等待销商品。

3. 工具

拍摄工作台、数码相机、手机、台式或笔记本电脑。

三、劳动说明

网店经营是指具有法人资质的企业或个人在互联网平台独立策划、注册、开设、管理网络虚拟商店，出售实物或提供服务给消费者的一种电子商务形式。网店大多基于大型网络贸易平台，让人们在浏览商品的同时，通过各种在线支付方式进行支付，完成交易。

我们可以尝试在京东开一家店铺，熟悉其整个流程。京东开店要注意店铺商品规划、店铺风格统一、竞品分析、提升售后服务等。

（1）开店前的准备：如果你想一开始先自己一个人小额投入做个网店，等成型后再扩大规模，那么建议你先从无货源模式开始。在开店之前，要先系统学习运营计划制定、店铺装修、上下款、推广、补单、控制转化等运营知识。

（2）商品拍摄技巧：优化拍摄环境与背景，合理拍摄布光，优化构图模式等。需注意商品拍摄一定要实事求是、真实可信，切不可盗用、冒用，名不符实。

（3）常见的网上促销方式：一是价格折扣，二是赠品促销，三是抽奖促销。选择网上促销方式一定要结合产品生命周期和产品特点，切不可短斤缺两、以次充好、虚假宣传。

四、劳动评价

网上购物已经成为人们常用的一种购物方式，网店评价特别引人关注。淘宝、京东等是国内有名的网上零售市场，也是人们最喜欢的网上购物平台，每天有成千上万的消费者在这里购买商品。每一次购买后，购买者都会给商家留下购买评价，以表达对商品和商家服务的满意度。评价对于商家来说是非常重要的，好评会使商家产生信心，增加销售；而差评则影响商家的口碑，并影响网上平台的信任度。网络销售评价表如表 2-16 所示。

表 2-16　网络销售评价表

序　号	项　目	配　分	评 判 标 准	得　分
1	网店整体布局	30	整体布局设计清晰，模块安排合理，色彩搭配美观	
2	结构层次设计	40	网店结构层次分明，商品分类合理，链接清晰，便于浏览	
3	营销促销效果	30	有营销方案，图文并茂，主题突出，具有一定的促销效果	

五、劳动反思

（1）我在网络销售过程中哪些方面做到了诚实劳动？

（2）关于网络销售中的诚实劳动还有哪些方面可以优化？

六、劳动辞典

电商市场流量红利日渐趋无，卖家越来越多，竞争也越发激烈，时常出现一些不和谐的因素，如花样百出地盗用、抄袭竞争对手店铺中的商品图片等。目前，跨平台盗用其他网店的商品图片甚至照搬其他网店的页面信息和商品资质证书的现象并不鲜见，诱导买家混淆甚至上当受骗。

自家店铺精心设计、打造的爆款高低床精美图片，却被另一家电商平台网店盗图，这是天猫某儿童家具旗舰店的遭遇。随后，该天猫店向盗图网店属地太原市市场监督管理局举报。事后查明，这家网店不但盗图抄店，还为提高销量和排名刷单 3 万多笔，涉嫌不正当竞争。太原市市场监督管理局对这家跨平台盗图网店处以 105 000 元的罚款。

盗图抄店既是典型的不正当竞争行为，也是典型的侵权、售假行为，已构成多重违法，甚至涉嫌犯罪。如果任其泛滥，不仅直接侵犯了品牌商家和消费者的合法权益，更会严重干扰正常的市场秩序。2022 年 1 月，国家发展改革委等九部门联合印发《关于推动平台经济规范健康持续发展的若干意见》，明确提出"制定出台禁止网络不正当竞争行为的规定""加强全链条竞争监管执法"等意见和措施。公平竞争是市场经济的核心，安全、稳定的营商环境则是公平竞争的保障。让"盗图抄店"者现出原形，有助于维护原创商家和消费者的合法权益，保护、鼓励市场创新，优化公平竞争环境和营商环境。

坚持诚信经营的网店可以赢得更多买家的好评，信用也会逐渐提升，可以培养更多的忠实客户。一个没有诚信、靠不正当竞争盈利的网店很难得到买家的信任，所以网店想要生存就必须坚持诚信经营。网店的商品图片与文字描述一定要与实物相符，不能盗用其他店铺精美的图片和吸引人的商品描述，这是诚信经营最基本的要求。

七、劳动文化

你抢到冰墩墩、雪容融了吗？2021年3月21日12点，线上奥林匹克官方旗舰店开始预售冰墩墩和雪容融，吸引众多网友蹲点下单。冬奥会结束后，冰墩墩、雪容融还是非常畅销，不仅线上抢不到，在店里也要排队几个小时才能买到。冬奥吉祥物热销，是因为它非常"中国"，冰墩墩和雪容融冲上国潮顶流。

"新国潮"将传统与现代相融合，用创新的方式表达对传统文化的理解与传承，国潮崛起的背后是民族自信、文化自信的提升。阿里研究院发布的《2020中国消费品牌发展报告》显示，中国本土品牌线上市场占有率已经达到72%。同时，根据《百度2021国潮骄傲搜索大数据》报告，国潮在过去10年里的关注度上升了528%。国货正当"潮"，国潮消费越来越成为新一代消费者的重要选择。

中国国力越来越强盛，文化也在日益崛起，这样的大背景给当代年轻人一种很强的时代感召，年轻人愿意去建立属于这个时代的文化归属感，彰显自己所在群体和其他社会群体的不同。越来越多中国产品在海外成功"圈粉"的同时，也有越来越多的中国服务在更多国家生根、越来越多的中国标准在国际舞台崭露头角。

国货当自强，期待整个行业不断增品种、提品质、创品牌，满足国内外消费市场的需求，也期待更多国货品牌内外兼修、形神齐备，带来更多新的惊喜。

八、劳动拓展

假如你想在拼多多开店，首先入驻开通拼多多店铺，然后发布商品填写商品详细信息，上传商品图片，接着进行商品的后台管理和店铺的引流推广。

请在所在学校尝试开设网上跳蚤市场，开展网上创业项目，并将诚实劳动贯穿项目全过程。

项目2　调剂中药饮片

一、劳动基础

调剂中药就是根据处方配制药物，在古籍中被称为"合药分剂""合剂"。甲骨文中的"鬯其酒"就是将药用植物郁金的根茎调剂制成药酒。汤剂是最常用的中药剂型，历史资料表明，商代最早创制了汤剂。唐代《新修本草》是世界上最早的一部药典，比欧洲最早的药典《纽伦堡药典》早800余年，代表了中医药发展的一个里程碑。

1. 饮片调剂设施

饮片的调剂设施主要有饮片"斗架"、调剂台、计量用具、碎药用具等，另外备有临时特殊加工炮炙等工具。

现代调剂中药，已开始用电子秤代替戥秤称量。中药饮片也从散装饮片向小包装饮片及配方颗粒方向发展。

2. 中药调剂一般程序

中药调剂一般程序分为审方、计价、调配（配方）、复核及包装、发药等五个程序。

1）审方

审方是指药房审方人员审查医师为患者开的处方。

（1）审核处方上姓名、性别、年龄、科别、诊断、日期、药价、医师签字等，审阅药品名称、剂量、剂数，以及处方书写是否清楚，严格按照《处方管理办法》的"四查十对"制度等要求逐一进行审核。项目不全或不清楚的须请处方医师补充。

（2）审查处方中如有相反、相畏及禁忌药物，毒剧药物超过规定使用剂量时，须经医师再次签字。

（3）审阅处方中，如有短缺品种，应及时通知处方医师，药剂师无权随意将相似疗效品种互为代用。

2）计价

计价必须准确、迅速，以缩短患者取药时间。

（1）严格按照药品会计通知的价格进行计价，不得估价或改价。

（2）计价时要注意剂量、剂数、新调价、自费药品等。药味如有不同规格，在药名的顶部注明单价。

（3）自费药品的药价应单列，计价误差不得超过 0.05 元/剂。

（4）原方复配时，应重新核算价格，不得随原价。

（5）代煎药可加收煎药费。

（6）使用蓝色或黑色钢笔、圆珠笔等，不能使用其他色笔或铅笔。

3）调配（配方）

调配是指调剂人员根据审方人签字，并已交款的医师处方，准确地调配药物的操作。

（1）除详细审查处方中相反、相畏、禁忌和毒剧药物及剂数外，还需核对药品别名、脚注等，审核无误后，方可调配。

（2）调配小包装中药饮片需依据处方显示的规格调配。

（3）调配散装饮片时，选择合适的戥子，并确保称量准确，按处方药味顺序调配，间隔摆放，不可混成一堆。

（4）调配的各种饮片，应保证洁净、没有杂质，无发霉、变质、虫蛀、不合格药品。

（5）处方中需要先煎、后下、包煎、烊化、布包另煎、冲服等品种，均应按照煎药常规单包并注明。

（6）处方中矿物药、动物贝壳类、果实、种子等坚硬药品，遵照处方中"打碎""捣碎""劈"等脚注说明操作后方可入药。

（7）分戥时，三戥一平，处方中并开药品，应分别称量。凡细料药品或毒性药品，可用递减分戥法，每味药应逐剂进行复戥，并按剂分包。

（8）称量检查时，每剂误差不得超过 ± 5%。

（9）调配完毕，详细查对无误后，调剂者签名或盖章。

4）复核及包装

（1）首先核对调配的药品是否符合处方所开的药味剂量和剂数，确保无多配、漏配、错配或掺混异物的现象。

（2）无相反、相畏、禁忌和超剂量等。

（3）药品质量无虫蛀、发霉、变质，无以生代制、生制不分、整药和籽药未捣等现象。

（4）将先煎、后下、布包煎、烊化、另煎、冲服、兑服和特殊要求以及同服的成药等进行另包并注明用法。

（5）复核合格后即可签字或盖章包装。

5）发药

（1）首先根据处方核对号牌姓名，核对剂数，注意相同或相似姓名等以防发错造成事故。

（2）无论内服或外用药都必须向取药者详细说明用法、用量、煎药方法，有先煎、后下、布包煎等给以提示。

（3）耐心解答患者有关药品功能、主治、用法、用量等问题的询问。

（4）核对正确后，在处方上签字或盖章。

（5）每日工作完毕时清点处方及单据，按日分类，妥善保存。

二、劳动场所

1. 环境

环境均应干净、干燥，中药饮片摆放位置正确，调剂台台面光滑平整。

2. 材料

中药饮片、中药包装纸（袋）、空香包、干净勺子。

3. 相关工具

中药斗柜、戥秤、电子秤、冲筒及调剂台。

三、劳动说明

中药调剂是中医辨证施治的基础环节，直接关系到治疗效果。调剂中药饮片过程如下。

（1）审核处方，确保剂量不超患者所需。计价不弄虚作假。

（2）保证品种、规格正确，质量达标，按处方从药斗中依次取药。

（3）准确规范地用戥秤（或电子秤）按处方总剂量称量。

（4）按处方要求严谨地炮制药材。

（5）按处方将饮片分剂，保证剂量。一方多剂时，逐一称量。

（6）严格把关，保质保量，对饮片进行复核。

（7）将复核过的饮片用纸（袋）包好。注意将边角部位密封，保证剂量。

（8）将药粉分装入包。

中药调剂工作是药剂科工作的重要组成部分，是药剂科直接面对临床患者的服务窗口，是沟通患者与医护人员之间完成医疗过程的桥梁与纽带。调剂工作的管理状况对药品使用过程的质量保证起着至关重要的作用，也是临床用药安全有效的重要环节。

《医院药剂管理办法》规定：调剂应严格执行操作规程，认真审查坚持核对，药品外包装应注明品名、用法、用量并交代注意事项。对违反规定、滥用药品、有配伍禁忌、涂改及不合理用药的处方、药剂人员有权拒绝调配，情节严重者应报告院领导及卫生行政部门检查处理。由此可以看出调剂工作的重要性和很强的专业性。中药处方的调配是以中药为对象，要保证配方质量，必须做好中药调剂工作。

（1）调剂中药饮片的顺序是：审方—计价—调配—复核及包装—发药。

（2）调配时如一方多剂，应先按药品克数（单剂量×剂数），称取总剂量，然后按"等量递减""逐剂复戥"进行分剂。处方中有需要临时炮制加工的药品，可称取总剂量生品、炮制，再分剂。

（3）调配时应按处方顺序称取，饮片间隔平放。

（4）调配时若发现药品有质量问题，应更换后再调配。

四、劳动评价

药剂人员要有良好的职业道德和过硬的专业技术水平，严把质量关，杜绝假药、劣药进药房，对虫蛀、霉烂、走油、变质等不合格中药决不进药房。对炮制品要按炮制规定严格要求，达不到标准的坚决不用。只有这样，才能确保医疗质量，达到为患者解除疾苦的目的。

调剂中药饮片评价表如表 2-17 所示。几种常见的中药材如图 2-13 所示。

表 2-17　调剂中药饮片评价表

序　号	项　目	配　分	评　判　标　准	得　分
1	准备	10	准备电子称等物品，并进行校准	
	审方	20	认真审方，处方规范有效，无重复药	
			用药适宜性，无配伍禁忌、妊娠禁忌和超剂量	

续表

序　号	项　目	配　分	评　判　标　准	得　分
2	调配	40	药味、剂数准确，无多配、漏配、错配或掺混异物等	
			药品质量合格，无生制不分、应捣未捣	
			特殊用法需另包药品单包并注明用法	
			每剂药总量误差不超过±5%	
3	核发	20	姓名、票据、剂数、核实	
	清场	10	清洁戥盘，戥秤复原，戥砣放置戥盘里；清洁冲筒、工作台	

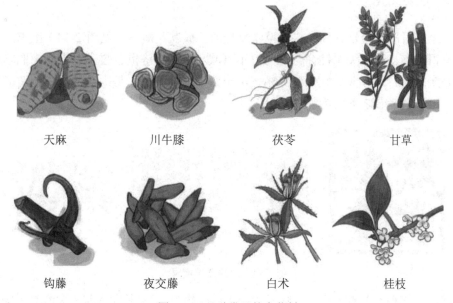

天麻　　　　　川牛膝　　　　　茯苓　　　　　甘草

钩藤　　　　　夜交藤　　　　　白术　　　　　桂枝

图 2-13　几种常见的中药材

五、劳动反思

（1）我在调剂中药饮片过程中遇到哪些难题，是怎样解决的？我的解决方法有何要改进的地方？

（2）我对自己做好的香包感到：很满意、较满意、一般、不满意、很不满意。

（3）我从调剂中药饮片过程中学到的方法，哪些可以用到日常生活中？

六、劳动辞典

全自动抓药机依靠数字化计算机管理，能够精准定位、传导控制，实现中药饮片调剂从接单、逐味称重、多处方并行处理、配药到独立包装的全自动化操作，可调剂 400 个中药品种，能够按照医师处方用药量、味数、剂数等参数，完成药品识别、称重、计量等，并独立包装。每套设备仅需少数工作人员，既能节约人力成本，也可以避免人工抓药可能出现的差错，大大缩短了患者取药的时间。

全自动煮药机操作间内，机械臂将药饮传送至煮药锅内，机械手按照操作程序进行药饮冲泡、药饮煎煮、药液倾倒、锅具冲刷等。机械臂全程"流水作业"，运用计算机控制及互联网技术，以煎药、包装设备为基础，将煎药工艺流程化，整个过程快捷、安全。在操作间内 8 口锅同时运转，平均每口锅可煎煮 7～14 剂中药，相当于患者一周的药量，将煎好后的药物等量封装成独立药袋，药袋上喷写患者的名字，方便患者领取并储存。

七、劳动文化

百年老字号胡庆余堂，面向耕心草堂悬挂的"戒欺"横匾（见图 2-14）上书"凡百贸易均着不得欺字，药业关系性命，尤为万不可欺。余存心济世，誓不以劣品弋取厚利，惟愿诸君心余之心，采办务真，修制务精，不至欺予以欺世人，是则造福冥冥，谓诸君之善为余谋也可，谓诸君之善自为谋也亦可"。

图 2-14 "戒欺"横匾

"炮制虽繁必不敢省人工，品味虽贵必不敢减物力""修和无人晓，存心有天知"——这是同仁堂人恪守的信条。历经数代、载誉 300 余年的同仁堂，其产品以严谨的制药工艺、显著的疗效享誉海内外。

八、劳动拓展

中药方剂以汤剂为主，在煎煮过程中对煎煮器具、火候、时间、饮片加入顺序及特殊饮片加入方法都有要求。请查阅资料了解中药煎煮常识，并尝试中药煎煮。

第三课　创造性劳动

创造性劳动体现了体力劳动和脑力劳动的结合，是辛勤劳动、诚实劳动的发展，也是劳动的核心和本质要求。创造性劳动就是在劳动中不断探索和创新，创新与劳动是互为表里、互为支撑的。从猿人举起第一块石器开始，一直到今天科学技术创造的一切奇迹，都是创造性劳动，都是劳动中的创新。

一、创造性劳动的价值意义

1. 提升思维能力

青少年在劳动过程中，通过保持专注力、积极动脑、勇于实践、感受快乐并持之以恒，能够对外部世界的事实、现状、因果联系、规律性进行深入思考与分析。因此，只有通过双手的创造性劳动去领会和理解事物，才能给青少年的思维活动带来一种新的质变，使其能够用思维的"眼光"一下子把握住许多相互联系的现象，把它们看成一个统一的整体，从而使劳动和智育紧密地结合在一起，发挥其创造活力、启蒙其创新意识。

2. 创造美好生活

人生在勤，勤则不匮，幸福不会从天降，美好生活靠劳动创造。正是凭借劳动，人类积累和创造了大量的物质财富和精神财富，支撑起了个人乃至国家的发展成长。

3. 成就伟大梦想

每一个中国人都不断尝试开拓新的活动领域，冲破常规，捕捉新的机遇。正是这种精神，才有了嫦娥探月、蛟龙入海、"神七"飞天等这样伟大而壮观的世纪工程。这些重大创新成果，都是我国人民创造性劳动开出的绚丽花朵。

二、中职生创造性劳动的技巧

1. 细致观察

良好的观察能力是科学研究的必备要素，是创新理论的基础条件，还是抓住机遇的必要条件。通过细致的观察来获得信息，通过想象去丰富信息，对信息进行再加工，从而促进思维和情感十分活跃的创造性劳动。

2. 发散思维

发散思维的主要功能在于使人的认知不落窠臼、敢于求异，思考时能够不拘一格、多方设想。发散思维能力的培养与创造性劳动息息相关。在劳动中面对复杂多变的局面时，我们只有打破常规思维的界限，以超常规甚至反常规的方法、视角去思考问题，才能提出与众不同的解决方案，进而产生新颖、独到的创造性劳动，更好地体现创造性劳动的效能。

三、创造性劳动任务清单

选择 1~2 项新技术，如三维打印技术、激光切割技术、智能控制技术、数控加工技术、液态金属打印技术等，进行劳动体验与技术应用。

熟悉某项新技术的基本工作过程、常用参数设置、材料的适用范围等。根据设计要求选择某项新技术，制订合理的设计、加工方案或设计图样，完成应用某项新技术进行加工、组装、测试、优化的全过程。

记录某项新技术在改变传统加工方式、降低加工成本、提高工件质量方面带来的主要变化。感受新技术在提高生产效率、产品质量及创造性解决问题等方面的重要作用，感受现代劳动中的创新精神。

创造性劳动任务清单如表 2-18 所示。

表 2-18　创造性劳动任务清单

类　别	项目建议（供选择）	目　标　提　示
农业	温室培养，品种改良，无土栽培	学习相应的农业知识，并且运用到农业生产中去；专研农作物培育方法，提高农作物的产量；在使用原有农具的基础上进行创新改造
工业	太阳能小风扇制作，手机安全气囊设计，无人机、智能机器人组装	培养设计思维，尝试进行创造性劳动，学会组装和制造；提升对科技的兴趣和创新实践能力；引导学生关注生活，学会寻找发明项目；初步养成从事探究活动的正确态度和必备的精神与品质
服务业	网店经营、网上拍卖、个人理财	学习电子商务专业知识，将专业与行业链对接；培养创业能力；提升财富的管理能力

项目 1　无土栽培实验

一、劳动基础

无土栽培是指以水或草炭、蛭石等介质作为植株根系的基质，使植物根系能直接接触营养液的栽培方法。无土栽培的世界发展史，开始于人类对植物矿质营养的探索，可以追溯到公元前四世纪的亚里士多德时代。目前比较公认的有关植物矿质营养研究的最早科学报告，是 1600 年赫尔蒙特发表的柳树实验。德国科学家李比希提出植物矿物营养学说，标志着无土栽培技术进入实验研究阶段。

后来，一些西方国家的蔬菜和花卉种植者进行了大规模的生产实践。他们把无土栽培发展到商业规模，面积越来越大，水培技术也很快传到欧洲国家、印度和日本。

1. 无土栽培的类型

无土栽培的分类方法很多，按照其固定方式，大致分为无基质栽培和基质栽培两大类。

1）无基质栽培

无基质栽培的特点是，栽培作物没有固定根系的基质，根系直接与营养液接触。无基质栽培又分为水培和雾培两种。

（1）水培。水培是指不借助基质固定根系，使植物根系直接与营养液接触的栽培方法。主要包括深液流水培、营养液膜栽培和浮板毛管栽培。

（2）雾培。雾培又称气培或气雾培，是利用过滤处理后的营养液在压力作用下通过雾化喷雾装置，将营养液雾化为细小液滴，直接喷射到植物根系以提供植物生长所需的水分和养分的一种无土栽培技术。雾培是所有无土栽培技术中根系的水气矛盾解决得最好的一种形式，能使作物产量成倍增长，也易于自动化控制和进行立体栽培，提高温室空间的利用率。但它对装置的要求极高，大大限制了它的推广利用。

2）基质栽培

基质栽培的特点是栽培作物的根系有基质固定。它是将作物的根系固定在有机或无机的基质中，有机的基质有泥炭、稻壳、树皮等，无机的如珍珠岩、岩棉、陶粒、沙砾、海绵土等都可作为支持介质，通过滴灌等方法，供给作物营养液。在大多数情况下，基质栽培水、肥、气三者协调，设备投资较低，便于就地取材，生产性能优良而稳定；缺点是基质体积较大，填充、消毒及重复利用时的残根处理，费时费工，困难较大。

2. 营养液

无土栽培的核心是用营养液代替土壤提供植物生长所需的矿物营养元素，因此在无土栽培技术中，能否为植物提供一种比例协调、浓度适量的营养液，是栽培成功的关键。营养液作为无土栽培中植物根系营养的唯一来源，其中应包含作物生长必需的所有矿物营养元素，即氮（N）、磷（P）、钾（K）、钙（Ca）、镁（Mg）、硫（S）等大量元素和铁（Fe）、锰（Mn）、硼（B）、锌（Zn）、铜（Cu）、钼（Mo）等微量元素。不同的作物和品种，同一作物不同的生长阶段，对各种营养元素的实际需要有很大的差异。所以，在选配营养液时要先了解不同品种、各个生长阶段对各类必需元素的需要量，并以此为依据来确定营养液的组成成分和比例。一方面要根据作物对各种营养元素的实际需要，另一方面还要考虑作物的吸肥特性。

人们在无土栽培经典营养液的基础上，利用更先进、科学的技术手段，优化出许多更适合不同植物生长的营养液配方，并大规模应用于生产，取得了更好的经济效益。

二、劳动场所

1. 环境

无土栽培的管理重点是调控温、光、水、气等环境因素，其环境及设施包括塑料大棚、温室、植物工厂等，家庭无土栽培一般选择阳台、飘窗等光线较好的位置。

2. 材料

用于无土栽培的多肉植物、营养液、消毒液、洁净水等。

3. 工具

各种玻璃容器、定植篮、玻璃棒、烧杯（或塑料桶）等。

三、劳动说明

水培是一种不使用土壤种植植物的方法，使用矿物质营养来帮助植物生长。多肉植物水培如表 2-19 所示。

表 2-19　多肉植物水培

（1）将多肉植物脱盆。先轻拍花盆外部，稍微倾斜倒立取出，然后用水洗掉根部土壤

（2）在消毒液中浸泡 10 分钟，捞出置于阴凉处，控干水分，将根部放入生根液中，处理 15 分钟捞出上盆

（3）自来水静置曝晒两三天后使用，使用的容器最好是透明的玻璃瓶

（4）放入定植篮内，定植于透明容器中，避强光缓苗

无土栽培模式是近年来愈发流行的一个趋势，无土栽培其实就是指不用天然的土壤做基质的一种栽培方法，它的基质可以是营养液或者蛭石、珍珠岩等。

我国的无土栽培模式虽然发展较晚，但是其前景仍然非常广阔，在未来人们应该会在其基础上做更深入的研究。做到更高效、更丰产。无土栽培种植注意事项如下。

（1）脱盆时需要土壤干透方可动手，避免根系受损。

（2）刚脱盆植物需要使用曝晒过的自来水清洗干净后，修剪掉腐烂、干瘪的毛细根。

（3）浸泡根系用的生根液浓度为 5～200mg/L，速蘸的生根液浓度一般为 1000mg/L。

（4）用于无土栽培的水质硬度低于 15 度，pH 值在 55～85，氯化钠含量低于 100mg/L。

（5）固定在容器中后第一周需要避开阳光强烈直射。

四、劳动评价

我们在使用无土栽培技术时要清醒地认识到它的优缺点，扬长避短，使其更好地发挥作用。无土栽培技术可以很好地协调环境条件，发挥作物的增产潜力，生长速度快，产量高，品质好。无土栽培蔬菜一般外观整齐、色泽均匀、口感好、维生素含量高、纤维含量少。但是在生产上要考虑投入与产出比，无土栽培需要相应的设施设备，现在成本较高。

无土栽培可以完全取代天然土壤的所有功能，但是推广应用需要一定的设备、技术和相当的经济基础，所以在相当长一段时间内，无土栽培还不能完全取代土培，只能是作为土壤栽培的一种补充形式。无土栽培评价表如表 2-20 所示。多肉植物水培过程如图 2-15 所示。

表 2-20　无土栽培评价表

序　号	任务实施成果	评判标准	是/否
1	规范处理	充分利用植物、花盆和水培容器，顺利完成脱盆、处理根系、定植	
2	劳动体悟	合作完成劳动任务，体验到成功的快乐，养成热爱劳动、做事有耐心的好习惯	
3	安全操作	操作时佩戴口罩和手套，没有造成某物损伤和环境污染	

图 2-15　多肉植物水培过程

五、劳动反思

（1）在多肉植物的无土栽培过程中我最大的收获是什么？

（2）从多肉植物无土栽培的过程中我学到了什么方法，能否运用到韭菜、苦瓜、姜等植物的无土栽培中？

六、劳动辞典

多肉植物也叫多水植物、肉质植物，是指植物器官的茎、叶或根具有发达的薄壁组织用以储存水分，在外形上显得肥厚多汁的一类植物。多肉植物家族十分庞大，全世界已知的多肉达一万余种，在分类上隶属 100 余科。它们都属于高等植物，适应、繁殖能力很强。常见栽培的多肉植物包括景天科、大戟科、番杏科、仙人掌科、百合科、龙舌兰科、萝摩科，其中仙人掌科因与其他多肉植物在特色、分布、养护上有很大区别，故植物界又将其单独列为一族。

多肉植物的繁殖比较容易，因为其分生组织发达。常用的方法有嫁接、扦插、播种、根插、分株、叶插、截取生长点，其中播种繁殖在番杏科中较为普遍；叶插在景天科的繁殖中效率最高，被多数人采用；截取生长点对于瓦苇属的多肉植物最适宜；嫁接繁殖在仙人掌科中应用最多。

七、劳动文化

《天工开物·乃粒》（节选）

夏种冬收之谷，必山间源水不绝之亩，其谷种亦耐久，其土脉亦寒，不催苗也。湖滨之田，待夏潦已过，六月方栽者。其秧立夏播种，撒藏高亩之上，以待时也。

作为农业生产大国，我国古代对作物水土管理的技术创新便在世界前列，《天工开物》中记载水分是水稻后期管理的重点，要因地制宜地安排稻田灌水。如夏天种、冬天收的水稻，必须种在山间水源不断的田里，这类稻种生长期较长，土温也低，所以禾苗长势较慢。靠近湖边的田地，要等到夏季洪水过后，大约六月份才能插秧。秧苗应在立夏时节播种，还要播在地势较高的秧田里，等汛期过后才插秧。

八、劳动拓展

什么是固体基质栽培？它也属于无土栽培吗？请查阅资料了解固体基质栽培的优缺点，并进行多肉的固体基质栽培与日常养护。

项目 2　操作扫地机器人

一、劳动基础

说到机器人，大家是不是想起了美丽的佳佳（见图 2-16）和萌萌的小曼（见图 2-17）。

图 2-16　佳佳机器人

图 2-17　小曼机器人

当然还有更炫酷的，例如阿尔法机器人（见图2-18），PaPeRo机器人（见图2-19）和NAO机器人（见图2-20）。

图2-18 阿尔法机器人　　　图2-19 PaPeRo机器人　　　图2-20 NAO机器人

以上这些可爱的智能机器人，是不是让我们眼界大开呢？下面从工业机器人的角度逐一进行介绍。

1. 工业机器人的基本结构

工业机器人一般由主构架（手臂）、手腕、驱动系统、测量系统、控制器及传感器等组成。如图2-21所示是工业机器人的典型结构。机器人手臂具有3个自由度（运动坐标轴），机器人作业空间由手臂运动范围决定。手腕是机器人工具（如焊枪、喷嘴、机加工刀具、夹爪）与主构架的连接机构，它具有3个自由度。

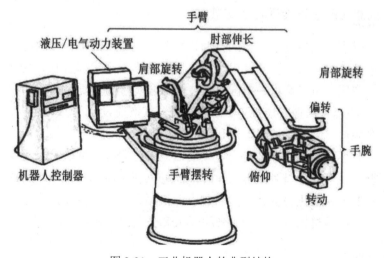

图2-21 工业机器人的典型结构

驱动系统为机器人各运动部件提供力、力矩、速度、加速度。测量系统用于测量机器人运动部件的位移、速度和加速度。控制器用于控制机器人各运动部件的位置、速度和加速度，使机器人手爪或机器人工具的中心点以给定的速度沿着给定轨迹到达目标点。同时，通过传感器获得搬运对象和机器人本身的状态信息，如工件及其位置的识别、障碍物的识别、抓举工件的重量是否过载等。

工业机器人运动由主构架和手腕完成。主构架具有 3 个自由度，其运动由两种基本运动组成，即沿着坐标轴的直线移动和绕坐标轴的回转运动。不同运动的组合，形成了各种类型的机器人。

2. 工业机器人的分类

关于工业机器人的分类，国际上没有制定统一的标准，可按机器人的几何结构、智能程度、应用领域等来划分。

我国的机器人专家从应用环境出发，将机器人分为两大类，即工业机器人和特种机器人。所谓工业机器人，就是面向工业领域的多关节机械手或多自由度机器人。特种机器人是除工业机器人之外的，用于非制造业并服务于人类的各种先进机器人，包括服务机器人、水下机器人、娱乐机器人、军用机器人、农业机器人等。在特种机器人中，有些分支发展很快，有独立成体系的趋势，如服务机器人、水下机器人、军用机器人、微操作机器人等。目前，国际上的机器人学者，从应用环境出发将机器人也分为两类：制造环境下的工业机器人和非制造环境下的服务与仿人型机器人，这和我国的分类是一致的。

空中机器人又叫无人机器（简称无人机），在军用机器人家族中，无人机是科研活动最活跃、技术进步最大、研究及采购经费投入最多、实战经验最丰富的领域。

3. 我国机器人产业发展现状及前景

工业机器人是现代制造业中重要的自动化装备。机器人被誉为"制造业皇冠顶端的明珠"已成为国内外备受重视的高新技术产业。机器人作为现代制造业的主要自动化装备，在制造业中广泛应用，也是衡量一个国家制造业综合实力的重要标志。

《"十四五"机器人产业发展规划》为我国机器人产业设立了"十四五"末成为全球机器人技术创新策源地、高端制造集聚地和集成应用新高地的目标。

"十四五"时期，面对制造业等行业发展以及家庭服务等领域需求，我国将重点推进工业机器人、服务机器人、特种机器人重点产品的创新及应用，推动产品高端化、智能化发展。其中，在服务机器人方面，重点研制农业机器人、矿业机器人、建筑机器人、医疗康复机器人、养老助残机器人、家用服务机器人和公共服务机器人。

4. 扫地机器人

扫地机器人，又称自动打扫机、智能吸尘、机器人吸尘器等，是智能家电的一种，也是工业智能机器人的一种特殊分支。能凭借人工智能，自动在房间内完成地板清理工作。

一般采用刷扫和真空方式，将地面杂物先吸纳进入自身的垃圾收纳盒，从而完成地面清理的功能。一般来说，将完成清扫、吸尘、擦地工作的机器人，也统一归为扫地机器人。

扫地机器人的机身为无线机器，以圆盘型为主。使用充电电池运作，并且可以通过遥控器或机器上的操作面板来操作。一般能设定时间预约打扫，自行充电。前方有设置感应器，可侦测障碍物，如碰到墙壁或其他障碍物，会自行转弯，并依不同厂商设定而走不同的路线，规划清扫地区（部分较早期机型可能缺少部分功能）。因为其操作简单，现今已慢慢普及，成为上班族或是现代家庭的常用家电。机器人科技现今越趋成熟，故每种品牌都有不同的研发方向，拥有特殊的设计，如双吸尘盖、附手持吸尘器、集尘盒可水洗及拖地功能、可放芳香剂，或是光触媒杀菌等功能。

二、劳动场所

1. 环境

学习或生活的场所。注意移除地面散落的电源线、玩具等杂物；保证清扫区域内勿放置边缘不足 1.8cm 高的物体。

2. 材料与工具

扫地机器人。

三、劳动说明

扫地机器人是一种自动移动的打扫装置，它配备了有集尘盒的真空吸尘器，并且设定了控制路径。扫地机器人在室内反复行走，可以按照沿边清扫、集中清扫、随机清扫、直线清扫等不同的路径进行打扫。同时，扫地机器人还配备了边刷、中央主刷旋转、抹布等，以加强打扫效果。扫地机器人的快速操作如表 2-21 所示。

表 2-21 扫地机器人的快速操作

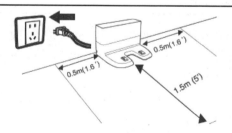

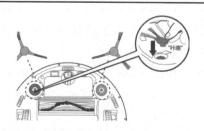

（1）安放充电座，在平坦靠墙位置放置，左右 0.5m 和前方 1.5m 内请勿放置物品；连接电源	（2）根据卡槽颜色一一对应安装边刷

续表

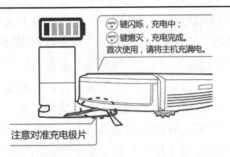 注意对准充电极片	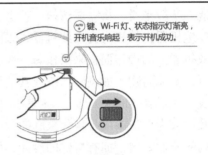
（3）将主机安放至充电座。电源关闭时，主机红灯闪烁无法充电。充电前，请确保主机电源开关处于"I"的位置	（4）打开主机面盖，将电源开关拨至"I"（"I"表示开机，"O"表示关机）
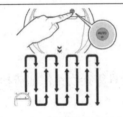	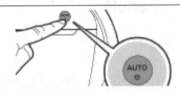
（5）单击主机 AUTO 键，主机启动自动清扫模式。当只需清洁单个房间时，关好房门，主机在房间内进行集中清扫，清扫完返回原点	（6）主机工作中，单击主机 AUTO 键，主机暂停工作。主机暂停工作超过 10 分钟，会进入休眠状态，指示灯全部熄灭。如需再次启用，单击主机 AUTO 键唤醒主机，再单击 AUTO 键启动工作
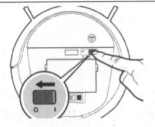	
（7）暂停工作后，打开主机面盖，将主机电源开关从"I"拨至"O"，关机成功	（8）可通过手机 App 实现远程操控，扫描二维码下载并安装智能 App。根据手机 App 界面引导来配网及使用产品

随着人们生活水平的提高，扫地机器人因为操作简单、使用方便，越来越多地走入了人们的生活，成为小家电中重要的一员。特别注意，在使用过程中如果操作不慎，也会引发火灾。在此，提醒大家在使用扫地机器人时要注意防火。

（1）不要在潮湿的环境中使用，以免电机受潮发生短路起火。如果不是干湿两用的扫地机器人千万不要吸水。

（2）不要把火柴、烟头等易燃物品扔在地上，以免扫地机器人吸入。

（3）使用时间不宜过长，如果机身过热，应该停止一段时间再使用，防止因电机过热而烧毁。

（4）严禁在易燃易爆的危险场所使用扫地机器人，以免引起火灾、爆炸等事故。

（5）扫地机器人每次工作完毕会自动回到充电座充电，等待下次定时预约清扫时启动自动清扫。如果长期不使用，要将电源线从插座上拔下，取出电池放在干燥的地方。

四、劳动成果

使用扫地机机器人评价表如表 2-22 所示。

表 2-22　使用扫地机器人评价表

序　号	任务实施成果	评 判 标 准	是/否
1	成果评价	打开电源开关，机器人可以行走自如、地面干净整洁	
2	机器人控制	基本做到令行禁止	
3	安全文明操作	使用过程遵守安全操作规范	

五、劳动反思

在劳动过程中有何感受或体会?

六、劳动辞典

人工智能利用计算机或者计算机控制的机器模拟、延伸和扩展人的智能可以感知环境、获取知识并使用知识获得最佳结果。人工智能在催生新技术、新产品的同时，能够为传统行业赋能，将人从枯燥的重复性劳动中解放出来，使人有更多机会从事创造性劳动。

ChatGPT（chat generative pre-trained transformer）是美国人工智能研究实验室 OpenAI 在 2022 年 11 月 30 日新推出的一种人工智能技术驱动的自然语言处理工具，使用了 Transformer 神经网络架构，也是 GPT-3.5 架构，这是一种用于处理序列数据的模型，拥有语言理解和文本生成能力，尤其是它会通过连接大量的语料库来训练模型，这些语料库包含了真实世界中的对话,使得 ChatGPT 具备上知天文、下知地理，还能根据聊天的上下文进行互动的能力，做到与人类几乎无异的交流。ChatGPT 不单是聊天机器人，还能执行撰写邮件、视频脚本、文案、翻译、代码等任务。

2023 年 2 月 20 日，复旦大学自然语言处理实验室发布对话式大型语言模型 MOSS，如图 2-22 所示为复旦大学首个 ChatGPT 模型 MOSS 在线入口界面。

图 2-22　复旦大学 MOSS 在线入口界面

七、劳动文化

西周时期，中国的能工巧匠研制了能歌善舞的"伶人"，这是中国最早记载的"机器人"。据《列子·汤问》记载：周王朝的第五位帝王周穆王，在西巡途中遇到一位叫偃师的能工巧匠来"献宝"，他带着一个"人"见穆王，其行走、俯仰和真人一样，能歌善舞。穆王将宫内嫔妃召来一起观看，等表演结束时，"伶人"向左右嫔妃挤眉弄眼惹怒穆王。偃师挥剑将"伶人"斩断，原来是用皮革、木料、胶漆等东西制成的"机器人"。晚唐诗人李商隐在诗中写道："不须看尽鱼龙戏，终遣君王怒偃师。"

春秋时期的鲁班制作的木鸢能在空中飞 3 天，据《墨子·鲁问》记载："公输子削竹木以为鹊，成而飞之，三日不下，公输子以为至巧。"这是古人对于机器人的探索。

隋炀帝时，有位叫黄衮的人擅于制造先进机器，其船上机器人由岸上和水里的机关控制。对此，隋代杜宝在《水饰》中记载："总七十二势，皆刻木为之。或乘舟，或乘山，或乘平洲，或乘盘石，或乘宫殿。木人长二尺许。衣以绮罗，装以金碧，及作杂禽兽鱼鸟，皆能运动如生，随曲水而行。"

八、劳动拓展

轩轩团队研发、制造的电动小推车只能"勇往直前"，如何才能自如转弯？是否可以倒退行走呢？请查阅相关资料，主动参与到轩轩团队中，一起在智能创造的天地里翱翔吧。

第三单元　劳动精神伴我成长

习近平谈劳动

"五一"国际劳动节，是全世界劳动人民共同的节日。习近平总书记在不同场合多次深情寄语劳动者，为他们的辛勤付出点赞喝彩。

我国工人阶级和广大劳动群众要大力弘扬劳模精神、劳动精神、工匠精神，适应当今世界科技革命和产业变革的需要，勤学苦练、深入钻研、勇于创新、敢为人先，不断提高技术技能水平，为推动高质量发展、实施制造强国战略、全面建设社会主义现代化国家贡献智慧和力量。

2022年4月27日
习近平总书记致首届大国工匠创新交流大会的贺信

劳模精神、劳动精神、工匠精神是以爱国主义为核心的民族精神和以改革创新为核心的时代精神的生动体现，是鼓舞全党全国各族人民风雨无阻、勇敢前进的强大精神动力。

2020年11月24日
习近平总书记在全国劳动模范和先进工作者表彰大会上的讲话

劳动思政

加快构建现代职业教育体系

2021 年 4 月 12—13 日，全国职业教育大会在北京胜利召开。习近平总书记对职业教育工作作出重要指示。

在"十四五"开局之年、开启全面建设社会主义现代化国家新征程的重要历史时刻，经党中央同意，召开了第一次全国职业教育大会。习近平总书记强调：职业教育前途广阔、大有可为。要坚持党的领导，坚持正确办学方向，坚持立德树人，优化职业教育类型定位，深化产教融合、校企合作，深入推进育人方式、办学模式、管理体制、保障机制改革，稳步发展职业本科教育，建设一批高水平职业院校和专业，推动职普融通，增强职业教育适应性，加快构建现代职业教育体系，培养更多高素质技术技能人才、能工巧匠、大国工匠。

第一部分　劳动精神和创新精神

劳动开创未来，奋斗成就梦想。如今，在古老的神州大地上，梦想与希望扬帆启航，正向着第二个百年奋斗目标迈进。广大劳动者必将继续发扬伟大的劳动精神，使出"一个汗珠摔八瓣"的干劲，以奋斗为笔、用汗水作墨，挥毫绘就美好生活新画卷。

第一课　劳　动　精　神

劳动精神是每一位劳动者为创造美好生活而在劳动过程中秉持的劳动态度、劳动理念及展现出的劳动精神风貌。

【劳动榜样】

中国共产党人的精神谱系 | 劳动成就梦想——劳动精神

在中国共产党历史展览馆，不少参观者在一组题为《十八颗红手印》（见图 3-1）的雕塑前停下了脚步。雕塑中的 18 位农民，有人蹲着思考，有人站着议论，有人挽起袖子在土地承包责任书上郑重地按下了手印。

图 3-1　雕塑《十八颗红手印》

　　这是 1978 年冬天的安徽凤阳小岗村，当 18 位农民依次按下自己的手印，改革开放的历史画卷随之展开。这些农民为何敢闯敢试、敢为人先？因为他们内心有对劳动的满腔热忱；因为他们相信，辛勤的劳动一定能换来幸福的生活。

　　劳动开创未来，奋斗成就梦想。劳动没有高低贵贱之分，不论身处哪个行业，只要付出足够的辛劳与智慧，干一行、爱一行、钻一行，就能够在平凡的岗位上取得不平凡的成绩。

　　（资料来源：2021 年 9 月 28 日，《光明日报》，有改动）

　　没有劳动和劳动精神，就没有中华民族站起来、富起来到强起来的伟大飞跃。烈日炎炎，农民在田野间劳作，汗珠砸在泥土上，一株株秧苗结出沉甸甸的粮食；天寒地冻，外卖小哥骑着电瓶车在大街小巷穿梭，头盔染上了白霜，保温箱里的饭菜还热气腾腾；冬去春来，老师始终站在三尺讲台上，陪着孩子们慢慢长大；花开花落，科技工作者一直守在实验室，验证一个个奇思妙想……日复一日，年复一年，在中华大地上，千千万万劳动者，耕耘着，创造着，用汗水和心血浇灌着劳动的果实。

一、劳动精神的内涵

　　劳动精神具有深刻丰富的内涵。有人提出，劳动精神是人们关于劳动的思想意识和心理状态的总括；劳动精神就是崇尚劳动、尊重劳动者；劳动精神包括劳动者伟大精神、劳动伟大精神两方面；近现代中国最具代表的劳动精神可分为四种，即"探索""抗争""建设""发展"；人类的劳动精神主要包括：劳动创造财富、劳动使人幸福的为民精神，劳动最光荣、劳动要勤奋的敬业精神，劳动出智慧、劳动靠智慧的科学精神，劳动靠大家、协作出成果的合作精神；劳动精神是人类为了自身的幸福而不懈努力奋斗的精神，和谐相处、合作共事的精神，解放思想、富于创新的精神，讲求效率、追求完美的精神。

　　由此可见，劳动精神是关于劳动的理念认知和行为实践的集中体现。在理念认知上表现为全社会尊重劳动、崇尚劳动、热爱劳动；在行为实践上表现为劳动者辛勤劳动、诚实劳动、创造性劳动。两者构成劳动精神内涵的整体。

尊重劳动是指对劳动的认识，把劳动作为人类的本质活动，作为创造财富和获得幸福的源泉，尊重一切有益于人民、造福于社会的劳动者及其劳动价值；崇尚劳动是指对劳动的态度，认为劳动价值有大小，劳动分工无贵贱，劳动最光荣、劳动最崇高、劳动最伟大、劳动最美丽；热爱劳动是指对劳动的情感，焕发劳动热情，积极投身劳动，珍惜劳动成果，把劳动与实现自身价值紧密结合起来。尊重劳动、崇尚劳动、热爱劳动这三个层面涉及对劳动的理性认知、感性把握和内在情感，体现为对劳动共通的社会认识到个人的品行追求这样一个由表及里、逐步内化的过程。

辛勤劳动是指勤奋敬业、埋头苦干，是劳动者应有的基本要求，是诚实劳动、创造性劳动的基础和保障；诚实劳动是指脚踏实地、恪尽职守，遵守法律法规和政策，遵循职业道德规范和工作标准，实事求是地认识和对待劳动过程和劳动成果，是辛勤劳动的升华，也是创造性劳动的前提；创造性劳动是指敢闯敢试、开拓创新，体现了体力劳动和脑力劳动、简单劳动和复杂劳动的结合，是辛勤劳动、诚实劳动的发展。

二、中职生弘扬劳动精神的意义

1. 劳动精神是习近平总书记系列重要讲话精神特别是关于工人阶级重要论述的组成部分

劳动是推动经济社会发展的根本力量。全面建成小康社会，进而建成富强、民主、文明、和谐的社会主义现代化国家，根本上靠劳动、靠劳动者创造。习近平总书记高度重视劳动、十分关心关怀劳动者，对劳动和劳动者的地位、作用、意义作出了深刻论述。

2. 劳动精神是对广大劳动者劳动实践的高度肯定与科学总结

在革命、建设和改革中，广大劳动者展示了奋勇拼搏、艰苦创业的风采，成为激励一代又一代劳动者的强大精神力量。随着社会发展和科技进步，资本、知识和技术的力量凸显，人们对劳动的理解发生了很大变化，有人忽视劳动的价值，低估劳动者的作用，急功近利、心态浮躁，期望走捷径、一夜暴富。

正反事实证明，无论劳动的具体形态、劳动与其他生产要素之间的关系怎样变化，劳动是唯一价值源泉这一点始终都不可改变。劳动精神的提出和弘扬，对于进一步焕发广大劳动者的劳动热情，释放创造潜能，为协调推进“四个全面”战略布局、实现中华民族伟大复兴的中国梦建功立业，将产生重要的推动作用。

3. 劳动精神是对马克思主义劳动价值论、劳动观的丰富和发展

劳动至上是马克思主义的重要原则，劳动价值论是马克思主义政治经济学的理论基石。

马克思认为，劳动是人类最基本和最重要的社会实践，是人类社会生存和发展的根本前提，"它是整个人类生活的第一个基本条件，而且达到这样的程度，以致我们在某种意义上不得不说：劳动创造了人本身"，"在劳动发展史中找到了理解全部社会史的锁钥"。提出和弘扬劳动精神，对劳动在人类活动中的地位及劳动者的尊严给予了应有的肯定和褒扬，是新形势下对马克思主义劳动观的坚持和延伸。

4. 劳动精神是社会主义核心价值观的应有之义，与劳模精神、工匠精神相互包容

践行社会主义核心价值观，要求实践爱国、敬业、诚信、友善的个人行为准则，敬业就是对劳动的尊重、崇尚和热爱，就是要求做到辛勤劳动、诚实劳动、创造性劳动，这与劳动精神高度一致。"爱岗敬业、争创一流，艰苦奋斗、勇于创新，淡泊名利、甘于奉献"的劳模精神彰显劳动的价值、展现劳动者的境界，是劳动精神的集中体现。工匠精神体现劳动者钻研技能、精益求精、敬业担当的职业精神，是对劳动精神的精粹提升。劳动精神是劳模精神、工匠精神的基础，与劳模精神、工匠精神一脉相承又各有侧重。劳动精神面向广大劳动者，劳模精神面向劳模群体，工匠精神更多的是面向有一技之长的产业工人。

【课堂互动】

著名散文家汪曾祺曾说："四方食事，不过一碗人间烟火。"炉上的蒸笼冒着热气，早餐车前排队等候，人们吃着美味、可口的早餐去上班、上学，此情此景更加让人感受到生活的美好。

在寒冷的清晨，唤醒你的除了理想以外，是否还有热气腾腾的早餐？你从早餐车上购买早餐时是否想过，它是怎样从餐饮公司来到早餐车上的呢？

三、劳动精神培养任务清单

党的二十大报告中提出："在全社会弘扬劳动精神、奋斗精神、奉献精神、创造精神、勤俭节约精神，培育时代新风新貌。"新时代学生是民族复兴的生力军，更应该勇立时代潮头，树立崇尚劳动、热爱劳动、辛勤劳动、诚实劳动的品格，为建设社会主义现代化国家贡献自己的青春。

劳动精神培养任务清单如表 3-1 所示。

表 3-1 劳动精神培养任务清单

类　　别	项目（供选择）	目　　标
百折不挠的斗争品格	墙面砖镶贴，勘探玉石资源，修建校园花坛	在与同学合作劳动的过程中发挥主动性和创造性；在挫折中增长真知，磨炼意志
艰苦奋斗的自主精神	砌筑室内墙体，准备建筑材料，搭建、拆除脚手架	砌墙过程中发挥主观能动性，克服困难，完成任务；检验、丰富和深化自己对劳动精神的理解；对劳动中的成败积极归因，强化劳动精神

项目 1   砌筑室内墙体

一、劳动基础

砌体墙（见图 3-2）应用在我国历史悠久，其施工简单，适用范围广泛，是墙体施工的主要形式之一。砌体墙多以石砌体和砖砌体为主，我国早在 5000 年前就建造有石砌体祭坛和石砌体围墙。我国闻名于世的万里长城是典型的砌体墙；建于北魏（520—525 年）的河南登封嵩岳寺塔，是我国现存最早的密檐式砖塔……这些建筑在结构、造型等方面具有很大价值，对后世砖塔建筑有着巨大影响，构成了我国独特文化体系的一部分。

图 3-2   砌体墙

砌体墙中使用的砌块以混凝土砌块应用较早，于 1882 年问世。混凝土小型空心砌块起源于美国，第二次世界大战后逐渐传至亚洲等地区。为适应现代建筑工业化的发展需要，又陆续出现了多孔砖、空心砖、废渣砖、各种建筑砌块和建筑板材等各种新型墙体材料。

砌体墙是用砂浆等胶结材料将砖、石、砌块等块材组砌而成的墙体，砌体墙具有一定的保温、隔热、隔声性能，整体施工简单，无须大型施工设备，但现场湿作业较多，施工速度慢，劳动强度较大。

1. 砌体墙材料

砌体墙材料主要包括砌块和胶结材料两种。

1）砌块

砌块是利用混凝土、工业废料（炉渣、粉煤灰等）或地方材料制成的人造块材，具有生产设备简单、砌筑速度快等优点，符合建筑工业化发展中对墙体改革的要求。

常用砌块是砖。砖按材料分为粘土砖、页岩砖、粉煤灰砖、灰砂砖、炉渣砖等；按形状分为实心砖、多孔砖和空心砖等；按强度等级分为 MU30、MU25、MU20、MU15、MU10 五级（单位为 $lMPa=lkN/m^2$）。其中常用的烧结普通砖的规格为 240mm×115mm×53mm；空心砖和多孔砖的尺寸规格较多，常用的规格有 190mm×190mm×190mm、240mm×115mm×90mm 等。

砌块按不同尺寸和质量分为小型砌块、中型砌块和大型砌块；按构造方式可分为实心砌块和空心砌块；按材料不同可分为普通混凝土与装饰混凝土小型空心砌块、轻骨料混凝土小型空心砌块、粉煤灰小型空心砌块、蒸压加气混凝土和石膏砌块等。

2）胶结材料

常用胶结材料是砂浆。砌筑墙体常用的砂浆有水泥砂浆、石灰浆、混合砂浆三种。水泥砂浆属水硬性材料，强度高，较适合于砌筑潮湿环境下的墙体；石灰砂浆属气硬性材料，强度不高，多用于砌筑次要的民用建筑中地面以上的墙体；混合砂浆由水泥、石灰膏、砂加水拌和而成，这种砂浆强度较高，和易性和保水性较好，常用于砌筑地面以上的墙体。

砂浆的强度以强度等级表示，有 M15、M10、M7.5、M5、M2.5 等 5 个级别，单位为 MPa。

2. 砌体墙组砌方式

砖墙的组砌方式是指砖块在砌体中的排列方式。组砌的关键是错缝搭接，使上下块材的垂直缝交错，以保证墙体的整体性。

1）砖墙的组砌

砖墙的组砌分为实体墙和空斗墙。

（1）在实体墙体的组砌中，每排列一层砖称为"一皮"，把垂直于墙面砌筑的砖叫作丁砖，把砖的长度沿墙而砌筑的砖叫作顺砖。砖墙组砌时要求横平竖直、砂浆饱满、灰缝均匀、上下错缝、内外搭砌、接槎牢固。如果垂直缝在一条线上，即形成通缝，在荷载作用下，会使墙体的稳定性和强度降低。实体墙常用的组砌方式有全顺式、一顺一丁式、十字式（每皮顶顺相间式）及 3/4 砖墙（两平一侧式）等。砖墙的组砌名称如图 3-3 所示。

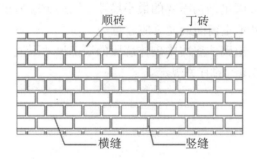

图 3-3　砖墙的组砌名称

（2）空斗墙是指用实心砖平砌与侧砌相结合形成的空心墙体。墙体厚度为一块砖，按砌筑方法分为有眠空斗墙和无眠空斗墙。侧砌的砖称斗砖，平砌的砖称眠砖。有眠空斗墙是每隔 1～3 皮斗砖砌一皮眠砖，分别称为一眠一斗，一眠二斗，一眠三斗。无眠空斗墙只砌斗砖而无眠砖，所以又称全斗墙。

2）砌块墙的组砌

砌块的组合是根据建筑初步设计砌块的试排，即按建筑物的平面尺寸、层高，对墙体进行合理的分块和搭接，以便正确选定砌块的规格、尺寸。

在设计时，不仅要考虑大面积墙面的错缝、搭接，避免通缝，而且要考虑内、外墙的交接、咬砌，使其排列有致。

此外，应尽量多使用主要砌块，并使其占砌块总数的 70%以上。

3. 砌体墙的尺度

墙厚主要由块材和灰缝的尺寸组合而成。以普通实心砖 240mm×115mm×53mm 为例，用砖的三个方向的尺寸作为墙厚的基数，砖厚加灰缝、砖宽加灰缝后与砖长形成 1∶2∶4 的比例，因此，通常的墙厚是按半砖的倍数确定的。砖墙的厚度和组成如图 3-4 所示。

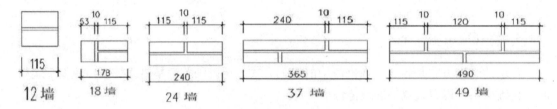

图 3-4 砖墙的厚度和组成

洞口尺寸主要是指门窗洞口，其尺寸应按模数协调统一标准制定，这样可以减少门窗规格，有利于批量生产。1000mm 以内的洞口尺度采用基本模数 100mm 的倍数，如 600mm、700mm、800mm、900mm、1000mm；大于 1000mm 的洞口尺度采用扩大模数 300mm 的倍数，如 1200mm、1500mm、1800mm 等。

墙段尺寸是指窗间墙、转角墙等部位墙体的长度。承重墙体的墙段尺寸需满足结构和抗震的要求。墙段长度应满足结构需要的最小尺寸，以避免应力集中在小墙段上导致墙体破坏，对转角处的墙段和承重窗间墙尤其应注意。

在抗震设防地区，多层砌体房屋中砌体墙段的局部尺寸限值应符合现行《建筑抗震设计规范》（GB 50011—2010）的有关规定。

二、劳动场所

1. 环境

平整的场地，具备堆砖和搅拌砂浆的空间。

2. 材料

红砖、沙、普通硅酸盐水泥。

3. 工具

瓦刀、大铲、刨锛、拖线板、线坠、小白线、卷尺、水平尺、皮数杆、小水桶、灰槽、扫帚和小推车等。

三、劳动说明

砖墙砌筑在施工上是有一定的施工规范要求的。砖墙砌筑注意事项如下。

（1）做好砌筑前的准备，砌筑工具齐全，场地测量和平整工作要做好。

（2）单块砖的砌筑步骤如表 3-2 所示。

表 3-2　单块砖的砌筑步骤

取灰		取砖		
铺灰	（a）甩灰	（b）扣灰		（c）泼灰
砍砖			侧铸量刮 瓦刀量刮	
摆砖揉挤				
砌砖法	铺灰挤砌法：先铺灰浆，再用砖持平，后向灰缝挤浆。铺浆长度≤750mm，T>30°时铺浆长度≤500mm； "三一砌砖法"："一铲灰、一块砖、一挤揉"，用于宜砌筑实心墙。速度慢但质量优			

（3）铺浆长度不得超过 750mm（即三块顺砖的长度）。

（4）砌筑时要做到"上跟线，下跟棱，左右相邻要对平"。"上跟线"是砖的上棱与准线始终保持 1mm 距离，"下跟棱"是上层砖与下层砖的上棱对齐，"左右相邻要对平"是指前后左右的位置要准确。

（5）经常检查砌筑的质量，做到"三层一吊，五层一靠"。

（6）墙体砌筑在外观要求上要做到横平竖直，砂浆饱满，上下错缝接不小于 1/4。

（7）在接槎要求上，接槎可靠，留斜槎有困难时可留直槎，并加设拉结筋。

（8）在灰缝厚度要求上，施工要求灰缝厚度要求控制在 8～12mm 为宜。

（9）在砌筑主材要求上，底层室内地坪标高上 0.5m 墙体、电梯井周边墙体、卫生间自楼面起 1.5m 以下墙、管道井及厨房楼面起 1.5m 标高墙体均为实心墙，防火墙为标砖砌。

四、劳动评价

砌筑室内墙体是在室内原有结构的基础上增加的墙体。这类墙体一般都不是整体砌筑的，所以后期非常容易出现问题，如砌筑的墙体出现开裂、墙体晃动以及墙体倾斜等，这些都会严重影响建筑物质量。所以砌筑室内墙体必须对一些关键点进行控制。砌筑室内墙体评价表如表 3-3 所示。

表 3-3　砌筑室内墙体评价表

序　号	项　目	配　分	评判标准	得　分
1	基础放线	15	基础放线尺寸符合设计尺寸，基础做了整平处理	
2	基础砌筑	15	基础砌筑平面尺寸、厚度、高度符合设计尺寸	
3	砂浆砌筑	40	砂浆饱满，饱满度大于80%	
4	砌筑砖缝	10	横缝平直、竖缝垂直，横缝宽 1 ± 0.2cm，竖缝宽 $0.8～1$cm	
5	墙体	10	墙体平面尺寸、厚度、高度、外表面平整度、垂直度均符合设计要求	
6	勾缝	10	勾缝饱满平滑，勾缝深度符合设计要求	
7	砂浆抹面		砂浆抹面厚度、平整度符合设计要求	

五、劳动反思

（1）我在砌筑前的准备工作是否充分？在砌筑过程中存在哪些不恰当的操作？

（2）在砌筑砌墙过程中，我遇到了什么困难？面对困难，我怎样迎难而上发扬奋斗精神？

六、劳动辞典

加泰罗尼亚雕塑家泽维尔·科尔贝罗（见图 3-5）并未学过建筑，却俨然是一位天赋异禀的建筑师。或许对他而言，雕塑与建筑有着共通之处，建筑便是一个可居住的雕塑。这座规模庞大的梦幻宫殿是他花费了半生的心血直到去世仍未宣布完工的建筑项目。他说："我用理性来垒砖砌墙、构造建筑，这样它们就不会倒塌。"

图 3-5　泽维尔·科尔贝罗和他的艺术杰作

七、劳动文化

我国古代劳动思想撷英——劳动精神

慧者心辩而不繁说，多力而不伐功，此以名誉扬天下。言无务为多而务为智，无务为文而务为察。故彼智无察，在身而情，反其路者也。——《墨子·修身》

天行健，君子以自强不息。——《周易》

民生在勤，勤则不匮。——《左传》

业精于勤，荒于嬉；行成于思，毁于随。——韩愈《进学解》

八、劳动拓展

社会的不断进步导致人们对环境的要求不断提高，用于砌筑墙体的新材料和新结构越来越多，请查阅目前存在的主要砌体结构，并了解其用途和优缺点。

项目 2　体验超市收银

一、劳动基础

超市产生于 1930 年的美国纽约，被称为零售业的第三次革命。1930 年 8 月，迈克尔·库仑（Michael Cullen）在美国纽约州开设了第一家超市——金库仑联合商店。当时，美国正处在经济大危机时期，迈克尔·库仑根据他几十年食品经营经验精确设计了低价策略，平均毛利率只有 9%，这和当时美国一般商店 25%～40% 的毛利率相比是令人吃惊的。为了保证售价的低廉，必须做到进货价格的低廉，只有大量进货才能压低进价，迈克尔·库仑就以连锁的方式开设分号，建立起保证大量进货的销售系统。它首创了自助式销售方式，采取一次性集中结算。

超市一般是指商品开放陈列、顾客自我选购、排队收银结算，以经营生鲜食品水果、日杂用品为主的商店。在中国，超级市场被引入于 1978 年，当时称作自选商场。超级市场一般经销食品和日用品为主，其特点主要是：① 薄利多销，基本上不设售货员；② 商品采用小包装、标明分量、规格和价格；③ 备有小车或货筐，顾客自选商品；④ 出门一次结算付款。

超市收银是指超市工作人员为顾客进行商品结账的服务过程。在现代社会中，随着科技的发展，超市里出现了越来越多的智能自助收银系统，顾客可以对购买的商品进行自助扫码结账等服务，但人工收银在超市的经营活动中，依然占据较大的比重。人工收银是指雇用专业收银员通过超市收银系统读取商品信息，计算顾客所购商品总额，并收取相应金额的服务过程。超市中的收银员需统一着装，规范服务，能熟练地使用办公软件及收银相关设备，具有较强的学习和沟通能力，并能规范灵活地使用收银机辅助工作。

新零售模式是以信息技术（大数据、物联网、AI 等）为驱动，以消费者体验（满足消费者各种各样需求的购物场景）为核心，将线上、线下的人、货、场三要素重构，形成"商品通、会员通、支付通"的全新商业形态。

随着超市开始向新零售转型，传统的收银员逐渐减少，取而代之的是自助收银机。

现阶段超市自助收银系统广泛选用的是运用机器读取商品条形码的方式，即顾客将商品包装上的条形码指向机器磁感应区读取，读取速率可秒级回应，读取出的商品名字、总数及价格同步显示在收款机显示屏上。

自助收银系统可适用支付宝钱包、手机微信、银联信用卡、超市卡等多种多样非现金消费收银方法，顾客多青睐于支付宝钱包和手机微信等快捷支付功能，开启手机支付宝/手机微信付款码指向机器开始付款，付款完成后系统软件立刻打印出商品明细，顾客封袋拎走就可以，全部过程一般不超过三分钟。

自助收银机操作指引如图 3-6 所示。

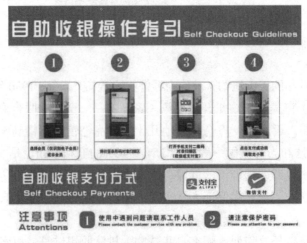

图 3-6　自助收银机操作指引

二、劳动场所

1. 环境

固定的收银工作柜台，干净整洁。

2. 材料

销售小票、签购单、支票、普通发票、蓝色复写纸、红色复写纸、机打发票纸等。

3. 工具

POS 机、收银机、二维码扫描器、碳素笔、支票打印机、"已开发票"章、金税卡、银行卡、读卡器等。

三、劳动说明

在互联网时代，计算机、手机等电子产品已经非常普及。对收银员来说，还必须掌握一些办公软件的知识。现在大部分超市都对接了超市收银系统，所以需要使用计算机来操作。那么超市收银员需要在工作中注意哪些事项呢？

1. 现金收款

收银员收款时要通过验钞机，认真查验货币，一旦误收假币，不应再次使用，而应上缴当地银行或公安机关，损失由自己承担。

2. 银行卡收款

收银员应警惕以下行为：持卡人身份异常，多次刷卡或试新密码等。发现可疑情况要及时与有关部门联系。

3. 二维码收款

二维码扫描支付成功用户能及时收到信息，如没有收到信息要及时终止交易或改成现金交易。

4. 职业素养

收银员应认真接待每一位顾客，及时做好结算收款工作。在进行收银工作时，要仔细核对商品名称、数量、单价等信息，确认无误后收款。收款后及时协助顾客整理包装商品，轻拿轻放。

四、劳动评价

超市收银员需熟练使用办公软件和精通收银台各种设备（pos终端机、移动电子卷轴读卡器等），基本的简单故障自己能够处理；坚决杜绝违法违纪行为；干净自律，态度端正，工作认真。超市收银评价表如表3-4所示。

表3-4　超市收银评价表

序　号	项　目	配　分	评判标准	得　分
1	现金收款	20	准确地清点数目，能辨别人民币的真伪	
2	银行卡收款	20	快速正确地使用POS机，准确识别银行卡的属性	
3	二维码收款	20	确保安全准确地收款	
4	工作时效	20	准确高效地完成全部收银工作	
5	顾客满意度	20	顾客对提供的收银工作及服务表示满意	

五、劳动反思

（1）我在收银工作过程中有哪些思考？我是如何应对一些突发事件的？

（2）在收银工作中我掌握了哪些劳动方法和技巧？

六、劳动辞典

超市收银"四舍五入"多收五分钱？退还并整改！

案例简介：2021年4月1日，浙江省台州市黄岩区消费者权益保护委员会（以下简称消保委）接到投诉，投诉人称其在某超市购买了商品，标价为4.85元，然而在收银结账时，投诉人被收取了4.9元，通过四舍五入后多收5分，回家后查看票据后觉得此事不合理，提出了异议。消费者认为：超市货架上的标签标示着价格为4.85元，标价具体到分，四舍五入多收钱，侵害了消费者权益，遂向黄岩区消保委投诉。

处理过程及结果：4月1日下午，工作人员前往超市了解情况。超市负责人表示，消费者反映的现象确实存在，超市内标价时为了让价格显得实惠，部分商品使用了带有零头的标价。而收银时四舍五入的算法是收银系统自动结算生成的。工作人员认为，超市收银时未预先征求消费者同意，擅自进行"四舍五入"的做法，违背了公平交易原则，超市有规范经营行为的义务。

案例评析：《中华人民共和国消费者权益保护法》第十条规定："消费者享有公平交易的权利。消费者在购买商品或者接受服务时，有权获得质量保障、价格合理、计量正确等公平交易条件，有权拒绝经营者的强制交易行为。"

该超市擅自四舍五入多收消费者货款，显然侵犯了消费者的公平交易权。虽然本案涉案金额小，但是明显呈现出不公平的支付对价行为，消费者买到了商品，却付出了高于标价的货款，心理上被强制的感受是显而易见的。超市负责人认识到了自身存在的问题，经与投诉人协调，表示了歉意，对该笔消费进行了退款，并表示立即进行整改，加强内部管理，规范经营行为。

消费提醒：消费者在日常购物时应擦亮双眼，不轻信商家宣传，理性选择商品，付款离柜前仔细检查商品及其价格。购物后，应保存好消费凭证，一旦发生纠纷，可及时向有关部门投诉，必要时也可通过法律途径维护自身合法权益。

七、劳动文化

《红楼梦》（节选）

袭人平时管理银钱的，偏今儿又不在家，麝月、宝玉二人只好现找。于是开了抽屉，才看见一个小簸箩内放着几块银子，倒也有一把戥子。

《红楼梦》中提到的戥子（见图3-7），是我国一个了不起的发明，它是一种衡量质量轻重的器具。在清代非常流行，主要用于称一些贵重的黄金、白银、中草药等，能精确到厘。戥子用的都是小秤盘，砣为黄铜。

图 3-7 戥子

八、劳动拓展

在实体经营日渐低迷的情况下，是否可以利用超市收银系统添加适合超市活动的促销计划，该如何操作呢？请根据实操经验，试着做一做吧。

第二课 创新精神

"必须坚持科技是第一生产力、人才是第一资源、创新是第一动力，深入实施科教兴国战略、人才强国战略、创新驱动发展战略，开辟发展新领域新赛道，不断塑造发展新动能新优势。"党的二十大报告将"实施科教兴国战略，强化现代化建设人才支撑"作为独立章节进行谋划部署，并对完善科技创新体系，加快实施创新驱动发展战略作出专门部署，为实施科教兴国战略，坚定走好创新驱动高质量发展之路，指明了前进方向、提供了根本遵循。

一、创新精神的内涵

创新是指以现有的思维模式提出有别于常规或常人思路的见解，利用现有的知识和物质，在特定的环境中，本着理想化需要或为满足社会需求，而改进或创造新的事物（包括产品、方法、元素、路径、环境），并能获得有益效果的行为。

创新精神是一个国家和民族发展的不竭动力，也是一个现代人应该具备的素质。

1. 创新精神是一种勇于抛弃旧思想旧事物、创立新思想新事物的精神

例如：不满足已有认知（掌握的事实、建立的理论、总结的方法），不断追求新知；不满足现有的生活生产方式、方法、工具、材料、物品，根据实际需要或新的情况，不断进行改革和革新；不墨守成规（规则、方法、理论、说法、习惯），敢于打破原有框框，探索新的规律、新的方法；不迷信书本、权威，敢于根据事实和自己的思考质疑；不盲目效仿别人的想法、说法、做法。

2. 创新精神是科学精神的一个方面，与科学精神的其他方面不是矛盾的，而是统一的

例如：创新精神以敢于摒弃旧事物旧思想、创立新事物新思想为特征，同时创新精神又要以遵循客观规律为前提，只有当创新精神符合客观需要和客观规律时，才能顺利地转化为创新成果，成为促进自然和社会发展的动力；创新精神提倡新颖、独特，同时又要受到一定的道德观、价值观、审美观的制约；创新精神提倡独立思考、不人云亦云，并不是不倾听别人的意见、孤芳自赏、固执己见、狂妄自大，而是要团结合作、相互交流；创新精神提倡勇敢尝试、不怕犯错误，并不是鼓励犯错误，只是出现错误认知是科学探究过程中不可避免的；创新精神提倡不迷信书本、权威，并不反对学习前人经验，任何创新都是在前人成就的基础上进行的；创新精神提倡大胆质疑，而质疑要有事实和思考作为依据，并不是虚无主义地怀疑一切……"总之，要用全面、辩证的观点看待创新精神"。

二、创新精神的价值意义

1. 提升个人竞争力

习近平总书记强调："当代工人不仅要有力量，还要有智慧、有技术，能发明、会创新，以实际行动奏响时代主旋律。"确实，当代劳动价值的体现标准，正在从传统的"出大力、流大汗""苦干加实干"，向"知识型、技术型、创新型"的方向转变。创新型的劳动者更

具竞争力。

2. 保持企业生命力

华为公司创始人任正非说："创新虽然很难，但它是唯一的生存之路，是成功的必经之路。"确实，创新是企业生命力的源泉。格力创新的"七种武器"成就了格力电器"让世界爱上中国造"的自信，阿里巴巴的"六脉神剑"创造了中国自主品牌的神话。在激烈的市场竞争之下，一个企业要想保持旺盛的生命力，实现可持续健康发展，就必须不断创新。

3. 积蓄国家发展动力

当前，我国国内外环境、经济增长机制都正在发生重大变化。无论是实现经济的升级换挡还是提质增效，无论是实现"中国制造 2025"还是在新一轮全球科技革命和产业革命中抢占先机，都需要通过创新驱动发展，创新是引领发展的第一动力。

【课堂互动】

奇瑞汽车公司董事长尹同跃说："没有自主创新就没有奇瑞，更没有奇瑞的未来。"谈谈你对这句话的理解。

三、培养创新精神任务清单

如何培养创新精神、实施创新教育，这是每个教育工作者面临的崭新课题。当今世界各国之间的竞争日益表现为科学技术和人才的竞争，科技的发展、常识的创新越来越决定着一个国家、一个民族的发展进程。

培养创新精神任务清单如表 3-5 所示。

表 3-5 培养创新精神任务清单

类 别	项目（供选择）	目 标
理念创新	设计特产包装、校徽或校服	掌握相关设计的基本过程和注意事项，能以创新的理念设计一款特产包装、校徽或校服，在劳动中体会设计方案新颖独特的重要性
方法创新	革新潮绣针法、灯笼制法或草编技法	了解潮绣、灯笼或草编的基本方法及特点，尝试用创新的针法、制法和技法进行创造性劳动，并在劳动中感受方法革新带来的创意视觉享受
材料创新	活用包装丝带，创意纸板座椅，创意个性刻章	掌握相关项目的劳动过程、劳动技巧和注意事项，能巧借非常用材料完成相关作品的制作，在欣赏成品的新颖独特中体会创意的价值
功能创新	制作苏绣产品、收纳纸盒或功能雨伞	掌握相关项目的劳动过程、劳动技巧和注意事项，尝试拓展作品功能，制作兼具艺术性与实用性的创新作品，在劳动中感悟创新的价值

项目1 设计土特产包装

一、劳动基础

我国最早的包装形式可以追溯到旧石器时代，植物叶、果壳、兽皮、贝壳、龟壳等物品被用来盛装转移食品和水，这些材料几乎没有任何的人工加工。随着生产技术的不断提高，人们开始利用木制、陶制、金属、漆器等材料来制作包装容器。造纸术和印刷术的发明，促使古代包装材料及制作工艺取得巨大进步。济南刘家功夫针铺广告是我国较早的工商业印刷广告，也是世界上已发现的较早的用以印刷广告的铜板实物。新中国成立后，我国的包装事业在设计、生产、科研和人才培养等方面都取得了较快的发展和进步。

当前旅游特产已经成为旅游消费、购物的重要组成部分，设计独特的包装是打造地方特色品牌的最佳途径。

我国幅员辽阔，物产丰富，每个地方都有引以为豪的土特产。土特产是一个地方独有的最具特色的产品，本地人谈论起来都能滔滔不绝、如数家珍，下面就为大家介绍特色土特产包装设计的有效方法。

1. 创造性地用地域文化元素进行土特产包装设计

我国历史悠久，风俗多样，地域性民间美术丰富多彩，地域性传统文化元素大量存在于年画、织绣、剪纸、壁画、皮影、民族服饰、脸谱等艺术形式中，是一个地方长期积淀下来的艺术成果，也最易被民众接受。产品包装设计师应该将其分析、整理后创造性地运用于土特产品包装设计，这样做不仅使土特产品包装设计非常富有特色，也体现了我国历史文化价值。地域性是民间美术的重要特征之一，土特产包装设计和民间美术相结合，将呈现出极富地方色彩的特点。

2. 选用地域性材料进行土特产包装设计

土特产一般都有悠久的历史和独特的生产加工方式，而它的包装同样要有很强的地域性。因此，在土特产包装设计中，要利用当地独有的地域性材料来设计制作包装。传统土特产包装设计可以就地取材，对这些自然材料只需经过较为简单的加工就能利用。如大自然中的竹、木、稻草、泥土、藤、葵、棕、茎叶、柳条、玉米皮等编织材料以及陶瓷都可用于包装。典型的像福建用来包装茶叶的竹笋皮、海南用来装饰纪念品的椰子壳，还有经过烧制的陶器与玻璃制品等，都是作为土特产包装设计材料的上佳选择。在土特产包装设计中，经常利用自然材料的触觉、视觉、肌理来表达包装要传达的信息内容。

3. 在土特产包装设计中开发地域特色包装造型

土特产包装设计在造型设计时可以对当地自然物形进行模仿、解构与创新，以个性化、特色化、系列化的造型体现土特产包装设计的特色。在土特产的包装结构设计中，我们要善于发现和利用大自然的天然素材，可以利用自然界中生物的原型，也可用仿生法加以借鉴、利用。产品包装设计师要不断地从大自然中汲取养分创造新的设计形态，诠释重构新的形态。打破思维定式，运用逆向思维和创造性思维，重新解读自然，往往会产生一些新的灵感，开发具有独特视觉体验的土特产包装设计。

4. 巧用地域性色彩进行土特产包装设计

几千年色彩的运用与发展，让人们追求、探索、认识了色彩美的规律，也逐渐形成了某些固定的观点和习俗。各个国家、民族，由于社会背景、经济状况、生活条件、传统习惯、风俗人情和自然环境的影响而形成了不同的色彩习俗。巧妙地运用地域性的色彩习俗能使产品给人以强烈的视觉冲击，树立土特产的形象和品牌个性。在土特产包装设计的色彩运用上应追求浓而不腻、土而不俗的效果。

土特产包装设计如图 3-8 所示。

图 3-8 土特产包装设计

二、劳动场所

1. 环境

设有书桌的书房，周边环境保持整洁。

2. 材料

特种包装纸、手提绳、麻绳、亚光铜版纸。

3. 工具

计算机、直尺、铅笔、剪刀、胶水、美工刀、打印机、打孔机。

三、劳动说明

土特产是指富有地方特色的知名产品，它蕴含了产品生产地的风俗习惯、民族特色、气候条件、自然环境、社会文化、生产方式及经济状况等因素，具有浓郁的地方气息和较广阔的市场容量。土特产包装设计，顾名思义，就是对土特产进行的包装设计。它是一门集实用技术学、营销学、美学为一体的设计艺术科学。优秀的土特产包装是商品随身携带、终身有效的广告，随时可以让消费者"动心"，刺激购买欲望。土特产包装作为传统包装的一种，在包装领域越来越受到人们的重视。

一个好的土特产包装除去精美的外观更应该兼具广告的特性，通过文字、图形、色彩等结构来体现其个性，让包装本身成为广告，使消费者动心从而促进销售。下面为读者整理了几个土特产包装制作时需要注意的地方。

（1）要在包装的结构设计上进行创新，使包装更具环保性和适度性。在设计包装外形时，可模仿中国古代建筑榫卯结构，利用创新的穿插结构方式，在不使用任何胶水的情况下完成纸盒的制作。

（2）在裁剪包装纸盒时，一定要根据包装纸盒的平面展开设计图进行裁剪。

（3）注意在裁剪过程中一定要遵循"实线切、虚线折"的原理，即平面展开设计图中标注实线的需要用刀具切割，图中标注虚线的为需要折叠的地方，顺序是先切割再折叠。

（4）可以通过对包装外部装饰物的选择来增强包装的趣味性。在包装盒的上半部分可以选择传统手编麻绳进行捆绑，既起到固定作用，又达到装饰效果。

（5）在进行包装纸盒切割时一定要注意安全用刀，给包装盒打孔时注意不要误伤到自己。

四、劳动成果

土特产是某一区域或某地生产的、富有地方特色、有一定的历史和文化内涵的产品。土特产是一笔巨大的文化财富，合理利用这一宝贵财富，将是我们责无旁贷的责任。鲁迅先生曾在《且介亭杂文》中说"只有民族的，才是世界的"，可见，土特产的包装只有具有了地域特色才会与众不同，土特产包装设计应该突出"土"的特点，使其具有鲜明的地域文化特征。设计土特产包装评价表如表 3-6 所示。特产包装作品如图 3-9 所示。

表 3-6　设计土特产包装评价表

序　号	任务实施成果	评 判 标 准	是/否
1	包装产品	包装结构合理、图形有创意、色彩搭配和谐、功能性强	
2	节能环保	包装材料的选择、制作和印刷过程环保	
3	高效安全	在制作操作过程中裁剪无误，未出现意外或安全问题	

图 3-9　特产包装作品

五、劳动反思

（1）我在包装设计过程中是如何构思的？我的这款包装设计从功能上解决了哪些实际问题？

（2）从这次包装设计及模型制作中我学到了什么劳动方法？可不可以用到生活中其他事情的处理上？

六、劳动辞典

2019年5月，国家市场监督管理总局发布了推荐性国家标准《绿色包装评价方法与准则》，针对绿色包装产品低碳、节能、环保、安全的要求，规定了绿色包装的评价准则、评价方法、评价报告内容和格式。通过"绿色包装评价"这一技术杠杆，推动我国包装产业向绿色模式转变。

中国包装联合会是国家一级行业协会，综合门类齐全，惠及工业生产、行业标准制定、包装教育与科技、先进设计、智能制造等各个领域。为了贯彻落实国务院文件精神，决策部署包装高质量发展战略和中国包装创新创意设计发展规划，引导和推进我国包装技术进步、创意包装设计、创新包装技术、繁荣品牌文化，中国包装联合会特设立并举办了"2023中国包装创意设计大赛"。大赛立足全国，面向世界设计爱好者和广大师生，是中国包装界的权威赛事，亦是当前中国包装行业、包装教育、艺术设计教育界备受瞩目的专业竞赛活动，大赛的优秀作品也是教育部、国家职业教育专业教学资源库建设的重要组成部分。

"中国农产品包装设计大赛"是农业部优质农产品开发服务中心与浙江大学中国农村发展研究院共同发起，合作举办的高起点、高水准、专业性的全国性大赛，旨在以大赛为载体，通过公平、公正、公开评审，搭建公益性交流平台，倡导绿色、创新、发展的理念，引导我国农产品包装设计的科学化发展，提升我国农产品包装设计水平。

七、劳动文化

如图3-10展示的是一款来自西班牙设计师的创意包装设计，设计师设计了一款可以二次利用的包装。该包装的外形是有镂空的圆柱形，消费者可通过镂空部分看到酒瓶的样子。其特色之处在于，当消费者取出酒瓶之后，点燃包装内部自带的小蜡烛，然后罩上镂空的包装，原本的酒包装立刻变身为镂空灯罩，浪漫的烛光会为消费者带来一种独特的饮酒体验。

图 3-10 自带浪漫烛光的酒包装

八、劳动拓展

地方特色产品代表地域文化风情成为对外交流的重要标志，同时也是一个地方整体形象的缩影。请在当地找一种代表性特产，根据当地文化及特色设计、制作出一款符合地域特色的产品包装。

项目2　点亮一盏LED灯

一、劳动基础

单片机作为微型计算机的一个重要分支，凭借着强大的数据处理技术和计算功能，可以在智能电子设备中充分应用，如智能仪表、实时工控、通信设备、导航系统、家用电器等。

1．总体方案设计

单片机控制LED灯的电路主要包括STC89C51单片机复位电路、时钟电路和1个LED灯。单片机控制LED灯方框图如图3-11所示。

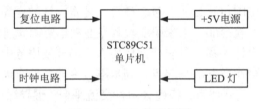

图3-11　LED灯方框图

2．硬件电路设计

STC89C51单片机、时钟电路、复位电路可以构成一个基本的单片机系统，再在外部I/O口上连接LED灯和限流电阻，就构成了LED灯控制器的硬件电路。

（1）复位电路可以提供"上电复位"和"手动复位"两种复位方式。

（2）时钟电路以12MHz的频率向单片机提供振荡脉冲，保证单片机以固定的频率运行。

（3）EA接高电平时，在低4KB程序地址空间（0000H～0FFFH），CPU执行片内程序存储器的指令，当程序地址超出低4KB空间（1000H～FFFFH）时，CPU将自动执行片外程序存储器的指令。

（4）LED灯连接到单片机的P1.0口，LED灯亮表示对应的端口输出低电平，LED灯灭表示对应的端口输出高电平。

3. 软件设计

1）LED 灯点亮功能分析

我们如何控制 STC89C51 单片机的 P1.0 口输出高电平和低电平，实现 LED 灯点亮呢？例如，在 P1 口输出 Oxfe，使 P1.0 口输出低电平"0"，LED 灯被点亮，代码如下：

```
P1=0xfe; //P1.0 口输出低电平"0"，其他位输出高电平"1"
```

2）LED 灯点亮控制设计与实现

LED 灯点亮控制的代码如下：

```
#include<reg 51.h>
void main()//主程序
 {
while(1)
  {
  P1=0xfe;
  }
}
```

3）电路仿真

利用 Protues 仿真软件对系统进行电路仿真。

4. 系统调试

在硬件调试正确和软件仿真均正确的前提下，即可进行软硬件联调。首先将调试好的程序通过下载器下载到单片机，然后就可以上电看结果。观察系统是否能实现所需的功能。如果不能就先利用示波器观察单片机的时钟电路，看是否有信号，因为时钟电路是单片机工作的前提，所以一定要保证其正常。如果不能分析出是硬件问题还是软件问题，就重新检查软硬件。一般情况下电路问题可以通过万用表等工具检测，如果硬件没有问题，就应该重新检查软件。

1）硬件调试

电源部分提供整个电路所需的各种电压（包括 STC89C51 所需的稳压+5V），先确定电源是否正确，单片机的电源引脚电压是否正确，是不是所有的接地引脚都接了地。然后测量晶振有没有起振，一般晶振起振两个引脚都会有 1V 多的电压。接着检查复位电路是否正常。再测量单片机的 ALE 引脚，看是否有脉冲波输出以判断单片机是否工作，因为该单片机的 ALE 为地址锁存信号，每个机器周期输出两个脉冲。最后检查 LED 灯是否接反或烧坏。

2）软件调试

如果电路检查后，没有问题却实现不了设计要求，则可能是软件编程的问题。首先应检查主程序，然后是分段程序，要注意逻辑顺序、调用关系以及涉及的标号，有时会因为一个标号而影响程序的执行，除此之外，还要熟悉各指令的用法，以免出错。还有一个容易忽略的问题，即源程序生成的代码是否输入单片机中。

3）软、硬件联调

软件调试主要是在系统软件编写时体现的，一般使用 Keil C51 开发系统进行软件的编写和调试。软件编写时首先确定软件应该分成哪些部分，不同的部分分开编写调试是最方便的。

二、劳动场所

1. 环境

配备计算机的单片机实训室。

2. 材料与工具

单片机开发板。

三、劳动说明

通过对单片机最小系统的学习并搭建，初步掌握单片机的系统工作机制。单片机应用系统设计分为总体方案设计、硬件电路设计、软件设计及系统调试四个部分，过程如下。

1. 总体方案设计

总体方案通过任务描述中的要求以及控制系统的方框图初步确定，再结合元器件基础知识进行任务实施，达到实现相应功能的目的。

2. 硬件电路设计

（1）根据任务需求规划确定单片机类型及外部接口电路方案。
（2）根据方案设计具体电路。

3. 软件设计

（1）根据目标任务的功能需求，结合电路控制方式，设计软件功能模块。
（2）将功能模块细化成流程图。
（3）根据流程图编写程序代码。
（4）将编译后的目标代码下载到单片机进行软件仿真调试。

4. 系统调试

（1）将初调成功的目标代码下载到单片机目标试验板进行软硬件联调及功能验证。
（2）验证成功符合设计要求，可以进行批量测试。

四、劳动评价

本项目在单片机的最小系统基础上，外接 LED 灯，只要控制 P1.0 口的电平状态，就可以控制 LED 灯的亮与灭。本任务适合初学者快速入门，迅速掌握单片机 I/O 口控制方法、单片机简单程序的设计方法。

点亮一盏 LED 灯制作评价表如表 3-7 所示。单片机最小系统实物结果如图 3-12 所示。

表 3-7　点亮一盏 LED 灯制作评价表

序　号	评价项目	配　分	评判标准	得　分
1	理论知识	15	掌握单片机 I/O 口控制方法，单片机简单程序设计	
2	任务实施	40	能实现 LED 点亮电路设计；能实现 LED 闪烁程序设计	
3	仿真实现	30	能够在 Proteus 中完成任务的仿真实现	
4	答辩汇报	15	撰写本任务设计总结报告，对本任务所涵盖的知识点比较熟悉	

图 3-12　单片机最小系统实物

五、劳动反思

（1）我在点亮一盏 LED 灯的操作过程中有过怎样的思考？我创造性地解决了什么实际问题？

（2）从点亮一盏 LED 灯过程中我学到了什么劳动方法？可否用到其他农业生产中？

六、劳动辞典

1. 单片机概述

单片机是单片微型计算机的简称，它将普通微型计算机的四大功能部件（中央处理器、存储器、接口和专用功能部件）全部集成到一个芯片内。从外部来看，这种计算机就是一片集成电路。但这一片（单片）集成电路具备了微型计算机的基本功能，因此才有了单片机（single-chip microcomputer）这个名称。

与普通计算机相比，单片机具有体积小、可靠性高、抗干扰能力强的特点，特别适合在生产设备的自动控制、生产过程的数据采集等领域作为控制器来使用。正因为如此，单片机也称为微控制器（microcontroller unit，MCU）。由于在使用时，作为控制器的单片机往往要放到被控设备中，因此单片机控制系统也叫嵌入式系统（embeded microcontroller unit，EMCU）。如我们日常生活中常见的全自动洗衣机就是依靠嵌入在洗衣机中的一个单片机完成对洗衣过程的自动控制。

2. Keil C51 开发系统

Keil C51 开发系统是美国 Keil 软件公司出品的 51 系列兼容单片机 C 语言软件开发系统，提供了丰富的库函数和功能强大的集成开发调试工具，全 Windows 界面。它生成的目标代码效率高，多数语句生成的汇编代码结构紧凑、易于理解，在开发大型软件时更能体现高级语言的优势。与汇编语言相比，C 语言在功能上、结构性、可读性、可维护性上具有明显的优势，因而易学易用。

Keil C51 提供了包括 C 编译器、宏汇编、链接器、库管理和仿真调试器等在内的完整开发方案，通过集成开发环境（μVision）将这些部分组合在一起。运行 Keil 软件需要 Windows 98、NT、Windows 2000、Windows XP 等操作系统。

3. Proteus 软件

Proteus 软件是由英国 Lab center Electronics 公司开发的工具软件。

识图和制图是工程技术人员的基本功，Proteus 首先是一个制图工具，它庞大的图形符号库和强大的图形管理功能使得绘制电气原理（系统）图变成一件既轻松又规范的事情。

Proteus 还是一个"仿真"工具，它能使你设计绘制好的电气原理图像真的焊接好的电路一样"运行"起来。你还可以用各种"仪器仪表"去观察和测量运行中的各种现象和数据而不用担心人员和设备的安全。

Proteus 可以对电路、模拟电子技术、数字电子技术和单片机应用技术中的电路进行仿真，让你能够在接近实际的操作和运行中观察电路的现象并理解单片机控制系统的电路仿真、调试（联调）。同时，Proteus 可以辅助设计电气原理图和印制电路板（PCB）文件，并生成相应的文件用于提交厂商进行印刷。

七、劳动文化

从 20 世纪 90 年代开始，单片机技术就已经发展起来，随着时代的进步与科技的发展，目前该技术日渐成熟，单片机被广泛应用于各个领域。现如今，人们越来越重视单片机在智能电子技术方面的开发和应用，单片机的发展进入新的时期，无论是自动测量还是智能仪表的实践，都能看到单片机技术的身影。

作为计算机技术中的一个分支，单片机技术在电子产品领域的应用，丰富了电子产品的功能，也为智能化电子设备的开发和应用提供了新的出路，实现了智能化电子设备的创新与发展。

八、劳动拓展

如何控制 LED 灯按照设计的花样循环点亮，关键在于如何控制单片机 I/O 口（I/O 引脚）的输入/输出，这是迈向单片机系统工程应用的第一步。

请你在单片机最小系统的基础上控制 8 个 LED 灯闪烁发光，8 个 LED 灯连接在单片机 PO 端口上，通过 C 语言程序控制 8 个 LED 灯循环点亮，产生流水灯效果。以 Keil C51、Proteus 等作为开发工具，进行仿真实现。

第二部分　劳模精神与工匠精神

第一课　劳 模 精 神

劳模精神，是一个时代的人文精神的折射，它反映了一个民族在某一时代的人生价值和道德取向。它简洁而深刻地展示着人们精神的演进与发展；它凝重而浪漫地体现了一个民族时代的思想与情感。

【劳动榜样】

劳模精神　成就非凡　建功新时代

劳动模范是各行各业的优秀代表，习近平总书记称他们为"民族的精英、人民的楷模、共和国的功臣"。今天，我们就来关注劳模精神。

爱岗敬业、争创一流，是所有劳动模范最本质的特点之一。从 1950 年至今，我国先后召开 16 次表彰大会，表彰全国劳动模范和先进工作者 34 008 人次。在各个历史时期，广大劳模以高度的主人翁责任感、卓越的劳动创造、忘我的拼搏奉献，为全国各族人民树立了光辉的学习榜样。

2021 年 5 月 15 日，中国第一个火星探测器"天问一号"成功着陆火星，中国"祝融号"火星车在火星上开始巡视探测，截至 2022 年 4 月底，"祝融号"火星车已经在火星上行驶超过 1.9 公里，获得了大量的科学探测数据。我国成为世界上第一个一次性实现火星探测绕飞、着陆和巡视的国家。火星上留下中国足迹的背后，是航天科技工作者们不断攀登科技高峰、创新技术应用的孜孜追求和不懈努力。

全国劳动模范孙泽洲（见图 3-13）是航天科技集团五院"天问一号"火星探测器系统总设计师，"天问一号"成功着陆火星后，他和团队一直关注着从火星传来的一切信息。控制一个远在上亿公里外的探测器精确动作，躲避火星冬季肆虐的风沙，只是孙泽洲和他的团队在"天问一号"研制工作中要解决的无数个难题之一。孙泽洲说："习总书记在讲话中提到，伟大的事业基于创新，伟大的事业成于实干，创新是整个事业发展的原动力，作为一个科技工作者，我觉得要把工作做好，首先得热爱自己的岗位，用先进的方法和生产力去创造去劳动，去创造价值。"

图 3-13　全国劳动模范孙泽洲

在岗位上执着追求，以更高的标准要求自己，劳动模范在工作上严以律己的同时，对个人的得失却往往毫不在意。兢兢业业工作，平平淡淡奉献是他们中许多人的常态。

劳动模范是各行各业的优秀代表，他们"爱岗敬业、争创一流、艰苦奋斗、勇于创新、淡泊名利、甘于奉献"。当今世界正经历百年未有之大变局，我国正处于实现中华民族伟大复兴的关键时期。立足新发展阶段、贯彻新发展理念、构建新发展格局、推动高质量发展，根本上还是要靠劳动，靠劳动者创造价值、创新发展。作为新时代的建设者，弘扬劳模精神，汲取榜样力量，崇尚劳模、争当劳模，我们才能书写更加精彩的人生，才能在新征程上汇聚更强大的力量。

（资料来源：2022 年 5 月 2 日，央视网《焦点访谈》，有改动）

一、劳模精神的基本内涵

劳模精神的基本内涵是"爱岗敬业、争创一流，艰苦奋斗、勇于创新，淡泊名利、甘于奉献"。

1. 爱岗敬业、争创一流

"爱岗敬业、争创一流"是劳模精神的本质特征，体现了劳模对国家、社会、职业的高度责任感、使命感和舍我其谁的主人翁精神。

爱岗敬业是中华民族的传统美德，是职业道德的基石，是社会主义职业道德所倡导的首要规范，是社会主义核心价值观的重要内容。爱岗敬业就是要勤勤恳恳、兢兢业业、忠于职守、尽职尽责。爱岗敬业是对劳动者提出的最基本、最起码、最普通的道德要求，是实现职业目标的重要内容，也是事业成功的必要因素。

争创一流是当代劳模具有竞争力、战斗力和爆发力的精神源泉。争创一流就是要树立自信心、提振精气神，以"敢为人先、追求卓越"的精神状态高起点谋划、高标准定位、高质量落实、高效率推进，做到谋划上胜人一筹、行动上快人一步、措施上硬人一度。

2. 艰苦奋斗、勇于创新

"艰苦奋斗、勇于创新"是劳模精神的品质，劳动模范是辛勤劳动、诚实劳动、创造性劳动的积极实践者，他们踏踏实实、奋发图强、勇于挑战、敢为人先，在实现中华民族伟大复兴的历史征程中埋头苦干、求真务实、创新创造。

艰苦奋斗是新时代中国劳模精神的本色。新时代劳模正凭借艰苦奋斗的价值追求锐意进取、奋发有为，攻破了一个又一个阻碍实现中国特色社会主义现代化建设的难题，取得了一个又一个惊叹世界的成就。劳模秉承着艰苦奋斗的优良作风，在工作中忘我劳动、开拓创新、奉献集体，表现出崇高的美德和精神风貌。

勇于创新是新时代中国劳模精神的核心。党的十九大报告指出，"创新是引领发展的第一动力，是建设现代化经济体系的战略支撑"。新时代中国劳模充分发挥先锋模范作用，不断钻研科学技术，全面提升勇于创新的本领，锐意进取、勇于创新，不断增强善于创造的能力，为中国特色社会主义现代化发展和建设做出了突出贡献。

3. 淡泊名利、甘于奉献

"淡泊名利、甘于奉献"是劳模精神的价值追求，彰显了劳动模范心甘情愿、默默坚守，不求声名和个人私利的宝贵品质。

淡泊名利是当代中国劳模精神的境界。名利反映的是一个人的劳动成果和贡献得到社会公认，并获得相应的物质报酬。正确的名利观会影响和铸就高品位与高格调的人。在新时代，仍然必须倡导劳模固有的安贫乐道、甘于寂寞、淡泊自守、不求闻达的豁达态度，学习继承老一辈劳模体现的谨守本分、淡泊名利的精神境界。

甘于奉献是当代中国劳模精神的底色。新中国成立后对劳模精神轰轰烈烈大力弘扬，重点强调了劳模尊重劳动、奉献担当的浓厚意识，肯定了劳模顾全大局、默默奉献的可贵品质。

二、中职生弘扬劳模精神的价值意义

在党的十九大报告中，习近平总书记提出了培养担当民族复兴大任的时代新人的重要战略命题，同时号召广大青年："青年兴则国家兴，青年强则国家强。青年一代有理想、有本领、有担当，国家就有前途，民族就有希望。"这启示着青年一代要做有理想信念、有过硬本领和有责任担当的时代新人。

劳模精神作为社会主义国家对于劳动作用的高度彰显，在培育时代新人方面有着不同寻常的价值，它能培养学生热爱劳动的情怀、劳动光荣的信念和劳动实干的担当，是培育时代新人的重要手段。

1. 劳模精神有助于培养学生热爱劳动的深厚情怀

青年学生是国家与民族发展的希望，他们的劳动情怀不仅决定着自身的发展前途，而且影响我国实现"两个一百年"奋斗目标和社会主义现代化的进程。

习近平总书记对培养学生热爱劳动的深厚情怀寄予厚望，他指出，要通过各种措施和方式，教育引导广大学生牢固树立热爱劳动的思想、牢固养成热爱劳动的习惯，为祖国培养一代又一代勤于劳动、善于劳动的高素质劳动者。

一些学生劳动观念淡薄，劳动习惯缺乏，劳动价值观存在严重偏差。要改变这种错误的生活习惯和思想意识，培养其热爱劳动的深厚情怀，就要大力弘扬劳模精神，推动劳模精神进社会、进家庭、进校园。

2. 劳模精神有助于培养学生劳动光荣的坚定信念

培养学生劳动光荣的信念，就是要培养学生树立正确的劳动观，在对劳动的正确认识中增强自己的本领，实现人生的价值。

弘扬劳模精神有助于消除学生心中劳动低下的错误思想，生成并传播劳动至上、劳动光荣、创造伟大、劳动者平等的积极劳动观，让学生在辛勤劳动中放飞和实现自己的梦想。

3. 弘扬劳模精神有助于培养学生劳动实干的担当精神

中国特色社会主义进入新时代，学生必须敢于担当、勇于担当。习近平总书记在2018年召开的全国教育大会上着重强调要培养学生的奋斗精神，教育广大青年敢于担当、勇于奋斗，让奋斗成为青春的底色。

我国正处于实现中华民族伟大复兴目标的重要历史时期，学生是实现这一目标的生力军，他们的责任意识和担当精神直接影响这一目标的实现。

在学生中弘扬劳模精神，就是要教育他们向劳动模范学习，学习他们爱岗敬业、艰苦奋斗、淡泊名利、甘于奉献的精神，学习他们将自己的人生价值置于国家发展的伟大宏图中的爱国主义精神,培养他们的劳动实干精神,让他们在自己的辛勤劳动中担起时代赋予的重任。

【课堂互动】

劳模精神是否过时

观点 1:劳模精神也在随着时代变迁。

观点 2:劳模精神是革命年代的产物,已经过时了。

观点 3:当代中国有劳模精神的全新演绎,劳模精神永不过时。

你对上述观点有什么看法?你怎么看待劳模精神?

三、践行劳模精神任务清单

劳动模范是民族的精英、人民的楷模。长期以来,广大劳模以平凡的劳动创造了不平凡的业绩,铸就了"爱岗敬业、争创一流,艰苦奋斗、勇于创新,淡泊名利、甘于奉献"的劳模精神,丰富了民族精神和时代精神的内涵。劳模精神犹如点点星光,照亮新时代青年的前进奋斗之路。

践行劳模精神任务清单如表 3-8 所示。

表 3-8　践行劳模精神任务清单

类　别	项目(供选择)	目　标
农业	作物种植、造林护林、家禽饲养	了解我国农业发展状况,能够运用资料并联系实际,说明我国农业在地区分布上的差异;举例说明因地制宜发展农业的必要性,明确生态农业是农业发展的大方向
工业	地下采矿、砌筑墙壁、制造加工	了解工业生产的定义,了解工业与其他经济部门之间的联系,认识工业在国民经济发展中的地位和作用;组织实地考察或网上学习,搜集当地主要工业部门的资料,也可以通过角色扮演等活动,多接触工业劳动,增加学习兴趣
服务业	乡村邮件投递、农贸运输、餐饮服务、厕所保洁	了解服务业的含义、特点及重大意义;通过调查研究,锻炼并提高活动的组织能力、团体合作能力以及收集、分析、社交能力;通过比较不同国家与我国第三产业发展情况,树立强国意识,增强大力发展第三产业、提高生产力发展水平的坚定信念

项目 1　厕 所 保 洁

一、劳动基础

早在公元前 4 世纪,罗马帝国就已经因拥有较高级的污水管、排水管网而闻名于世,而直到 19 世纪现代污水和排水系统在英国才逐步得到发展。

1875年英国通过的"公共卫生法"是建筑环境发展的重要里程碑，这部法律规定房屋设计和街道规划的基本标准，因此从某种意义上说这是第一部真正的城市规划法案。该法案包含很多与下水道、污水管、公厕和供水相关的规划。

我国目前发现的最早的厕所是位于西安的半坡母系氏族部落聚落遗址中的厕所。考古发现当时的厕所只是一个土坑。

史载在殷商时期汉民族就有"尚洁"之风。在战争频繁的春秋战国年代，身处围成铁桶一般的孤城的守城军民也不忘记厕所卫生。据《墨子》记载，在城头上要"五十步一厕"，周遭以垣墙围之，"垣高八尺"，守城军民不分男女都必须到公厕便溺。城下则"三十步为之圂，高丈，为民溷，垣高十二尺以上"。"圂厕"陶厕如图3-14（a）所示。

据载，汉代的公共厕所叫作"都厕"，汉代绿釉陶厕如图3-14（b）所示。到了唐代，就更多见了。当年的马可·波罗曾对中国的卫生设施叹为观止。

（a）"圂厕"陶厕　　　　　　　（b）汉代绿釉陶厕

图3-14　"圂厕"陶厕和汉代绿釉陶厕

在宋代，杭州城里出现了专门的清除粪便人员，他们沿街过市，专门上门收粪。在官制上，唐代有了专司厕所的宫廷官员"右校署令和丞"等。这些都表明我国曾有过的"厕所文明"。

从20世纪90年代开始，中国掀起了一场厕所革命。在城市建设方面，1992年，国务院令（第101号）《城市市容和环境卫生管理条例》颁布，为整治城市环境卫生奠定了法律基础。此后，各地开始有计划地建立各种各样的公厕，开始了一场厕所革命，时至今日，这场革命还远未结束。

二、劳动场所

1. 环境

公共厕所、卫生间等，打开门窗保持空气流通。

2. 材料

待清洁的地面、水池壁、洁厕灵、自来水。

3. 工具

拖把、扫帚、清洁尼龙刷、工作服、橡胶鞋、橡胶手套、抹布和口罩等。

三、劳动说明

卫生间的清洁工作主要包括地面、墙面、门窗、天花板、隔板（隔墙）、卫生洁具及其他室内设施的清洁等，可分为每日常规清洁和周期性大清洁、巡视清洁三种。每日常规清洁的次数可根据具体人流量和标准要求而定，一般每日清洁上午一次、下午一次；周期性大清洁可根据具体情况拟订计划。厕所保洁过程如表3-9所示。

表3-9　厕所保洁过程

 （1）准备所需的工具和防护用具	 （2）准备清洁剂和卫生用品，如洁厕灵、洗手液、厕纸等	 （3）在门口放置清洁工作标志牌
 （4）打开门窗或启动换气扇通风换气	 （5）放水冲刷坐便器、小便器，倒入洁厕灵，浸泡一段时间	 （6）收集废弃物，清扫地面垃圾，清空垃圾篓，换新垃圾袋
 （7）用带柄尼龙刷依次清洁坐便器和小便器内外侧，并用清水冲洗干净	 （8）湿抹布蘸清洁剂擦洗盥洗台面、洗手盆、水龙头，擦洗干净后用干毛巾擦干水渍	 （9）清扫地面，用湿拖把擦净地面，最后用干拖把将地面拖干

续表

（10）环视整个厕所，检查是否需要补充洗手液及厕纸、是否已完全清洁到位	（11）整理劳动工具和清洁用具	（12）关好门窗，离开厕所

卫生间清洁目标：天花板、墙角、灯具目视无灰尘、蜘蛛网，目视墙壁干净，坐便器、小便器等卫生洁具洁净无黄渍，室内无异味、臭味，地面无烟头、纸屑、污渍、积水。卫生间的清洁工作一般应安排在人流量小的晚间或清晨进行，并在其他公共区域的卫生清洁工作完毕后开始。注意事项如下。

（1）认真查看清洁用品的使用说明及注意事项，根据需清洁的材质选择适合的清洁用品。

（2）穿防滑鞋，保持地面没有积水，以防滑倒摔伤。进行擦洗时要戴上橡胶手套，以防化学用品腐蚀手。

（3）洁厕灵和84消毒液不得混合使用，否则易造成中毒。使用清洁用品时，必须保持室内通风。

四、劳动成果

卫生间一般是厕所、盥洗间和淋浴间等的合称，是人们生活设施中重要而特殊的组成部分，其保洁状况直接影响着人们的生活质量，因此，卫生间的保洁在保洁工作中占有重要地位。卫生间保洁评价表如表3-10所示。

表3-10　卫生间保洁评价表

序　　号	任务实施成果	评　判　标　准	是/否
1	清洁效果	地面干净整洁，水池无污渍、无杂物	
2	节能环保	过程中注意节约水、电和清洁用品	
3	高效安全	操作过程干净利落，注意有些清洁用品不能混用	

五、劳动反思

（1）我在打扫厕所过程中遇到了什么问题？我是如何解决问题的？

（2）厕所保洁是很多人眼中的脏活儿和累活儿，面对这类劳动常存在畏难情绪。克服对厕所保洁的畏难情绪需要我们发扬什么样的劳动精神？

六、劳动辞典

生态厕所是环保厕所的一种，是指不对环境造成污染，并且能充分利用各种资源，强调污染物自净和资源循环利用概念和功能的一种厕所。

目前利用率最高的生态厕所是微生物菌种分解粪便的厕所。该厕所利用微生物生长繁殖活动对粪便中的大分子有机化合物进行生物降解，并将其转化为菌体生物。同时，微生物通过竞争性抑制并杀死粪便中的病原性微生物，吸附、降解、转化粪便中产生的臭味物质，实现了粪便的无害化、资源化处理。此处处理方式能够实现零排放，对环境不造成任何污染。

对生态厕所的称谓有多种：生态环保厕所、生物厕所、微生物厕所、干式搅拌厕所等。

七、劳动文化

世界上各种各样的厕所反映了不同的观念和文化，形成了不同的"厕所文化"。2001年，新加坡成立了 World Toilet Organization——世界厕所组织。这个组织在各国从事厕所以及厕所文化的研究。其实，改善世界各国的厕所环境，也是一个关系民生的重要问题，值得加以研究和探讨。正因为这样，世界厕所组织在世界各国设立分会，各分会设立主席。世界厕所组织每年还举行年会，组织各会员国互相参观，以改善和提高各国的厕所设备与环境。

世界厕所组织致力于解决全球的厕所和公共卫生的发展问题。通过每年举办一次的厕所峰会，将难登大雅之堂的公共厕所问题，如脏乱的厕内空间与无人打扫的洁具等，发展成为全世界共同关注的主流议题。2011年在我国海南举行的世界厕所峰会，加速促进了大众对世界先进厕所文化的认知，也为建设者提供了一系列优化的设计方法。

中国城市环境卫生协会（以下简称中环协）公厕建设管理专业委员会成立于2003年，是经国家民政部和中环协批准组建的全国性公厕行业社团组织，是中环协下属的专业委员会。

八、劳动拓展

洗手盆是日常生活中的必需品，使用后会有一些水渍残留，时间久了会在洗手盆面形成黄色的污垢，很难清洗。请仔细查阅相关资料，思考这种黄色的污垢可以使用哪些清洁用品将其清洁干净。

项目 2　坚守乡村邮路

一、劳动基础

中国邮政通信历史悠久，源远流长。从有文字记载的商朝算起，有 3600 多年的历史。在漫长的历史发展过程中，中国邮政通信经历了古代驿站、近代邮政和现代邮政三个不断发展、演进的历史时期。邮政作为国家的重要通信机构和近代社会基础性产业部门，对于保证政令和信息的畅通，维护国家的统一和民族团结，促进经济文化科学事业的繁荣昌盛以及社会的进步，都起着十分重要的作用。

1. 古代邮驿

中国古代邮驿有邮、置、遽、传、驲等不同名称，汉代始称邮驿，元代称站赤，明清两代通称驿站。据甲骨文记载，商朝时就已经有了邮驿，周朝时进一步得到了完善。那时的邮驿在送信的路上，每隔三四里设一个驿站，驿站中备有马匹，在送信过程中可以在这里换马换人，使官府的公文、信件能够一站接一站不停地传递下去。我国邮驿制度经历了春秋、汉、唐、宋、元的各个朝代的发展，直到清光绪二十二年建立大清邮政、清末裁驿归邮止，中国古代邮驿存在了约 3000 年。

邮驿是官府的通信组织，只许传送官府的文件，而不允许传送私人信件。大约在唐代，长安、洛阳之间就有了专门为商人服务的"驿驴"。到了明朝永乐年间，民间出现了专业民邮机构——民信局。民信局的出现是民间贸易、民间交往日益发展的必然结果。

民信局在清咸丰同治年间发展到了鼎盛时期，全国大小民信局多达数千家。在广东、福建的沿海地区还出现了专门为海外侨胞服务的民信局——侨批局。

2. 近代邮政

鸦片战争以后，社会政治、经济、军事、文化等方面都发生了急剧的变化。古代邮驿面临着严峻的挑战：一方面，外国"客邮"的入侵，破坏了邮政主权的独立，但也带来了先进的通信方式；另一方面，古代邮驿只传官书，不对社会公众开放，随着经济的发展，暴露了古代邮驿功能上的狭隘性。因此，随着中国社会跨入近代社会的门槛，近代邮政逐渐取代古代邮驿，并成为社会重要的基础设施。

鸦片战争以后，美英等列强在我国沿海设置邮局，清总理衙门于 1896 年 3 月开办大清邮政。辛亥革命之后，我国于 1914 年加入万国邮政联盟。1927 年，蒋介石政府在南京设立邮政总局，与当时北洋军阀的北京邮政总局并存。1928 年，我国邮政统一归属南京。1934 年，国民党政府以信函是国家专营业务为由，勒令各地民信局一律停业，邮政开始为国家所专营。

3．现代邮政

新中国成立后，于 1949 年 11 月 1 日成立邮电部，统一管理全国邮政和电信事业，确定邮政名称为"中国人民邮政"。

1986 年 12 月 2 日，《中华人民共和国邮政法》由第六届全国人民代表大会常务委员会第十八次会议通过，自 1987 年 1 月 1 日起生效，这是我国第一部邮政法律。这部邮政法确定了邮政政企合一的运营模式，规定了邮政普遍服务的功能和邮政专营权的范围。

1998 年 3 月 10 日，信息产业部成立，随后邮电分营，成立了国家邮政局。国家邮政局既对全国邮政业进行管理，又提供邮政服务业务。

2006 年 8 月，中国邮政集团公司正式成立。邮政服务涵盖邮政普遍服务、邮政特殊服务和其他邮政服务三大类别，村邮站是邮政服务的最基层网点。

二、劳动场所

1．环境

户外环境为主，乡镇邮政支局，沿途居民家庭，村邮站。

2．材料

信件、报刊、汇款单、小型包裹、大型包裹、领取通知单等。

3．工具

自行车、电动车、摩托车、雨衣、防水邮包等。

三、劳动说明

乡邮员承担村邮站和部分村民组的邮件投递任务，其投递片区普遍松散，特别是一些偏远山区，很多包裹信件的投递需要徒步完成，一个投递班次需要 2～3 天才能完成。尽管邮路艰辛，他们依然默默坚守。在很多边远地区，乡邮员已经成为"劳模"的代名词。

邮递员因为直接面向广大用户，仪表仪容及言谈举止直接影响到邮政企业的形象。因此，邮递员须了解一些礼仪常识，以便为用户提供更加高质量的服务，为自己树立更加良好的形象。注意事项如下。

（1）乡邮员承担报刊信件的派送和邮政快递包裹的投送工作，投递工作应遵循一定的规范。

（2）乡村投递工作需要提前规划路线，做好车辆安全检查，确保邮件（包裹）准时到达。

（3）乡村邮路复杂，需要做好安全防护；户外环境恶劣，需要做好应对准备，确保人身安全。

（4）收取包裹时，注意法律法规要求，不收取危险品和违禁物品。

四、劳动评价

乡村邮路是邮递员在所负责的投递区域向用户投交邮件、报刊所行走的路线。由相关邮政局业务部门确定，投递员不得随意改变。组划投递路线时应依据投递深度规定，结合当地行政区划、道路条件、人口分布和邮件流量流向，选里程短、费时少的路线。同时应注意将重点单位、大户安排为去程优先投递的用户，以保证重点，减少负重；宽阔繁华街道尽可能单侧行走，避免走"之"字形横穿马路，以减少行程，保证安全。

乡村邮路劳动评价表如表3-11所示。

表3-11 乡村邮路劳动评价表

序　号	任务实施成果	评判标准	是/否
1	投递频次	普通行政村≥3次/周，边远地区结合情况确定	
2	投递时限	当日投递或在下一个有效班期完成投递	
3	投递深度	投递到代收点或电话通知领取	

五、劳动反思

（1）乡邮员不仅是邮递员，也是乡村的联络员，跟随乡邮员奔波忙碌后，我们有哪些体会和思考？

（2）坚守乡村邮路，我最希望解决的问题是什么？

六、劳动辞典

邮政编码是邮政部门为实现邮政现代化而采取的一项措施，邮政编码起源于英国。20世纪50年代初，英国就开始研究邮政编码，并于1959年在诺威治邮区试行，当时引起许多国家的注意。西德于1961正式公布4位数的邮政编码，成为世界上第一个在全国范围内推行邮政编码的国家。紧接着，美、英、法、澳、瑞士等国陆续在全国推行。1965年后，随着机械设备的广泛应用，邮政编码的优越性更加明显地表现出来，故日、意、加、荷和瑞典等国也相继使用邮政编码。

世界上已有140多个国家先后实行了邮政编码制度，并以此作为衡量一个国家通信技术和邮政服务水平的标准。各国邮政编码规则并不统一。

邮政编码通常由阿拉伯数字组成，代表投递邮件的邮局的一种专用代号，也是这个邮局投递范围内的居民和单位通信的代号。邮政编码是实现邮件机器分拣的邮政通信专用代号，是实现邮政现代化的必需工具，是实现机器分拣的前置条件，最终目的是提高信件传递的速度和准确性，因此在交寄信件、包裹时务必写明邮政编码。

我国的邮政编码使用数字编码结构，前两位代表省（自治区和直辖市），第三位代表邮区，第四位代表县（市），最后两位代表具体投递区域。

七、劳动文化

人类活动离不开通信，自从有了人类，通信活动就已出现，通信与人类活动息息相关。远古时期，人类在狩猎谋生中就有目的地进行信息传递。那时，人与人之间的信息传递主要是通过呼叫、手势及面部表情来进行。随着人类不断进化和语言、文字的产生，人类交往愈加密切，为了传递和保存更为复杂的信息，人类发明了结绳记事，在器物上刻画以传递信息的方法。《易经》中载有"上古结绳而治，后世圣人易之以书契"。

八、劳动拓展

经过"五一国际劳动节"的劳动体验，晨晨被中国邮政的担当精神和基层邮递员的奉献精神所感动，他立志要向他们学习。请查阅资料，并对当前邮政现状的改革提出合理化建议。

<h1 style="text-align:center">第二课　工　匠　精　神</h1>

工匠精神是一种职业精神，它是职业道德、职业能力、职业品质的体现，是从业者的一种职业价值取向和行为表现。

【劳动榜样】

焦点访谈｜工匠精神　铸就卓越——建功新时代

4月21日，白鹤滩水电站右岸工区。

一大早，中国能建葛洲坝机电公司白鹤滩机电项目部桥机班班长梅琳（见图3-15）就接到任务，要将一个31米长的桥机部件吊离工区。这是为整个工程做最后的扫尾，白鹤滩水电站机电工程即将完工，两个月后，所有机组将全部安装调试完毕，具备并网发电条件。

图3-15　全国劳动模范梅琳

白鹤滩水电站，位于金沙江下游，是实施"西电东送"的国家重大工程，是当今世界在建规模最大、技术难度最高的水电工程。2021年6月28日，白鹤滩水电站首批机组投产发电，习近平总书记发来贺信。信中说，全体建设者和各方面发扬精益求精、勇攀高峰、无私奉献的精神，团结协作，攻坚克难，为国家重大工程建设做出了贡献。

这一次的任务，看起来并不容易。梅琳需要把这条31米长的钢铁巨龙吊起，在空中转一个弯，平稳通过拱形门洞，避开障碍物，最后轻落在厂外的车上，特别考验吊车司机的技术。不过，这活儿对于梅琳来说，手到擒来。

作为国内为数不多可以吊装巨型精密装置的起重机司机，梅琳接到过不少急难险重的任务，刷新过多次世界纪录。其中，最有挑战的是吊装白鹤滩水电站发电机组的转子，重达2300吨。

2021年4月25日上午9点半，吊装开始。发电机是精密仪器，轻微晃动都会引起损坏，梅琳要做的，是通过操纵杆操控吊钩将这个大家伙吊起十米，然后平移放入发电机坑位，其间，摆动幅度只能控制在1毫米以内。这将创造新的世界纪录。

所有人都屏息以待，只有梅琳看上去沉着冷静。底气来自她平日的刻苦练习。稳，是桥机司机的基本功。二十多年前，刚刚参加工作的梅琳，心浮气躁，被师父狠狠训了一顿。从那天开始，梅琳把水桶吊在吊钩上面，每天练习几百次。

凭着一股子韧劲，梅琳硬是做到了吊装水桶滴水不漏。精益求精，追求极致，二十多年来，梅琳一直这样严格要求自己。最终练就了一身吊装稳如磐石、不差分毫的本事。9点51分，转子吊装平移结束，开始垂直吊下。10点28分，在经过梅琳五次点控调校后，转子稳定且精准地落入发电机坑位，吊装成功。

2020年11月24日，习近平总书记在全国劳动模范和先进工作者表彰大会上指出，在长期实践中，我们培育形成了"执着专注、精益求精、一丝不苟、追求卓越的工匠精神"，要大力弘扬。梅琳对此深有感触，她认为干一行就要爱一行，爱一行就要精通一行，这是一个工人心里应该有的信仰。

工匠精神的核心就是干一行，爱一行，专一行，精一行。小到一颗螺丝钉、一根电缆的打磨，大到卫星、火箭、高铁、航母、水电站等大国重器的锻造，都离不开像梅琳这样的工匠们笃实专注、严谨执着的匠心。

目前，我国有超过2亿技能人才活跃在各行各业。像梅琳这样的大国工匠们凭借丰富的实践经验和不懈的创新进步，实现了一项项工艺革新，完成了一系列技术攻坚。他们是支撑中国制造的重要力量，也是锻造"创新中国"的劳动者大军。习近平总书记指出，要深化产业工人队伍建设改革，重视发挥技术工人队伍作用，使他们的创新才智充分涌流。

弘扬工匠精神，离不开工匠们的言传身教。新一代产业工人和学生们，正在受到前辈们的影响，将工匠精神传承下去。中国有句老话叫"技多不压身"，习近平总书记多次强调要"培养更多高技能人才和大国工匠"，并发出"走技能成才、技能报国之路"的号召，对广大劳动者特别是青年一代是巨大的鼓舞。近年来，国家通过一系列政策、举措，努力让技术工人在发展上有空间、经济上有保障，大力培育尊崇工匠精神的社会风尚。大国工匠们把专注不移、追求极致的气质，融进了他们出神入化的手艺，把手里的一件件产品、一次次任务都做成了一个个卓越的作品。"着一事、传一艺、显一技"，这种精神境界，也是值得我们所有人、所有劳动者学习的一种职业精神。

（资料来源：2022 年 5 月 3 日，央视网《焦点访谈》，有改动）

一、工匠精神的内涵

新时代的"工匠精神"的基本内涵主要包括爱岗敬业的职业精神、精益求精的品质精神、协作共进的团队精神、追求卓越的创新精神。其中，爱岗敬业的职业精神是根本，精益求精的品质精神是核心，协作共进的团队精神是要义，追求卓越的创新精神是灵魂。

1. 爱岗敬业的职业精神

爱岗敬业是爱岗和敬业的合称，二者互为表里，相辅相成。爱岗是敬业的基础，而敬业是爱岗的升华。具体来说，所谓"爱岗"，就是要干一行，爱一行，热爱本职工作，不能见异思迁，站在这山望那山高。所谓"敬业"，就是要钻一行，精一行，对待自己的工作，要勤勤恳恳，兢兢业业，一丝不苟，认真负责。凡是获得"工匠"和"劳模"荣誉称号的人，都是爱岗敬业的典范，很多人都在本职岗位上精耕细作了二三十年之久，干出了一番事业。

2. 精益求精的品质精神

"精益求精的品质精神"是"工匠精神"的核心，一个人之所以能够成为"工匠"，就在于他对自己产品品质的追求，只有进行时，没有完成时，永远在路上；他不惜花费大量的时间和精力，反复改进产品，努力把产品的品质从 99%，提升到 99.9%，再提升到 99.99%。对于"工匠"来说，产品的品质只有更好，没有最好。追求极致、精益求精，是获得各类"工匠"荣誉称号的人的共同特点，也是他们能身怀绝技，在国际、全国或省的各种技能大赛中夺金摘银的重要原因。

3. 协作共进的团队精神

如果说"爱岗敬业的职业精神""精益求精的品质精神"是传统的"工匠精神"具有的内涵，那么，"协作共进的团队精神"则主要体现于新时代的"工匠精神"之中。因为和传统工匠不同，新时代工匠尤其是产业工人的生产方式已不再是手工劳作，而是大机器生产，他们所承担的工作，只是众多工序中的一小部分。例如"复兴号"列车，一列车厢就有三万七千多道工序，一个人是不可能完成的，必须由车间或班组即团队协作来完成。

团队需要的是"协作共进"，而不是各自为战。因此，"协作共进的团队精神"是现代"工匠精神"的要义。所谓"协作"，就是团队成员的分工合作；所谓"共进"，就是团队成员的共同努力、共同进步。

4. 追求卓越的创新精神

和"协作共进的团队精神"一样，"追求卓越的创新精神"也是新时代"工匠精神"的内涵之一，甚至是新时代"工匠精神"的灵魂。传统的"工匠精神"强调的是继承，祖传父、父传子、子传孙，是传统工匠传承的一种主要方式，而新时代的"工匠精神"强调的则是在继承基础上的创新。

因为只有在继承基础上的创新，才能跟上时代前进的步伐，推动产品的升级换代，以满足社会发展和人们日益增长的对美好生活的需要。有无"追求卓越的创新精神"，是判断一个人能否称之为新时代"工匠"的一个重要标准。

当前，我国正处在从工业大国向工业强国迈进的关键时期，培育和弘扬严谨认真、精益求精、追求完美的工匠精神，对于建设制造强国具有重要意义。只有对新时代"工匠精神"的基本内涵形成共识，才能树匠心、育匠人，为推进中国制造的"品质革命"提供源源不断的动力。

二、中职生培育工匠精神的价值意义

1. 工匠精神是职业院校素质教育的着力点

职业院校的人才培养目标是要满足社会和经济发展对人才的需要，不仅要为国家输送高质量的一线劳动人才，还要为中高端产业输送高素质的技术技能型人才，这需要职业院校在人才培养中注重学生整体职业素养的提升。在学生培养过程中，不仅要注重培养学生扎实的专业理论知识，还要注重培养学生的职业精神，提升学生的职业素质，这是作为未来一名职业人所应具备的基础素质。职业精神具体体现为爱岗敬业、乐于奉献、精益求精、勇于担当等，这些具体的素质其实就是工匠精神。

职业院校人才培养目标不仅是培养有一技之长之人，还要立德树人，培养能够担当中国制造强国重任的人才，对人才的培养不仅体现在技术技能方面，同时，还需要坚持道德品行并重。新时代的中国制造需要有精湛技艺的劳动者，大国重器更需要一批追求卓越、对工作认真负责的高素质人才。这种对人才的需求，也明确了职业院校对人才的培养目标，要培养社会建设需要的人才，要培养能为国家发展做出贡献的人才，工匠精神必然要成为职业院校人才培养目标的有机组成和落脚点。

2. 工匠精神是创新创业的本质需求

建设创新型国家离不开追求卓越、精益求精的工匠精神。十九大报告中提出："建设知识型、技能型、创新型劳动者大军，弘扬劳模精神和工匠精神，营造劳动光荣的社会风尚和精益求精的敬业风气。"所有创新的出发点是解决实际需求，所有创新最终要用实干与可靠的技术实现，是用踏踏实实的工作态度、扎扎实实的技术技能实现发明创造。"大众创业、万众创新"背景下，需要有创新思维，更需要落实在不断雕琢产品、不断改善工艺、不断追求卓越的过程和行动中去，在工匠精神的实践中实现升华。

工匠们这种不断追求卓越的创新精神，可以说是新时代工匠精神的灵魂，相对于古时工匠精神更注重技艺的传承，在新时代，工匠精神更注重的是在传承基础上的不断创新，在继承基础上的不断突破。因为创新是发展不竭的动力和源泉，唯有不断创新，才能跟上时代的前进步伐；唯有不断创新，才能满足新时代人们日益增长的对美好生活的向往和需求；也唯有不断创新，才能真正地把我国建设成创新型国家，才能实现"中国制造2025"，更好地推动经济发展、社会进步。

3. 工匠精神是职业院校学生个人发展的内在诉求

高职院校学生职业素质的全面提升需要工匠精神。职业院校学生作为未来的劳动者和社会建设者，承载着建设社会主义现代化强国的重要任务，肩负着实现中华民族伟大复兴的历史使命，在党的十九大报告中，习近平总书记再次谈到工匠精神时指出，要建设知识型、技能型和创新型劳动者大军，就需要不断弘扬劳模精神和工匠精神。这对个人在职业发展方面提出了明确要求，指明了方向，全体社会成员要不断培养自身的劳模精神和工匠精神，要树立劳动光荣的价值理念，要培养自身认真负责、精益求精的职业素质，要做到爱岗敬业、乐于奉献。

职业院校学生是高素质的技能型人才队伍的主力军，是提高我国劳动者素质的中坚力量，作为未来社会建设主力军的学生，更要注重自身工匠精神的培养，不断提升自我，在工匠精神的引领下，不断培养自身的责任感，培养对工作认真负责的态度，树立崇高的职业理想，以大国工匠为榜样，在学习和实践的过程中不断成长与进步，真正成长为一名合格的高素质劳动者，实现自我的全面发展。

【课堂互动】

什么专业需要工匠精神

观点一：我是文秘专业的，不需要动手操作，也不用学习生产技术，所以我不需要工匠精神。

观点二：工匠精神只适合技工院校的学生。

观点三：工匠精神是一种思想内涵，领会意思就行，不需要动手操作。

观点四：工匠精神可以先学习，以后工作了再践行。

工匠精神有专业和时间要求吗？工匠精神该如何培育和践行？

三、培育工匠精神任务清单

职业教育肩负着培养多样化人才、传承技术技能、促进就业创业的重要职责，在培育和弘扬工匠精神方面发挥着基础性作用。

培育工匠精神任务清单如表 3-12 所示。

表 3-12　培育工匠精神任务清单

类　　别	项目（供选择）	目　　标
雕刻工艺作品	雕刻作品赏析、常见雕刻技法、工艺品雕刻基本程序	了解雕刻题材分类及雕刻手法；认识并使用雕刻工具、材料；掌握基本雕刻技法和流程；能进行个人印章雕刻，在雕刻中感受精益求精、追求完美的态度
剪裁装裱字画	字画装裱款式及欣赏、字画装裱工艺、字画修复工艺	了解书画装裱流派及款式；认识并使用书画装裱工具、材料；能够对日常书画开展基本的剪裁装裱；在装裱中学会专注，培养劳动责任感
刺绣	刺绣流派及代表作欣赏、刺绣针法、刺绣工作流程	了解刺绣流派和代表作；掌握基本刺绣针法，能够在衣饰鞋帽、生活物品上进行简单的刺绣创作，体验创作之美；能够鉴赏刺绣工艺品，提升审美情趣；培养民族自豪感，自觉弘扬与传承刺绣技艺
景泰蓝制作	景泰蓝艺术赏析、景泰蓝制作工艺	了解景泰蓝基本工艺步骤及工具的使用；掌握制作景泰蓝的基本操作，学"点蓝"手法；能够参与景泰蓝艺术设计，在工艺品设计中体现创新精神；在制作工艺各个环节体会一丝不苟的敬业精神

项目 1　雕刻工艺作品

一、劳动基础

葫芦雕刻是一种用葫芦进行雕刻的艺术，2008 年 6 月 14 日，葫芦雕刻经国务院批准列入第二批国家级非物质文化遗产名录。

1. 历史源流

葫芦在我国有着悠久的种植历史，音近"福禄"，同时，葫芦里面长子，有子孙万代、多子多福的含义，因而人们通常把它当作吉祥物，称之为吉祥葫芦。一瓢藏造化，天地一壶中，葫芦文化涵容天地与人生。葫芦古代写作壶，俗称葫芦瓜，《诗经·大雅》中"锦锦瓜瓞，民之初生"，意思是，人类出自葫芦瓜。中国人的整个人生历程都蕴涵在"三壶"之中："破壶"（人从瓜出）、"悬壶"（医药济民）、"壶天"（魂归壶天），这里的壶都是指葫芦。在我国许多民族的先民那里，都曾崇拜过象征"母"体的葫芦。相传人类的始祖伏羲、女娲兄妹就是从昆仑（葫芦）山中诞生的。"葫芦虽小藏天地，伴我云云万里身。收起鬼神窥不见，用时能与物为春。"这是宋代大诗人陆游从内心发出的对葫芦的赞誉和喜爱。

葫芦文化渗透在人们的日常生活之中。在我国农村，小娃娃的胸前常佩带小葫芦，以祈长命百岁。道家把葫芦视为神物，道士随身携带葫芦盛以"仙丹妙药"是为法器。传说中的铁拐李、麻姑、南极仙翁皆携带葫芦作为法器，称作"宝葫芦"。许多道观、佛庙把葫芦作为驱邪逐鬼镇压五毒之符。

葫芦除了食用、药用，干老成熟之后还可以作为盛器，舀水挖面，盛药装酒，是极普通的生活用品。葫芦还可以做成农具舟具、乐器甚至火器，在生产、交通、娱乐乃至战争中发挥着重要的作用。为了美观，在葫芦外面雕刻各种图案，后来，逐渐演变成民间工艺品。

2. 艺术工艺

在现代葫芦器工艺中，又出现了一个新的品种——葫芦雕刻，其中又可分为两种：葫芦雕和刻葫芦。

葫芦雕（见图 3-16）区别于其他葫芦器的主要特征是既非单纯的范制，也非单纯的雕刻，而是将范制、雕刻、火绘、拼接工艺融为一体，成为一门综合的葫芦器工艺。主要雕法有阳雕、阴雕、透雕、阳雕平地、阳雕沙地、阴刻阳雕、双勾勒等。主要刀法有直刀、平推刀、外侧刀、内侧刀、顺行刀、逆行刀、挑刀、垛刀、切刀等。这些雕法和刀法基本是从竹雕、木刻等工艺中借鉴的，施刀要做到稳（心静气和）、准（准确度高）、轻（用力恰当）、慢（行刀缓稳）、巧（刀法娴熟），只有这样才能雕出一件精美的葫芦工艺品。

据说刻葫芦（见图 3-17）最初在甘肃一带民间流传，人们在葫芦上走刀划针，随意刻画出简单的花草虫鱼图案，用来观赏。后来经过艺人的不断摸索、研究，使工艺水平不断提高，逐渐形成了专门刻葫芦的艺术。刻葫芦原来只有针法，这几年又创造出刀刻法，出现了各种镂空葫芦。有的还创作出仿水墨、写意的名家山水画作品，并摹仿吴昌硕、任伯年、徐悲鸿、齐白石的画韵，创造出风采独具的彩画葫芦。

图 3-16 葫芦雕《福寿连连》

图 3-17 刻葫芦《百鸟朝凤》

二、劳动场所

1. 环境

工作台需保持整洁，在雕刻结束后应及时清除桌面葫芦瓜瓢残留，湿抹布需清洗干净，关闭手持电钻电源，将其平放在桌子上。

2. 材料与工具

晒干的葫芦、铁刷、锯齿刀、铅笔、复写纸、签字笔、刻刀、锥子、仿真花、缝衣针、蜡封麻线、皮革染料、定色剂等。

三、劳动过程

葫芦雕刻是一项古老的手工艺术，很多国家都有手工制作葫芦艺术品的历史。葫芦不仅是人们盛放食物的容器，还是一些政治事件或宗教仪式等场景的记录载体。直至今天，这种简单而有趣的葫芦雕刻艺术仍然得到众多手工雕刻爱好者的喜爱，价廉物美。葫芦雕刻的过程如表 3-13 所示。

表 3-13　葫芦雕刻的过程

（1）洗净葫芦，擦干，用铁刷磨去表面的霉点

（2）用手工锯齿刀切开葫芦

（3）刮去葫芦瓤，冲洗内部

（4）用复写纸将图案画在葫芦上，或用铅笔描画

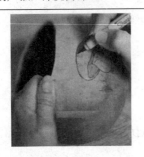

（5）用签字笔勾画图案

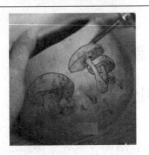

（6）用刻刀增加图案的立体感

续表

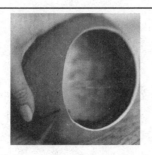	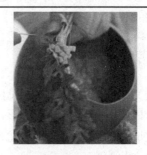
（7）用锥子在葫芦上方刺一些小洞，间隔 1.2cm 左右	（8）用缝衣针将蜡封麻线穿过小洞，固定新鲜的花草或干燥的松针等作为装饰

葫芦雕刻是一种古老的手工艺术，极具造型感、古朴感、历史感和民族感，有着深厚的文化承载力，其来源于世俗生活，又服务于世俗生活，颇受大众喜爱。葫芦是中华民族最原始的吉祥物之一，人们常挂在门口用来避邪、招财。葫芦雕刻注意事项如下。

（1）在雕刻过程中要注意感悟敬业、精益、专注、创新等精神。

（2）电钻雕刻时需格外小心，钻头只能与葫芦接触，注意不要用手碰触钻头，以免造成皮肤划伤。

（3）雕刻时需佩戴口罩，以防葫芦沫飞入鼻腔。雕刻用力点应集中于手指上。雕刻结束后应及时切断电钻电源，做到节能减排。

四、劳动评价

葫芦的雕刻汲取其他材质的雕刻技法，结合自身材质的特点和工艺要求，主要有圆雕、浮雕和线刻三种形式。另外还有一些综合运用各种表现形式的雕刻技法，如微刻、镂雕等。葫芦雕刻评价表如表 3-14 所示。

表 3-14　葫芦雕刻评价表

序　号	项　　目	配　　分	评判标准	得　　分
1	整体设计	20	具有整体风格，让人赏心悦目，风格独特，有艺术个性，内容健康	
2	铅笔描线	20	线条描绘顺畅，无过多橡皮擦拭痕迹	
3	雕刻	20	雕刻过程中注意安全，雕刻切口与线条一致	
4	掏籽净度	20	掏挖干净，保证工作台整洁	
5	砂纸打磨	20	打磨细致，葫芦皮及内壁平滑不粗糙	

五、劳动反思

（1）我在雕刻、打磨过程中有过怎样的思考或顾虑？

（2）如果再次雕刻我将如何改进？

（3）在雕刻过程中我学到了什么方法？

六、劳动辞典

非物质文化遗产是指各族人民世代相传，并视为其文化遗产组成部分的各种传统文化表现形式，以及与传统文化表现形式相关的实物和场所。非物质文化遗产是一个国家和民族历史文化成就的重要标志，是优秀传统文化的重要组成部分。非物质文化遗产和物质文化遗产合称文化遗产。

2022 年 11 月，随着"中国传统制茶技艺及其相关习俗"项目的申遗成功，中国已有43 个项目被联合国教科文组织列入非物质文化遗产名录（名册），位居世界第一。

中国是一个多民族国家，悠久的历史和灿烂的古代文明为中华民族留下了极其丰富的文化遗产。为进一步加强中国文化遗产保护，继承和弘扬中华民族优秀传统文化，推进社会主义先进文化建设，国务院决定从 2006 年起，将每年 6 月的第二个星期六设立为"文化遗产日"。

七、劳动文化

> 白玉金边素瓷胎，雕龙描凤巧安排。
> 玲珑剔透万般好，静中见动青山来。
>
> ——清·弘历《咏白玉金边素瓷胎》

《咏白玉金边素瓷胎》描写了瓷器制作者巧夺天工的制作技艺。通过这种描写，赞美了中华民族人才济济和深厚无比的文化底蕴。"玲珑剔透万般好"又说出了作者对瓷器完美程度的偏爱。"静中见动青山来"描述了瓷器制作者画工的工整和栩栩如生。

八、劳动拓展

根据葫芦的不同形状、部位，经过巧妙设计和精心雕刻，再辅以彩绘装饰，可以创造出各种工艺品、实用器具。想一想，你还见过哪些材料雕刻的工艺品。

项目 2　方裁装裱画心

一、劳动基础

1. 书画装裱步骤

装裱也叫"装潢""装池""裱背"，是我国特有的一种保护和美化书画以及碑帖的技术，即以各种绫锦纸绢对古今纸绢质地的书画作品进行装裱美化或保护修复。在宣纸和绢素上所作的书画，因其墨色的胶质作用，画面多皱折不平，易破碎，不利观赏、流传和收藏。

只有经过托裱画心，使之平贴，再依其色彩的浓淡、构图的繁简和画幅的狭阔、长短等情况，配以相应的绫锦纸绢，装裱成各种形式的画幅，才能使笔墨、色彩更加丰富突出，艺术性更强。

装裱工艺大致可分为六大部分，每一部分又可分为许多小的工序。

第一部分为定型备料，包括制浆糊、画心托底、托绫绢等。

第二部分为上浆托纸，包括调试浆水、配托纸、润画心、上浆托纸、刷浆口、上墙绷平晾干。

第三部分为裁画心、下料，包括画心下墙，取正方裁、量裁镶嵌材料。

第四部分为画心与镶嵌材料的组合、定型，包括镶局、镶牙子、镶边、镶天头地脚、卷边或沿边、上钉角等。

第五部分为复画上背，包括配复背纸、裱件的闷水润性，刷复裱上画和排平，加辅料、上墙、绷平。

第六部分最后完成，包括下墙、打蜡、剪边、装天地杆轴，挂网结带。

由于装裱的类别和款式不同，它们的工序材料也各有差异。装裱是一门工艺性较强的专门技术，每个装裱师的经验、习惯手法各异，各自的操作方法也不尽相同，只有通过实际操作、反复实践才能逐渐掌握。

2. 装裱方式

我国的装裱工艺是伴随着中国绘画的历史而产生的，从历史资料看，早在1500年前装裱技术就已经出现，对于装稼浆糊的制作、防腐，装裱用纸的选择，以及古画的除污、修补、染黄等都有文字记载。到了明代，周嘉胄著有《装潢志》，清代周二学著有《一角篇》，均是我国系统论述装裱的专门著作。

装裱是我国特有的一种美化和保护书画及碑帖的技术。装裱也是一门艺术。俗话说，三分画七分裱，可见装裱之重要。书画作成一经装裱、便觉神采墨妙而成为完整的作品，使人感到赏心悦目。其方法是先用纸托裱在书画作品的背后，再用绫、绢、纸镶边，及至扶活，然后安装轴杆或版面。成品按形制可分为卷、轴、册页和片。经装裱后的书画、碑帖便于收藏和布置观赏。

3. 装裱工艺

首先是材料的托和染，步骤如下。

（1）托绫、绢，将绫绢正面合案铺平，用排笔蘸清水将其刷透，后用干毛巾将水分吸干，使绫绢紧绷案面，平直无皱，再刷浆糊，后将卷好的纸对齐绫绢，边展托纸，边用浆刷刷实，完成后再以棕刷排实，揭去，晾在墙上。另外还可将颜料放入浆糊中调匀，刷至绫绢，上纸，晾干，即连托带染色，称浑托。

（2）托镶料纸、裱背纸，大多托3层。先将第1层纸铺开，用稀浆水将纸刷平刷匀，加托第2层，对齐边口，展纸，刷实。再用浆水加托第3层，步骤同上。3层托好后，再用棕刷刷一遍，晾干。

（3）染材料，将颜料及胶用水浸泡化开，把所染纸绢绫反扣在画案上，往上刷颜色水，要均匀，先刷托纸，后刷纸绢绫的正面，然后上墙晾干。

托裱画心步骤如下。

（1）湿托法，用于不掉色的画心。把裁方的画心反铺于画案，润潮展平，上浆水，沿画心四边刷上局条，后把托纸刷上，再用棕刷由上而下刷住托纸。

（2）平托法，用于易扩散或掉色的画心。其方法是托纸上刷浆水，画心覆其上。有飞托、覆托之分。再进行镶覆和砑装。镶覆：将托好的画心裁去多余的局条，再在画心四周镶覆上所需要的圈档、上下隔水、天地头、惊燕，绫小边或通天小边等各种材料，然后在其背面刷浆水，粘上覆背纸即可。砑装：砑，即对覆背后的裱件用砑石砑磨，使之光洁柔软。装则指在裱好的画幅上，装配天地杆、轴头，在杆上钻、穿绳，以便悬挂等，至此装裱工作全部结束。

4. 装裱形式

装裱形式主要有条幅、长卷和册页。

（1）条幅，因是垂直悬挂，又称挂轴或轴。自上而下包括天杆、天头、惊燕、上隔水、圈档、画心、下隔水、地头、地杆、轴头等，一般天头大、地头小。

（2）长卷，也叫手卷，简称卷。由天头、副隔水、前隔水、绢边、引首、画心、后隔水、题跋纸心、拖尾等组成。

（3）册页，首尾相连、折叠而成，其形式类似画册，每页一幅画，或一画一跋，首尾为硬面包锦，内有边、画心、分心等。册页有多种样式，其中左右翻折，向右开版的称蝴蝶装，上下翻折，向上开版的为推蓬装等。另外，装裱幅式还有屏条、对联、横批等。

二、劳动场所

1. 环境

工作室明亮宽敞，避免阳光直射，干湿度适中，有一定的走动空间；装裱时环境保持整洁，保持空气流通，减少灰尘，不能直接吹风；在开始操作前，用抹布、清水把案子（光滑平整的大桌子）擦干净。

2. 材料

画心、优质生宣纸。

3. 工具

裁刀、裁尺、针锥、自愈切割垫。

三、劳动说明

画心的方裁是指已经托平后的书画作品，用裁刀将画心不规整的四条毛边裁切得规矩而整齐，即四个角相等、四条边相互平形的方形画心。这一工序称为方裁画心，简称为方心。方裁装裱画心过程如表 3-15 所示。

表 3-15　方裁装裱画心过程

（1）将画心正面朝上放在铺好切割垫的案子上

（2）将较长的一边用裁尺定位，用裁刀裁平整，作为定边

（3）将定边对折，上下裁口对齐，压裁尺固定

（4）用针锥在定边的对边下角处扎一个针眼做标记

（5）摊平画心，用裁尺对准两个针眼形成两点一线，用裁刀裁平整，使两条长边平行

（6）对折画心，使裁好的两边重叠，压裁尺固定，在画心两端的下角处各扎一个针眼

（7）摊平画心，以针眼为准，用相同的方法将另外两边裁整齐

（8）检查画心四周，边际应裁切屏纸整齐，对边平行，临边垂直

画心的方裁要做到上下、左右两条对边都是平行相等的，四角都是 90° 的直角。要求画面内的构图不偏不斜，不可破坏原作品的构图效果以及画中的印章和题字等。

在每一次下刀之前，应该先审视装裱作品的画面，在决定了取舍之后，再行刀裁切。另外，还需要准备一块或两块有一定重量的小物体，如铁块、耐火砖等，用来压住裁尺的一头或两头，以防止在行刀时，由于用力而走偏裁刀或把画件裁坏。画心的方裁注意事项如下。

（1）扎针眼时要选择合适的位置，不能把押角章或部分画意裁掉，要最大限度保留原作品尺寸。

（2）使用裁刀时，一手执裁刀，一手按裁尺，裁尺不能扭动，以防弄伤手指。

（3）压裁尺固定画心时，要观察对折后虚空的部分，不能两头错扭或高低不同，应将齐口的一边左右移动使画心平顺。

（4）工具取用轻拿轻放，使用后的工具不能随便乱放，核对无误再收纳。

四、劳动评价

一幅完整的书画，要想使其美观，还要便于保存、流传和收藏，是离不开装裱的。书画经过装裱后具有更高的艺术美感。那么书画的装裱质量怎样评价呢？

根据书画的装裱工序，可将书画的质量评价标准简单总结为四个字，即平、软、薄、光。书画装裱评价表如表 3-16 所示。书画装裱效果如图 3-18 所示。

表 3-16　书画装裱评价表

序　号	项　目	评 判 标 准	是/否
1	裱工精细	镶缝及各种接缝相等。画心与镶料裁切齐准，不伤画意。印章、落款不走形。天地杆配装合适、包粘紧实。砑背光亮。整个裱件厚薄适度、柔软手感好	
2	舒展大方	裱件的尺寸、长宽比例合理，既要考虑人们的观赏习惯，又要符合陈列的要求	
3	色调谐调	装裱之后，要有整体感。冷（蓝、绿、紫等色）暖（红、橙、黄等色）适度，深浅得当	
4	平整洁净	画心光洁不沾污，色无脱落，墨无洇散	

图 3-18　书画装裱效果图

五、劳动反思

（1）我在方裁过程中对每个步骤的操作细节有过怎样的思考或顾虑？是否进行了预

防和控制？

（2）从方裁画心过程中我学到了什么方法？可以用到生活或学习中的哪些方面？

六、劳动辞典

机器装裱：由装裱设备（裱画机）、装裱新材料（胶纸和胶膜）及快速操作工艺组成的装裱新技术。机器装裱所用的时间少、质量好、费用低，且不受气候变化及环境条件的限制，工艺操作简单易学。

书画装裱机及装裱材料是将日本最新机裱技术和中国传统装裱相结合的产物，它的诞生标志着中国书画装裱进入了一个新的阶段，是对传统装裱工艺观念上的革新。其最突出的特点为：① 装裱时不用上墙，长时间悬挂不会因空气潮湿或干燥而产生变形。所裱作品平展柔软、不易折。因采用高分子改性材料，裱件不会出现起泡现象，并能防霉防蛀。② 操作简单，能在较短时间内全面掌握装裱技术。③ 速度快捷，立等可取。④ 所裱作品，洁净不沾污，色不脱落，墨无洇散，容易揭裱。因此，装裱机使所裱作品档次更高、质量更好、效果更佳。

七、劳动文化

央视纪录片《我在故宫修文物》重点记录了故宫书画、青铜器、宫廷钟表、木器、陶瓷、漆器、百宝镶嵌、宫廷织绣等稀世珍奇的修复过程和修复者的生活故事。片中第一次完整呈现了世界顶级的中国文物修复过程和技术，展现了文物的原始状态和收藏状态；第一次近距离展现了文物修复专家的内心世界和日常生活；第一次完整梳理了中国文物修复的历史源流。

跨越明清两代、建成将近六百年的故宫，收藏着包括《五牛图》《清明上河图》在内的180 多万件珍贵文物。历经百年沧桑，这些人类共同的瑰宝或多或少蒙上尘埃、破损不堪。从故宫博物院建院那一天起，一代又一代文物修复师走入紫禁城的红墙，通过他们化腐朽为神奇的妙手，将生命的活力重新注入一件件文物之中。木器、陶瓷、青铜、漆器、钟表、织绣、书画，不同的文物有着不同的特性，也有各自修复的难点。而这些修复师们甘于寂寞、甘于平淡，在与文物的对话中小心翼翼感受着来自古代的微弱的脉搏。文物有灵魂、有生命，它们和人类的内心大美紧紧相连。

八、劳动拓展

随着时代发展，机器装裱已经相当普及，机器装裱设备方便快捷。装裱机器的出现与应用，是否会冲击传统手工装裱行业？传统手工装裱会被取代吗？请查阅资料了解机器装裱与手工装裱的特征，并讨论两种工艺的关系。

第四单元　劳动安全记心中

习近平谈劳动

我们要倡导勤劳俭朴、努力奋进的社会风气，让所有人的劳动成果得到尊重。要着力解决贫困、失业、收入差距拉大等问题，照顾好弱势人群的关切，促进社会公平正义。

2017年1月17日
习近平在世界经济论坛2017年年会开幕式上的主旨演讲

劳动思政

切实实现好、维护好、发展好劳动者合法权益

让人民群众过上更加幸福的好日子是我们党始终不渝的奋斗目标，实现共同富裕是中国共产党领导和我国社会主义制度的本质要求。要坚持以人民为中心的发展思想，维护好工人阶级和广大劳动群众合法权益，解决好就业、教育、社保、医疗、住房、养老、食品安全、生产安全、生态环境、社会治安等问题，不断提升人民群

众的获得感、幸福感、安全感。

　　要把稳就业工作摆在更加突出的位置，不断提高劳动者收入水平，构建多层次社会保障体系，改善劳动安全卫生条件，使广大劳动者共建共享改革发展成果，以更有效的举措不断推进共同富裕。要适应新技术、新业态、新模式的迅猛发展，采取多种手段，维护好快递员、网约工、货车司机等就业群体的合法权益。

　　要建立健全困难群众帮扶工作机制，把党和政府的关怀送到困难群众心坎上，让他们感受到社会主义大家庭的温暖。要坚持从群众多样化需求出发开展工作，打通服务群众的新途径，使服务更直接、更深入、更贴近工人阶级和广大劳动群众，以服务群众实效打动人心、温暖人心、影响人心、赢得人心。要健全党政主导的维权服务机制，完善政府、工会、企业共同参与的协商协调机制，健全劳动法律法规体系，为维护人民群众合法权益提供法律和制度保障。要健全以职工代表大会为基本形式的企事业单位民主管理制度，推进厂务公开，充分发挥广大职工群众的积极性、主动性、创造性。

　　在日常生活和生产中，具有强烈的安全意识是非常重要的。安全意识的增强有利于人们自觉执行相关的安全规章制度，减少违章违纪行为；有利于人们不断提高对危险的认知能力，主动排查身边存在的各类事故隐患；有利于消除习惯性违章作业，提高职工反"三违"（违章指挥、违章操作、违反劳动纪律）的主动性和积极性，防范事故的发生。

第一部分　劳动安全

　　社会发展到今天，校园对社会的开放程度越来越高。中职生面临的各种不安全因素在逐年增多，中职生受到的非法侵害案件和与中职生有关的安全事故的数量也在逐年上升。如果中职生因为安全问题而出现意外，不仅其个人的学业、财物、身心健康会受到影响，而且会给家庭带来不安和痛苦。因此，中职生要认真学习安全知识，知晓应树立哪些方面的安全意识，增强自我保护能力。这样才能做到居安思危、有备无患。

第一课　实习实训安全

　　《中等职业学校学生实习管理办法》第三条明确规定："本办法所称学生实习，主要是指中等职业学校按照专业培养目标要求和教学计划的安排，组织在校学生到企业进行的教学实习和顶岗实习，是中等职业学校专业教学的重要内容。中等职业学校三年级学生要到生产服务一线参加顶岗实习。"现实生活中，中等职业学校在人才培养过程中，职业技能的培养始终是教学重点。由于中等职业技术学校本身受实践场地、教学设施设备限制，为了更好地让学生在实践中提高专业技能，绝大多数职业院校经常有计划地组织学生到企业生产一线进行实习锻炼。

案例阅读

"感动河北"年度人物——胥佳宁：火灾中的最美逆行者

2020 年 5 月 20 日 10 时左右，张家口市河北省矾山磷矿有限公司宿舍楼突然起火，家住 4 楼的胥佳宁发现楼道内黑烟弥漫，察觉到危险后马上报警，然后挨家挨户提醒居民赶快逃生。

火势越来越大，当大家都逃生后，胥佳宁发现四楼有一位老大爷还未下来，她当机立断，决定冒险再入火场，最终顺利将老大爷从火场中救了出来。

最终，民警、消防队员及时赶到并扑灭了大火，胥佳宁和另外几个邻居已将楼内全部人员疏散，无一人伤亡，为消防救火工作大大降低了难度，最大限度地保护了群众的生命安全。

胥佳宁发现起火后，遇事不慌，处事不惊，乐于奉献，不仅解救了被困人员，更重要的是避免了重大事故的发生。

胥佳宁同学的老师这样评价她："人极难和本能抗争。趋利避害、保全自己是刻在我们基因里的本能。非此，人类无法延续。但是，罔顾本能乃英雄，因为他们能在危急时刻不计得失地帮助他人。胥佳宁同学在火灾中，不顾自己安危、救助老人孩子的样子像一个真正的英雄。"

（资料来源：2021 年 12 月 14 日，《燕赵都市报》，有删改）

一、岗位操作安全事故的预防

1. 岗位操作安全教育

（1）安全重于泰山，安全是一切工作的第一前提。在顶岗实习中，无论学生从事的是什么工作，都会面临一定的安全问题，只是不同的岗位和工作性质面临的安全环境有所区别。学生对企业的生产经营活动不了解，没有从事相关工作的经验，比企业正式员工更容易出现安全问题。因此，学校和企业都应该重视安全问题。

（2）在顶岗实习前，学校要根据学生将要参与的顶岗实习企业及岗位做好安全教育工作，安排专题安全教育。

（3）学校应建立安全教育考核制度，对参加顶岗实习的学生进行培训考核，安全教育考核不及格的学生不得参加顶岗实习，直到安全教育考核成绩达标。

2. 生产岗位安全操作规程

在顶岗实习工作岗位上，实习学生应严格遵守以下生产岗位安全操作规程。

（1）明确生产实习任务，遵守安全操作规程，严格遵守劳动纪律。严格执行交接班制度、巡回检查制度，禁止脱岗，禁止进行与生产无关的一切活动。

（2）实习学生应在短时间内与自己的实习指导教师建立起较好的师生关系，在工作中要积极主动，遵守纪律，服从实习指导教师的工作安排；对重大问题应事先向实习指导教师反映，共同协商解决，不得擅自处理。要认真执行岗位安全操作规程，防止发生碰伤、砸伤、烫伤、跌倒及身体被卷入转动设备等人身事故和设备事故。

（3）开机前，必须全面检查设备有无异常情况，对转动设备应确认无卡死现象、安全保护设施完好、无缺相漏电等，并确认无人在设备内作业，方能启动运转。启动后若发现异常情况，应立即停机检查原因并及时反映。

（4）严格遵守特种设备管理制度，禁止无证操作。正确使用特种设备，开机时必须注意检查，发现不安全因素应立即停止使用并挂上故障牌。

（5）按章作业，搞好岗位安全文明生产，发现隐患（特别是对因泄漏而易引起火灾的危险部位）应及时处理及上报。及时清理杂物、油污及物料，切实做到安全消防通道畅通无阻。

二、保障岗位操作安全的措施

1. 机械操作安全

（1）保证机械本身安全。防护栏、拨手器、双手启动按钮、红外保护、光电保护等安全装置能在机械运行时将人的手隔离在危险区域外。因此，这些装置都是人们的"好朋友"，要保证它们正常运行。

（2）机械的操作者必须做到安全操作。安全操作一般包括操作前、操作中、操作后三个环节。操作前要经过培训，熟知安全操作规程；操作中要按照相关规程操作，不得擅自改变；操作后清扫整理工作环境。

（3）安排适当的工作时间和休息时间。人不可能长时间地连续作业，工作一段时间就会疲劳，作业效率降低，这时如果不能及时休息，就容易发生事故。因此，要杜绝疲劳作业。

（4）作业场地要达到要求。作业场地不能过于狭小，工、卡、量具应按规定摆放，原材料、成品、半成品应堆放整齐、平稳，防止坍塌或者滑落。

（5）科学使用劳保用品。在生产过程中，劳保用品能保护劳动者的人身安全与健康。应根据工作情况或危险等级合理选配劳保用品，该用的劳保用品一定要正确佩戴，不该用的劳保用品既影响工作效率又达不到保护效果则坚决不用。

2. 电气操作安全

（1）安全电压。安全电压是指人体接触到的对人体各部分组织（皮肤、心脏、神经等）

没有任何损坏时的电压。人体触电时，电压的高低关系着对人体的伤害程度。

（2）绝缘。绝缘是指用不带电的材料将带电体隔离或包裹起来，这样人接触时不会发生触电事故。良好的绝缘对于保证电气设备与线路的安全运行，防止人身触电事故的发生是最基本的和最可靠的手段。但绝缘并不是万无一失的，在强电作用下，绝缘材料可能被击穿而丧失其绝缘性能；腐蚀性气体、日晒、风吹、雨淋等也能使绝缘材料逐渐老化而失去绝缘性能。

（3）安全距离。在各种工作条件下，带电体和周围的接地体、地面、不同相的带电体以及工作人员之间，必须保持的最小距离。安全距离还需考虑工作中可能产生的最大工作电压或电压导致的导体放电，保证工作人员在维修设备和操作时绝对安全。

（4）保护接地与保护接零。保护接地是指将用电设备在绝缘失效的情况下可能出现危险的金属部分用导线与接地体连接起来，如电力设备的金属外壳、钢筋混凝土杆和金属杆塔等。保护接零是指将电气设备正常时不带电的金属部分同低压电网的零线连接起来。

（5）合理选用电气设备。合理选用电气设备是减少触电危险和火灾爆炸危险的重要措施，要根据周围环境的情况选择电气设备。

（6）安装漏电保护装置。漏电保护装置是用来防止触电或漏电的一种接地装置。当电路或用电设备漏电电流大于其设定值时，或人、动物发生触电危险时，它能迅速切断电源，避免事故的扩大，保障了人身、设备的安全。

3. 化学品接触安全

1）学生进行相关化学品实践的安全要求

由于化学品的特殊性，学生在实践操作时必须遵循以下要求。

（1）作业场所保持良好的通风。控制作业场所中的有害气体、蒸汽或粉尘浓度，通风是最有效的控制措施。

（2）科学使用防护用品。在无法将作业场所中有害化学品的浓度降低到最高容许浓度以下时，工人必须使用合适的个体防护用品。需要使用呼吸器的人员必须进行正规培训，掌握呼吸器的使用、保管和保养方法。

（3）保持良好的个人卫生。保持个人卫生主要应注意以下几个方面：遵守安全操作规程并使用适当的防护用品；不直接接触会引起过敏的化学品；工作结束后、饭前、饮水前、吸烟前及便后要充分洗净身体的暴露部分；衣服口袋里不装被污染的物品，如抹布、工具等；勤剪指甲并保持指甲洁净；时刻注意防止身体被污染，尤其在清洗或更换工作服时更要注意；防护用品要分放、分洗；定期检查身体。

2）发生化学品安全事故后的自我防护

发生化学品事故后，要学会自我防护，一般包括呼吸防护、皮肤防护、眼睛防护、撤离、清洗消毒和救治六个方面。

（1）呼吸防护。在确认发生毒气泄漏后，应马上用手帕、餐巾纸、衣物等随手可及的物品捂住口鼻。如果有水或饮料，应把手帕、衣物等浸湿。最好能及时戴上防毒面具或防毒口罩。

（2）皮肤防护。尽可能戴上手套，穿上雨衣、雨鞋等，或用床单、衣物遮住裸露的皮肤。如果备有防化服等防护装备，要及时穿戴。

（3）眼睛防护。尽可能戴上各种防毒眼镜、防护镜或护目镜等。

（4）撤离。判断毒源与风向，沿上风或侧上风路线朝远离毒源的方向迅速撤离现场。

（5）清洗消毒。到达安全区后，要及时脱去被污染的衣服，用流动水冲洗身体，特别是曾经裸露的部分。

（6）救治。迅速拨打120急救电话，将中毒人员尽快送医院救治。中毒人员在等待救援时应保持平静，避免剧烈运动，以免加重心肺负担，致使病情恶化。

4. 建筑施工安全

1）高空作业安全

高空作业包括距地面2m以上，工作斜面坡度大于45°，工作区没有平稳的立脚地或有震动等。高空作业不仅存在于建筑业，电工、高楼清洗工等也需要进行高空作业。

（1）高空作业基本要求。首先，高空作业区要在地面划出禁区，用围栏围起，并挂上"闲人免进""禁止通行"等警示牌。夜间作业时，必须设置足够的照明设施，否则禁止施工。靠近电源（低压）线路作业前，应停电。确认停电后方可进行工作，并应设置绝缘挡壁。作业者最少离电源（低压）线路2m，禁止在高压线下作业。遇6级以上大风时，禁止露天进行高空作业。进行高空焊接、氧割作业时，必须事先清除火星飞溅范围内的易燃易爆物品。当结冻、积雪严重，无法清除时，应停止高空作业。

（2）高空作业的安全措施。严禁上下同时垂直作业，若情况特殊必须垂直作业，应经有关领导批准，并在上、下两层之间设置专用的防护棚或其他隔离设施。严禁坐在高空无遮拦处休息。卷扬机等各种升降设备严禁上下载人。

2）起重作业安全

起重作业作为中职教育中的复杂实践，其环境复杂、危险性较大。因此，中职生在与起重作业有关的岗位参加实践时，应远离起重场所。如果实践岗位与起重设备密切相关，则应注意保护自身安全。不但自己要时刻注意，还需要互相提醒、检查落实，以防不测。

（1）起重机安全操作规定。司机接班时，应对制动器、吊钩、钢丝绳和安全装置进行检查。发现性能不正常时，应在操作前排除。开车前，必须鸣铃或报警。操作中接近人时，亦应给出断续铃声或警报。操作应按指挥信号进行。对紧急停车信号，不论何人发出，都应立即执行。当起重机上或其周围确认无人时，才可以闭合主电源。当电源电路装置上加锁或有标牌时，应由专管人员撤除后才可闭合主电源。

（2）正确使用吊具、索具。用于起重吊运作业的刚性取物装置称为吊具，如吊钩、抓斗、夹钳、吸盘、专用吊具等。用于系结工件的柔性工具称为索具，如钢丝绳、环链、合成纤维吊带等，端部配件常用的吊环、卸扣、绳卡等。吊具、索具使用不当，是引起起重事故的重要原因。正确使用吊具、索具要求使用者应熟知各类吊具、索具及其端部配件的性能、使用注意事项、报废标准。所选用的吊具、索具应与被吊工件的外形特点及具体要求相适应,绝不能对付使用。

3)拆除作业安全

拆除区周围应设立围栏,挂警告牌,并派专人监护,严禁无关人员逗留。拆除工程在施工前,应将电线、天然气煤气管道、上下水管道、供热设备管道等干线和通向该建筑物的支线切断或迁移。在拆除过程中,现场照明不得使用被拆建筑物中的配电线,应另外设置配电线路。拆除作业时,应站在专门搭设的脚手架上或其他稳固的结构部分上操作。拆除建筑物时的顺序是屋顶板—屋架或梁—承重砖墙或柱—基础,自上而下,禁止数层同时拆除。拆除某一部分时应防止其他部分倒塌。

4)搬运作业安全

手工搬运是比较繁重的体力劳动,如果互相配合不好、工具使用不当,也容易造成工伤。简易人力搬运的安全要求如下。

(1)肩扛。肩扛的重量以不超过本人体重为宜。最好有人搭肩,搭肩应稍下蹲,待重物到肩后,直腰起立,不能弯腰,以防腰部扭伤。

(2)肩抬。两人以上抬运重物时,必须同一顺肩。换肩时重物须放下。多人抬运时,必须有一人喊号,以求步调一致。

(3)使用跳板。在使用跳板时,必须使用厚度大于 50mm 的跳板,凡腐朽、扭曲、破裂的跳板,均不得使用。单行跳板,其宽度不得小于 0.6m;双行跳板,其宽度不得小于 1.2m。跳板坡度不得大于 1∶3。凡长度超过 5m 的跳板,下部应设支撑。跳板两头应包扎铁箍,以防裂开。

(4)使用撬杠。应根据具体情况采用长短大小不同的撬杠(0.5~1.6m)。操作时,撬杠应放在身体一侧,两腿叉开,两手用力。禁止站在或骑在撬杠上工作,禁止将撬杠放在肚子下,以防发生事故。

(5)使用滚杠。移动较沉重的物体时,一般采用滚杠,即在重物的下方放入托板,在托板的下方放入滚杠。这样在移动重物时可大大减少推移的力量。使用的滚杠须大小一致,长短适合,长度最好不超过托板两侧 100~150mm。在移动中需要增加滚杠时,必须停止移动。调正方向时,要用锤击,不得用手调。拿取滚杠时,四指伸进筒内,拇指压在上方,以防压手。

【课堂互动】

安全责任谁来负

观点1:只要没毕业,出了安全问题,都由学校负责。

观点2:安全问题是个人的事情,要自己惜命。

观点3:安全事故是小概率事件,发生的可能性很小,不必过于紧张。即使出了问题,也是用人单位的责任。

你认为上学期间的各种实习、实训、勤工助学、社会实践活动中发生的安全事故该由谁负责？

三、安全劳动的价值意义

1. 树立安全第一的价值观

安全第一的原则主要体现在：一是在思想认识上，安全高于其他工作；二是在知识更新上，安全知识或者规章学习先于其他知识培训和学习。当安全与生产、经济效益发生矛盾时，安全优先。安全是技术、效益、生产等各项工作的基础。只有建立起辩证的安全第一的观念，才能处理好安全与生产、效益的关系，从而做好各项工作。

2. 强化重视生命的情感观

安全维系人的生命安全与健康，事故或灾难是对人健康、幸福、美好生活的毁灭。因此，我们要充分认识人的生命与健康的价值，强化"善待生命、珍惜健康"的情感观。安全情感主要通过"爱己、爱人、有德、无违"来体现。

3. 践行安全生产的经济观

实现安全生产，保护作业人员的生命安全与健康，不仅是团队的工作责任和任务，而且是保障生产顺利进行、团队效益实现的基本条件。安全就是效益，安全不仅能减损，而且能增值，这是我们应建立的安全经济观。安全的投入不仅能给企业带来间接的回报，而且能产生直接的效益。

四、安全劳动的小技巧

1. 增强劳动安全意识

进行岗前培训，增强劳动安全意识，提高防范能力。增强风险意识，注意观察是否存在安全隐患。避免不安全心理因素，如自我表现心理、侥幸心理、冷漠心理等。时刻关心自己与同伴的安全与健康。

2. 遵守安全操作规程

一切按章遵规操作，不冒失走捷径，不违章操作。必须经安全培训考核后持证上岗作业，充分了解本岗位的危险、危害因素，正确佩戴使用劳动防护用品。对于劳动安全风险大的项目，妥善安排通过培训的人员操作。

3. 及时总结经验教训

经验总结并制订防范预案。对事故原因进行分析，针对原因找出对策，总结防范措施，避免下一次事故的发生。

【课堂互动】

你的学长已经开始参加顶岗实习了吗？试着与他们取得联系，并调查他们在上岗之前参加过哪些安全培训。

五、安全劳动任务清单

安全是人类生存与发展的最基本要求，是生命与健康的基本保障。安全生产是保护劳动者安全健康、保证国民经济持续发展的基本条件。

安全劳动任务清单如表 4-1 所示。

表 4-1　安全劳动任务清单

类　别	项目（供选择）	目　　标
农业生产	安全种植、养殖	掌握一定的种植、养殖技术或方法，能找到解决病虫害的办法或采取一定预防措施
工业生产	产品安全生产制造	养成严格遵守操作规程的习惯，培育精益求精的作风，树立强烈的安全意识，掌握基本的安全事故预防技能
生活服务	安全餐饮、休闲娱乐、购物、快递等生活服务	熟悉安全规章，掌握安全支付和服务流程，熟悉各种禁止标志、警告标志、指示标志

项目 1　手工电弧焊

一、劳动基础

我国的焊接技术可以追溯到几千年前的青铜器时代，大约发明于西周晚期，战国时期开始广泛使用。随县战国早期曾侯乙墓中的建鼓铜座上的盘龙是分段钎焊连接而成的。近代真正意义上的焊接技术起源于 1880 年前后电弧焊方法的问世。1930 年，美国的罗宾洛夫发明了使用焊丝和焊剂的埋弧焊。

20 世纪 40 年代，为适应航空工业铝、镁合金的合金钢焊接的需要，钨极和熔化极惰性气体保护焊相继问世。之后电渣焊、电子束焊、等离子、电子束和激光焊接方法的出现，标志着高能量密度熔焊的新发展。

1. 焊接方法

焊接通常是指金属的焊接，是通过加热或加压，或两者同时并用，使两个分离的物体产生原子间结合力而连接成一体的成形方法。根据焊接过程中加热程度和工艺特点的不同，焊接方法（见图 4-1）可以分为熔化焊、压力焊和钎焊三类。

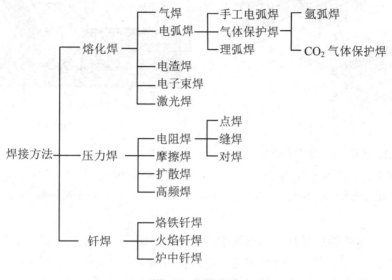

图 4-1 焊接方法

1）熔化焊

熔焊时，将工件焊接处局部加热到熔化状态，形成熔池（通常还需加入填充金属），冷却结晶后形成焊缝，被焊工件结合为不可分离的整体。常见的熔焊方法有气焊、电弧焊、电渣焊、电子束焊、激光焊等。

2）压力焊

在焊接过程中无论加热与否，均需要加压的焊接方法称为压力焊。常见的压力焊有电阻焊、摩擦焊、扩散焊、爆炸焊等。

3）钎焊

钎焊时，采用熔点低于被焊金属的钎料（填充金属）熔化之后，填充接头间隙，并与被焊金属相互扩散实现连接。钎焊过程中被焊工件不熔化，且一般没有塑性变形。

2. 手工电弧焊

手工电弧焊（以下简称手弧焊）是以手工操作的焊条和被焊接的工件作为两个电极，利用焊条与焊件之间的电弧热量熔化金属进行焊接的方法。操作连接和焊接过程如图 4-2 所示。手弧焊由焊接电源、焊接电缆、焊钳、焊条、焊件、电弧构成回路。焊接时采用焊条和工件接触引燃电弧，然后提起焊条并保持一定距离，焊接电源提供合适的电弧电压和焊接电流使电弧稳定燃烧，产生高温，焊条和焊件局部加热到融化状态。焊条端部熔化的金属和被熔化的焊件金属熔合在一起，形成熔池。

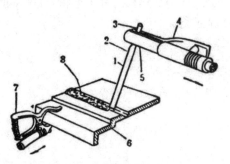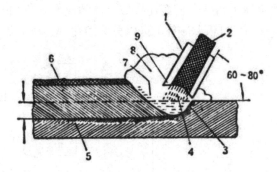

（a）操作连接　　　　　　　　　　　（b）焊接过程

1．焊条；2．药皮；3．焊条夹持端；　　　　1．药皮；2．焊芯；3．焊缝弧坑；4．电弧；

4．绝缘手把；5．焊钳；6．焊件；　　　　　5．热影响区；6．熔渣；7．熔池；8．保护气体；

7．地线夹头；8．焊缝　　　　　　　　　　　　9．焊条端部喇叭

图 4-2　焊接过程

　　在焊接中，电弧随焊条移动，熔池中的液态金属逐步冷却结晶后形成焊缝，两个焊件被焊接在一起。在焊接中，焊条的焊芯熔化后以熔滴的形式向熔池过渡，同时焊条涂层产生一定量气体和液态熔渣。产生的气体充满在电弧和熔池周围，隔绝空气。液态熔渣比液态金属密度小，浮在熔池上面，从而起到保护熔池的作用。熔池内金属冷却凝固时熔渣也随之凝固形成焊渣覆盖在焊缝表面，防止高温的焊缝金属被氧化，并且降低焊缝的冷却速度。在焊接过程中，液态金属与液态熔渣和气体间进行脱氧、去硫、去磷、去氢等复杂的冶金反应，从而使焊缝金属获得合适的化学成分和组织。

二、劳动场所

1. 环境

工作区域要求干燥、通风、无杂物，线路完好、电源电压稳定。

2. 材料

焊接材料、焊条若干。

3. 工具

电弧焊机、焊钳、焊接电缆、焊条、铁锤、工作服、劳保鞋、焊接手套、焊帽、口罩、灭火器。

三、劳动说明

　　手弧焊是一种常见的焊接工艺，它是利用电弧的高温和高能来熔化金属，使其在熔融

状态下连接在一起的一种方法。手弧焊的工艺流程包括准备工作、设备调试、焊接操作和焊后处理等几个步骤。手工电弧焊的工艺流程如表 4-2 所示。

表 4-2　手工电弧焊的工艺流程

序　号	工　艺	操 作 要 领
1	准备工作	在进行手弧焊前，需进行一系列的准备工作。 （1）对焊接材料进行清洁处理，确保焊接表面干净、无油污和氧化物； （2）选择合适的焊接电极和焊接材料，保证焊接质量； （3）准备好所需的焊接设备和工具，如电焊机、电焊钳、钢丝刷、砂纸等
2	设备调试	在进行手弧焊前，需对电焊机进行调试。 （1）电焊机接通电源，调整电流和电压大小，以适应所需的焊接材料和焊接电极； （2）调整焊接电极的长度和角度，确保焊接电弧的稳定和焊接质量
3	焊接操作	在进行手弧焊时，需要注意以下几点： （1）将焊接电极与焊接材料的接触点保持一定的距离，避免电弧熄灭； （2）控制好焊接电弧的大小和位置，确保焊接质量； （3）控制好焊接速度和焊接温度，避免焊接过热或过冷
4	焊后处理	在进行手弧焊后，需要进行一系列的焊后处理工作。 （1）对焊接部位进行清理和打磨，去除焊渣和氧化物； （2）对焊接部位进行检查和测试，确保焊接质量。 （3）对焊接部位进行防腐处理和涂漆，保护焊接部位不受腐蚀和氧化

电焊作业中，注意施焊细节。工作前需要穿戴防护用具。持有效证件上岗，规范操作，禁止酒后作业。检查施焊工具是否绝缘。焊接工具避免放在潮湿的地方，尽量避免雨天作业。具体事项如下。

（1）焊接时要注意观察熔池，熔池的亮度反映熔池的温度，熔池的大小反映焊缝的宽窄；注意对熔渣和熔化金属的分辨。

（2）焊道的起头、运条、连接和收尾的方法要正确。

（3）正确使用焊接设备，调节焊接电流。

（4）焊波均匀，无焊缝缺陷。

（5）注意安全，焊后工件及焊条头应妥善保管或放好，以免烫伤。

（6）在实习场所周围应设置灭火器材。

（7）操作时必须穿戴好工作服、脚盖和手套等防护用品。

（8）必须用防护遮光面罩，以防电弧灼伤眼睛。

（9）弧焊电源外壳必须有良好的接地或接零，焊钳绝缘手柄必须完整无缺。

四、劳动评价

随着生产的发展和科学技术的进步，电焊技术已成为一门独立的学科，并广泛应用于各行各业，在我国的国民经济发展中，尤其是制造业发展中，焊接是一种不可缺少的加工手段。

手工焊接评价表如表 4-3 所示。手工焊接的姿势如图 4-3 所示。

表 4-3 手工焊接评价表

序 号	考核内容	考核要求	配 分	考试评分标准	得 分
1	焊前准备	劳保用品	15	穿戴好工作服、工作帽和手套	
		设备准备	15	正确开启焊机；正确选择焊接电流和电压	
2	焊缝外观	质量要求	20	焊缝表面无焊接缺陷得 20 分，若有气孔、焊瘤、咬边等焊接缺陷，每个缺陷扣 4 分	
		尺寸要求	20	（1）焊缝余高 0～3mm 得 7 分，超过扣 2 分 （2）焊缝余高差不超过 2mm 得 6 分，否则扣 2 分 （3）焊缝宽度差不超过 2mm 得 7 分，否则扣 2 分	
3	时间	按时完成	10	补一根横梁所需时间不得超过产品最大节拍，超时按每 5s 扣 2 分	
4	工位	工位清理	10	保证焊工工位场地、夹具清洁	
		规划合理	10	工具定置定位，不乱摆放	

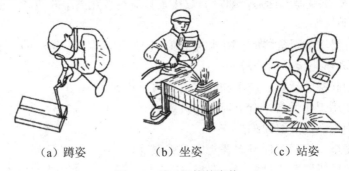

（a）蹲姿　　　　（b）坐姿　　　　（c）站姿

图 4-3　手工焊接的姿势

五、劳动反思

（1）我在焊接作业过程中遇到了哪些安全生产的问题？焊接过程中我是如何做好安全防护的？还有什么安全问题是我事先没有考虑到的？

（2）我对自己的焊接成果感到：很满意、较满意、一般、不满意、很不满意。

（3）下次焊接作业我会做哪些改进呢？

六、劳动辞典

焊接技术是随着金属的应用而出现的，古代的焊接方法主要是我国商朝制造的铁刃铜钺，就是铁与铜的铸焊件，其表面铜与铁的熔合线蜿蜒曲折，接合良好。春秋战国时期曾侯乙墓中的建鼓铜座上有许多盘龙，是分段钎焊连接而成的。

战国时期制造的刀剑，刀刃为钢，刀背为熟铁，一般是经过加热锻焊而成的。据明代宋应星所著《天工开物》一书记载：我国古代将铜和铁一起入炉加热，经锻打制造刀、斧；用黄泥或筛细的陈久壁土撒在接口上，分段煅焊大型船锚。中世纪，在叙利亚大马士革也曾用锻焊制造兵器。

古代焊接技术长期停留在铸焊、锻焊和钎焊的水平上，使用的热源一般是炉火，温度低、能量不集中，无法用于大截面、长焊缝工件的焊接，只能用以制作装饰品、简单的工具和武器。

未来的焊接工艺，一方面要研制新的焊接方法、焊接设备和焊接材料，以进一步提高焊接质量和安全可靠性，如改进现有电弧、等离子弧、电子束、激光等焊接能源；运用电子技术和控制技术，改善电弧的工艺性能，研制可靠轻巧的电弧跟踪方法。另一方面要提高焊接机械化和自动化水平，如焊机实现程序控制、数字控制；研制从准备工序、焊接到质量监控全过程自动化的专用焊机；在自动焊接生产线上，推广、扩大数控焊接机械手和焊接机器人。

七、劳动文化

金珠缀焊又称缀焊金珠、焊珠、炸珠、造粒，是把黄金制成比粟米还小的微小珠粒焊接到金属胎体的表面，组成精美的纹饰图案的工艺。因外形看起来像金灿灿的粟米，在我国古代又称为"金粟""粟金"，所以就有杜甫《白丝行》中的"越罗蜀锦金粟尺"、王建《宫词》中的"粟金腰带象牙锥"的描述。

湖南省博物馆在社交平台"晒"出自己博物馆的一些珍藏文物，其中有十一枚东汉时期的"镂空花金球"，这些"镂空花金球"有的用薄金片制成球形，周围用细金丝捻成边饰；有的球面用焊缀金丝捻成花瓣和极为细小的金珠；有的用金环拼焊成形，空当处堆焊小如芝麻的金珠，如同粟米，粒粒可数，纵横成行，组织巧妙，造型别致精巧。

八、劳动拓展

不锈钢防盗窗是很多家庭的选择，安装后不但安全实用，还不生锈。请问应选用何种焊接方式进行家用不锈钢窗的焊接。

项目2　快递服务

一、劳动基础

快递又称速递或快运，是指物流企业（含货运代理）通过自身的独立网络或以联营合作（即联网）的方式，将用户委托的文件或包裹，快捷而安全地从发件人送达收件人的门到门（手递手）的新型运输方式。快递有广义和狭义之分。广义的快递是指任何货物（包括大宗货件）的快递；狭义的快递专指商务文件和小件的紧急递送服务。从服务的标准看，快递一般是指在48小时内完成的快件送运服务。

快递行业作为邮政业的重要组成部分，具有带动产业领域广、吸纳就业人数多、经济附加值高、技术特征显著等特点。它将信息传递、物品递送、资金流通和文化传播等多种功能融合在一起，关联生产、流通、消费、投资和金融等多个领域，是现代社会不可替代的基础产业。

1. 快递国家标准

2016年，"快递服务"系列国家标准正式实施。"快递服务"系列国家标准包括三部分内容，分别是"基本术语""组织要求""服务环节"，各部分既相对独立，又紧密联系。新标准明确，今后市民无论收、寄快件时都要先过一道验视关。寄快件时，先由快递员查验才会收件。如果拒绝验视，快递员可以拒绝收件。经过验视，快递收派员仍不能确定安全性的存疑物品，应要求寄件人出具相关部门的安全证明，否则不予收寄。快递收派员收寄已出具安全证明的物品时，应如实记录收寄物品的名称、规格、数量、收寄时间、寄件人和收件人姓名、地址等内容，记录保存期限应不少于1年。

2.《快递暂行条例》内容

（1）2018年，《快递暂行条例》正式施行，快递员拒绝送货上门、泄露寄件人隐私等行为都将受到处罚。

（2）经营快递业务的企业应当将快件投递到约定的收件地址、收件人或者收件人指定的代收人，并告知收件人或者代收人当面验收。收件人或者代收人有权当面验收。这意味着，快递员拒绝送货上门属于违反规定的行为。

（3）鼓励多个经营快递业务的企业共享末端服务设施，为用户提供便捷的快递末端服务。鼓励和引导经营快递业务的企业采用先进技术，促进自动化分拣设备、机械化装卸设备、智能末端服务设施、快递电子运单以及快件信息化管理系统等的推广应用。

（4）在寄件方面，《快递暂行条例》进一步明确，经营快递业务的企业收寄快件，应当对寄件人身份进行查验，并登记身份信息。寄件人拒绝提供身份信息或者提供身份信息不实的，经营快递业务的企业不得收寄。

（5）除有关部门依照法律对快件进行检查外，任何单位或者个人不得非法检查他人快件。任何单位或者个人不得私自开拆、隐匿、毁弃、倒卖他人快件。

（6）快件延误、丢失、损毁或者内件短少的，对保价的快件，应当按照经营快递业务的企业与寄件人约定的保价规则确定赔偿责任；对未保价的快件，依照民事法律的有关规定确定赔偿责任。鼓励保险公司开发快件损失赔偿责任险种，鼓励经营快递业务的企业投保。

二、劳动场所

1．环境

携带工作证件、驾驶证件、车辆证件，着工作服、戴工作牌，保证个人仪容仪表，调整好工作状态，约定的公司、家门口或小区门口。

2．材料

面单、封装物、胶带、电子秤等以及价目表、宣传册、发票等物料票据。

3．工具

通信工具、交通工具、手持终端、工具刀等。

三、劳动说明

快件按址派送是指业务员从接收需要派送的快件开始，在规定的时间内到达客户处，将完好快件交给客户并由客户在运单上签字，并将无法派送的快件统一带回收寄处理点，完成运单、快件、款项交接的全过程。快件按址派送流程说明如表 4-4 所示。

表 4-4　快件按址派送流程说明

编　　　号	流程活动	流程活动说明
1	派前准备	准备好需要使用的运输工具、操作设备、各式单证等
2	快件交接	领取属于自己派送范围的快件，与处理人员当面确认件数
3	快件检查	逐个检查快件，如有异常快件交回处理人员
4	快件登单	通过手工或系统，对交接的快件完成派件清单的制作
5	快件排序	根据快件派送段的地理位置、交通状况、时效要求等合理安排派送顺序，将快件按照派送顺序进行排序整理
6	快件运输	将快件按照派送顺序妥善捆扎在运输工具上，途中确保人身及快件的安全，到达地点后妥善放置交通工具
7	身份核实	查看客户或客户委托代为签收人的有效身份证件

续表

编　号	流程活动	流程活动说明
8	提示客户检查快件	将快件交给客户查验。因外包装破损或其他原因客户拒绝接收，应礼貌地做好解释工作并收回快件，同时请客户在运单的"备注栏"内签名，写上拒收原因和日期
9	确认付款方式	确认到付快件的具体付款方式。客户选择现付则按照运单上的费用收取；客户选择记账则在运单账号栏注明客户的记账账号
10	收取代收货款	向客户收取代收货款业务的相应费用
11	客户签收	派件业务员在运单上填写姓名或工号，请客户在运单的客户签字栏用正楷字签名，确认快件已经派送给收件客户
12	信息上传	客户签收后，立即使用扫描设备做派件扫描。采用电子签收方式，则请客户在扫描设备上签字
13	返回收寄处理点	妥善放置无法派送的快件，确保其在运输途中的安全，在规定的时间内返回收寄处理点
14	运单及未派送快件的交接	清点已派送快件的运单（"派件存根"联）、无法派送的快件的数量，核对与派送时领取的快件数量是否一致。将运单和无法派送的快件当面交给处理人员
15	信息录入	将已派送快件的相应信息准确、完整、及时地录入系统
16	交款	将当天收取的款项交给收寄处理点的相应处理人员

寄递物流安全管理要做到三个100%，三点同时满足方可予以收寄，若验证过程中发现问题且客户不予配合修改的拒绝收寄。其流程如图4-4所示。

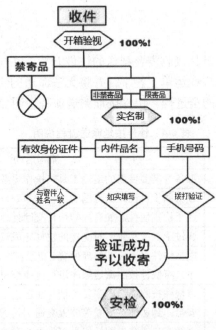

图4-4　寄递物流安全管理流程

（1）收寄验视 100%：寄递企业应严格执行收寄验视制度，对收寄物品一律先验视、后封箱。根据"谁收寄、谁负责"的原则，明确收寄验视责任。

（2）实名收寄 100%：除信件和已有安全保障机制的协议客户、通过自助邮局（智能快件箱）等交寄的邮件、快件外，须对寄件人有效身份信息比对核实后方可收寄。

（3）过机安检 100%：从邮件、快件收件到最终投递或者寄运出本地之前，至少通过一次 X 光机检查。

四、劳动评价

快递服务主要由快递工作人员提供，因此对快递服务质量的考察多从直接接触顾客的快递服务人员的行为进行考察，如职业素养、服务态度、沟通能力、对业务的掌握程度以及服务响应速度等。快件派送评价表如表 4-5 所示。

表 4-5　快件派送评价表

序　号	项　目	配　分	评判标准	得　分
1	服务意识	60	对客户或部门服务态度差，有客户或部门投诉，缺乏服务意识	
			服务态度端正，能较好地服务好客户，为所服务的部门解决问题	
			对客户或部门服务态度好，经常受到客户或部门的各种形式的表扬	
			有较强的服务意识，能主动为客户或部门服务，带动他人，能改善部门服务质量	
2	抗压能力	20	抗压能力差，在压力面前不能正视自己；承受不住压力而放弃	
			抗压能力强，工作中能面对压力，顺利完成任务	
			抗压能力强，面对各种压力能很好地完成任务，能有效地解决问题	
			能在高压下出色地完成任务，解决工作中的各种问题，并能够不断地影响其他人	
3	执行能力	20	缺乏执行力，工作不认真负责，交付的任务往往不能保质保量完成	
			有较强的执行力，对交付的任务能有效完成，但缺乏反馈与创新	
			对工作认真负责，执行力强，能及时完成任务并在任务中积极反馈	
			执行力强，能及时完成任务并积极反馈，在反馈过程中能把握方向，提出新的想法和建议，能超额完成任务	

五、劳动反思

（1）我在快件派送过程中遇到了哪些安全问题？我采取了什么方法保证劳动安全？有没有更好的方法？有没有遗漏的安全隐患？

（2）如果再次派送快件，在劳动安全上我会做哪些改进？

六、劳动辞典

保价是一种加收费用的邮递业务，用于寄递较贵重物品、有价证券、包裹等，如有遗失，邮电部门按保价金额负责赔偿。《中华人民共和国邮政法》第四十七条规定，邮政企业对给据邮件的损失依照下列规定赔偿：保价的给据邮件丢失或者全部损毁的，按照保价额赔偿；部分损毁或者内件短少的，按照保价额与邮件全部价值的比例对邮件的实际损失予以赔偿。大部分快递企业都是以此为标准制定的相关保价协议。

凡按保价运输的货物，托运人除缴纳运输费用外，还要按照规定缴纳一定的保价费。保价运输是针对邮递实行限额赔偿而规定的，它是快递运输合同的组成部分，是保证托运人、收货人能得到及时合理的赔偿的一种赔偿形式。在发生承运人的责任赔偿时，快递要按照货物保价运输的规定给予赔偿。

七、劳动文化

"快递"在古代就有，唐代大诗人杜牧，有一首诗就充分说明了在古代快递的艰辛。

过华清宫

长安回望绣成堆，山顶千门次第开。

一骑红尘妃子笑，无人知是荔枝来。

快递在当今社会能够迅猛发展，得益于飞速发展的交通、物流技术与装备的辅助。

八、劳动拓展

如果准备假期到超市打工，如理货，思考在工作过程中我们如何做好安全防护。

第二课　劳动安全与救护

无论在学校内还是学校外，中职生都有可能遇到突发情况，如果掌握一些现场急救知识，往往能为患者赢得宝贵时间甚至挽救患者的生命。另外，目前喜欢参加体育运动和野外活动的学生越来越多，掌握一些关于包扎、止血等的急救知识非常实用。

红十字会与红新月会国际联合会将每年9月的第二个星期六定为"世界急救日"。各国红十字会和红新月会在这一天都会组织开展各种活动，普及救护知识和技能，提高自救互救意识，宣传和推动红十字救护工作。

人类在享受现代文明的同时，也被灾害事故的阴影笼罩，各种突发的危重急症和意外伤害事故，时时威胁着人们的生命和健康。普及避险逃生和自救互救知识，就是为了在灾难来临的时候，我们能有所作为，通过第一时间的自救互救和专业救援，最大程度地减轻灾害带来的损失，保护人们的生命和健康。

一、安全色与安全标识

1. 安全色

安全色是用来表达禁止、警告、指令、提示等安全信息含义的颜色。它的作用是使人们能够迅速发现和分辨安全标志，提醒人们注意安全，以防发生事故。我国安全色标准规定红、黄、蓝、绿四种颜色为安全色。安全色的意义如表 4-6 所示。

表 4-6　安全色的意义

色　　标	含　　义	举　　例
红色	禁止、停止、消防	仪表运行极限、机器设备上的紧急停止手柄或按钮以及禁止触动的部位通常都用红色，有时也表示防火
黄色	注意、警告	如厂内危险机器和警戒线，行车道中线、安全帽等
绿色	安全、通过、允许、工作	车间内的安全通道，行人和车辆通行标志，消防设备和其他安全防护设备的位置都用绿色表示
蓝色	强制执行	必须带安全帽

2. 安全标识

安全标识通常指安全标志和安全标签。安全标志是由安全色、几何图形和图形符号构成的，用以表达特定的安全信息，是一种国际通用的信息。安全标志分为禁止标志、警告标志、指令标志和提示标志四类，如图 4-5 所示。

（a）禁止标志　　　（b）警告标志　　　（c）指令标志　　　（d）提示标志

图 4-5　安全标志

3．对安全标志的要求

（1）文字简明扼要，图形清晰、色彩醒目。例如用白底红边黑字制作的"止步，高压危险"的标示牌，白色背景衬托下的红边和黑字，清晰醒目，使得标示牌的警告作用更加强烈。

（2）标准统一或符合习惯，以便管理。我国采用的颜色标志的含义基本与国际安全色标准相同。

【课堂互动】

针对你所学的专业，与同学们展开讨论：参加实习或工作后可能会遇到哪些危险？应该如何应对？

二、常见疾病的急救

当意外发生时，生命危在旦夕，救援千钧一发。此时，赢得时间就意味着留住生命。所以，掌握一定的急救知识，能够在紧急情况下及时自救、防止二次损伤尤为重要。这也将为随后的专业医务人员争取宝贵时间。

1．猝死

1）猝死的症状

多数猝死病人在猝死前无明显预兆。有些患者以前有过心绞痛发作史，心绞痛突然加剧，表现为面色灰白、大汗淋漓、血压下降，特别是出现频繁的室性早搏，常为"猝死"先兆。有的患者出现原来没有的症状，如显著疲乏感、心悸、呼吸困难、精神状态变化等。随后，由于心搏骤停，表现为神志不清、高度发绀、痉挛、瞳孔固定而扩大，或出现几次喘息样呼吸而进入临床死亡。如果不及时发现并进行心脏复苏抢救，患者可能很快（4～6min）进入不可逆的生物学死亡。

2）猝死的急救

一般来说，猝死有三个特点：死亡急骤，死亡出人意料，自然死亡或非暴力死亡。多数患者在家中或正常工作时突然发病。因此，及时的现场救护就显得非常重要。当发现有人突然意识丧失倒地时，不能慌乱，首先应让患者平卧，拍击其面颊并呼叫，同时用手触摸其颈动脉部位以确定有无搏动。若无反应且没有动脉搏动，救护者应在几秒钟内使用拳击的方法，使患者恢复心跳：拳头举高 20～30cm，捶击患者胸骨中下 1/3 处 1～2 次，然后判断心跳有无恢复。

3）猝死的预防

猝死发病急，但不是没有应对措施。中职生在生活中和参加运动时应该密切关注身体的变化，预防发生猝死等意外事件。

（1）出现不适早检查。注意运动前、运动中或运动后出现的胸闷、压迫感、极度疲劳等症状，如症状明显应及时中止运动，进行详细检查。

（2）运动强度要适宜。在体育锻炼时应该坚持循序渐进和因人而异的原则，运动前进行充分的准备活动，运动后进行整理活动，避免出现平时不运动，偶尔突然超负荷运动的情况。应根据自己的身体状况采取不同的运动方式，防止出现过度训练和过度紧张，减少心律失常现象的出现和发生。

（3）养成良好的生活习惯。养成良好的生活习惯对于预防猝死很重要。不吸烟，少吃高脂食品和盐，多吃蔬菜、水果，保证睡眠时间和质量，保持情绪稳定，避免精神过度紧张和超负荷运动。

2. 昏厥

1）引起昏厥的原因

引起昏厥的原因很多，如由恐惧、焦虑、急性感染、创伤、剧痛引起的血管迷走性昏厥，低血压引起的体位性昏厥，由冠心病及严重心律失常、心力衰竭引起的心源性昏厥等。但发生在学生身上的昏厥又有自身的特点。这类昏厥多以女生为主。有些女生平时很少运动，身体素质比较差，当出现疲劳、情绪低落、食欲差、能量补充不足等诸多不良因素时，容易出现意识丧失而突然晕倒。无论是哪种昏厥，多突然开始发病，有头晕、心慌、恶心呕吐、面色苍白、全身无力等症状，随之意识丧失，昏倒在地。

2）昏厥的急救

一旦身边出现昏厥者，应该抓紧时间进行急救。

（1）使昏厥者平卧，头放低，松解衣扣。见到昏厥者前额出汗、脸色苍白或已昏厥，应立即扶其躺到床上，抬高下肢，不要用枕。解开领扣、腰带和其他紧身的衣物。如果现场环境无床或不允许昏厥者躺下，可以让其坐下，把头垂到双膝之间。如果昏厥者不能躺下或坐下，可让其单腿跪下，俯伏上身，像系鞋带的姿势一样。这样，昏厥者的头部就处在比心脏低的位置，可能能很快恢复。不要把昏倒在地的昏厥者扶坐起来，要让其躺在地上，身子放平。

（2）用手掐昏厥者的人中穴。妥善处置好昏厥者的姿势后，急救者可用指甲掐昏厥者的人中穴，迫使其很快清醒。昏厥者一般在 5 分钟内便能恢复神志，否则应立即送往医院寻求专业急救。昏厥者醒后至少仰卧 10 分钟，过早起身可使昏厥复发。昏厥者意识恢复后，可饮少量水或茶。对原因不明的昏厥，应尽快送昏厥者到医院诊治。

三、户外运动急救常识

户外活动是学生走出教室，投身大自然的怀抱，体验和感受野外生活乐趣的重要途径。它不仅能锻炼学生克服困难的精神，提高适应自然环境的能力，而且能在集体活动中增进同学间的友谊，丰富社会生活。但是，户外活动也存在一定的意外和危险，所以掌握一定的户外急救技能很有必要。

1. 伤口处理

伤口暴露容易被病菌感染，特别是在野外卫生条件不好的情况下，更应该及时处理好伤口。在旅行前有必要进行免疫接种。

（1）小伤口的处理。首先要清洁伤口，把碎片、泥土等杂物清除，并且除去已经坏死的组织，然后用碘酒及酒精迅速擦拭伤口进行消毒，再将大小合适、干净的纱布轻轻盖在伤口表面，贴上胶布固定。

（2）动脉出血的处理。动脉出血应立即用止血带或手指压在伤口近心端的一方，使血管被压闭住，中断血流，不能压得太松或太紧，以血液不再流出为宜。缚止血带的时间原则上不超过 1 小时，如果需较长时间缚止血带，则应每隔半小时松解止血带半分钟左右。在松解止血带的同时，应压住伤口，以免大量出血。同时，应争取时间去医院处理。

2. 脱臼的急救

脱臼又称关节脱位，是外力或其他原因造成关节面失去正常的对合关系，其中肩部尤其容易脱臼。如果发现肩部脱臼，急救人员应脱去靴子，用脚撑在伤员腋下，拖动脱臼的臂部，使之复位。另一种可行但是更冒险的方法是屈肘 90°，用作杠杆，顶住关节窝使之复位，用吊索支持臂部，并用绷带使之与胸部固定，让伤者好好休息。

3. 骨折的急救

（1）骨折是指外伤或病理等原因致使骨质部分或完全断裂的一种疾病。根据骨折是否和外界相通，可以把骨折分为开放性骨折和闭合性骨折两类。开放性骨折是指断骨可能刺破皮肤，有明显的伤口，因为与外界相通，所以这类骨折比较容易引起感染。闭合性骨折是指断骨没有刺穿皮肤也没有裸露在外的情况。

（2）遇到在野外发生骨折的情况，在将伤者送往医院之前，应该固定其伤肢，以避免搬动过程中骨折软组织、血管、神经或内脏器官进一步受到损伤。这时候需要用到的夹板应该就地取材，树枝、木棍、木板、滑雪杖、折叠的报纸等都可以用来做夹板。在缺乏外固定材料时也可以进行临时性的自体固定，若上肢受伤，则将伤肢固定于躯干；若下肢受伤，则将伤肢固定于健肢。比照对称的另一肢，将断骨牵引复位，再加以固定包扎。完成包扎后，若伤者出现伤肢麻痹或脉搏消失等情况，应立即松解绷带。如果伤口中有脏物，不要用水冲洗，不要使用药物，也不要试图将裸露在伤口外的断骨复位，应在伤口上覆盖灭菌纱布，然后适度包扎固定。如果伤口中已嵌入异物，不要拔除，可在异物两旁加上敷料，直接压迫止血，并将受伤部位抬高，在异物周围用绷带包扎。注意不要将异物压入伤口，以免造成更大伤害。

4. 冻伤的急救

（1）冻疮及其急救。冻疮在一般的低温（3～5℃）和潮湿的环境中即可发生。因此，冻疮不仅在我国的北方地区，而且在华东、华中地区也较为常见。冻疮常在不知不觉中发生，部位多在耳郭、手、足等处，表现为局部发红或发紫、肿胀、发痒或刺痛，有些可起水疱，尔后发生糜烂或结痂。

发生冻疮后，可在局部涂抹冻疮膏；糜烂处可涂用抗菌类和可的松类软膏。另外，发生冻疮后要多穿衣服，注意保暖，防止冻疮恶化。

（2）冻僵及其急救。冻僵是指人体遭受严寒侵袭，全身降温所造成的损伤。伤者表现为全身僵硬，感觉迟钝，四肢乏力，头晕，甚至神志不清，知觉丧失，最后因呼吸衰竭而死亡。

发生冻僵的伤者已无力自救，救助者应立即将其转运至温暖的房间内，搬运时动作要轻柔，避免伤者僵直身体受到损伤。然后迅速脱去伤者潮湿的衣服和鞋袜，盖上被子。用布或衣物裹热水袋等放在腋下，使腹股沟处迅速升温，或将伤者放在38～42℃的温水中浸浴。如果衣物已冻结在伤者的肢体上，不可强行脱下，以免损伤其皮肤，可连同衣物一起放入温水中，待解冻后取下，待伤者出现有规律的呼吸后停止加温。伤者意识恢复后可饮用热饮料。

5. 溺水的急救

1）溺水的预防

为了确保游泳安全，防止溺水事故的发生，必须做到以下几点。

（1）选择安全的游泳场所。不要独自外出游泳，更不要到不知水情或比较危险且易发生溺水事故的地方游泳。选择好的游泳场所，对场所的环境（如该水库、浴场是否卫生，水下是否平坦，有无暗礁、暗流、杂草，水域的深浅等情况）要了解清楚。

（2）要有专人带领。学生要在教师或熟悉水性者的带领下去游泳，以便互相照顾。如果集体组织外出游泳，下水前后都要清点人数，并指定救生员做安全保护。

（3）做好游泳前的准备。下水之前要清楚自己的身体健康状况，平时四肢容易抽筋者不宜参加游泳或不要到深水区游泳。要做好下水前的准备活动，先活动身体，如果水温太低应先在浅水处用水淋洗身体，待适应水温后再下水游泳；镶有义齿的同学应将义齿取下，以防呛水时义齿落入食管或气管。

（4）游泳时要谨慎。对自己的水性要有自知之明，下水后不能逞能，不要贸然跳水和潜泳，更不能互相打闹，以免呛水和溺水。不要在急流和漩涡处游泳，更不要酒后游泳。

（5）遇到不适早防备。在游泳中如果突然觉得身体不舒服，如眩晕、恶心、心慌、气短等，要立即上岸休息或呼救。若小腿或脚部抽筋，不要惊慌，可用力蹬腿或做跳跃动作，或用力按摩、拉扯抽筋部位，同时呼叫同伴救助。

2）溺水者的岸上急救

（1）拨打120急救电话。如果溺水者情况比较严重，首先应该在周围群众的帮助下拨打120急救电话，等专业医生赶到施以援救。在拨打120急救电话时，一定要说清溺水的地点、人数及溺水者的大致状况，让医生做好准备。

（2）清除溺水者口、鼻中的杂物。在急救人员到来之前，现场人员应该抓紧时间实施急救。将溺水者抬出水面后，首先应立即清除其口、鼻中的淤泥、杂草、泡沫和呕吐物，使其上呼吸道保持畅通。如果发现溺水者喉部有阻塞物，可将溺水者脸部转向下方，在其后背用力拍，将阻塞物拍出气管。如果溺水者牙关紧闭，口难张开，可在其身后用两手拇指顶住溺水者的下颌关节用力前推，同时用两手食指和中指向下扳其下颌骨，将口掰开。为防止已张开的口再闭上，可将小木棒放在溺水者上下牙之间。

（3）人工呼吸。对呼吸停止者应立即进行人工呼吸，一般以口对口吹气为最佳。急救者位于溺水者一侧，托起溺水者的下颌，捏住溺水者的鼻孔，深吸一口气后，往溺水者嘴里缓缓吹气，待其胸廓稍有抬起时放松其鼻孔，并用一只手压其胸部以助呼气。反复并有节律地（每分钟吹16～20次）进行，直至恢复呼吸为止。

（4）胸外心脏按压。将溺水者救上岸后，若发现溺水者的心跳已停或极其微弱，则应立即对其施行胸外心脏按压，通过间接挤压心脏使其收缩与舒张，恢复泵血功能。胸外心脏按压与人工呼吸的配合施行，是对尚未出现死亡现象溺水者的生命做最后的挽救，是使其恢复自主心跳与呼吸的重要手段。

6. 中暑的急救

中暑俗称暑热，是体温调节中枢功能障碍、汗腺功能衰竭和水电解质丢失过多引起的疾病。中暑常发生在气温超过32℃和湿度大于60%、无风的夏季。如果在夏季进行剧烈运动或长时间从事重体力劳动，如马拉松锻炼或军训，均有可能引发中暑。

1）中暑的症状

中暑的程度可以分为三级：先兆中暑、轻度中暑和重度中暑。其分别表现为：先兆中暑者有头痛、眩晕、口干舌燥、出汗、疲劳、注意力不集中和动作不协调等症状；轻度中暑者除具有先兆中暑者的表现外，还有肌肉痉挛、疼痛或直立性晕厥、体温轻度升高、面色潮红、皮肤灼热、脉搏加快、呼吸急促和血压下降等脱水表现；重度中暑又称热射病或日射病，表现为高热、昏迷、惊厥和多器官衰竭。

2）中暑的现场急救

中暑后体温升高的程度及持续时间与病死率直接相关。因此，发现中暑者应迅速采取以下急救措施，减少或防止悲剧的发生。

（1）将中暑者转移到阴凉通风处。对中暑者要及时使其脱离高温环境，可将其转移到阴凉通风处休息，使其平卧，头部抬高，松解衣扣。

（2）补充体液。如果中暑者神志清醒，并无恶心、呕吐症状，可饮用含盐的清凉饮料、茶水、绿豆汤等，以起到降温、补充血容量的作用。也可饮淡盐水（0.2%～0.3%浓度的氯化钠溶液）。对神志不清的中暑者最好不要喂水，以防误吸。有条件者，可静脉输注 5%葡萄糖生理盐水或复方氯化钠溶液。

（3）人工散热，物理降温。有条件时，可用电扇通风或空调降温，促进散热，但不能直接对着中暑者吹风，防止造成感冒。也可采用物理降温，如用冷水或冰袋置于中暑者的头、颈、腋下、腹股沟等处，或用酒精擦中暑者的头、颈、腋下、腹股沟等处，都可达到迅速降温的效果。如果中暑者无低血压或休克表现，将其躯体浸入 27℃～30℃的水中 15～30 分钟，也可达到迅速降温的效果。对血压不稳定者，可采用蒸发散热降温，如用 23℃冷水反复擦拭皮肤，同时用电风扇或空调促进散热。

（4）拨打急救电话。对重度中暑者，在采取上述措施的同时，应立即拨打 120 急救电话，将中暑者迅速送往有条件的医院急诊科治疗。

3）中暑的预防

（1）注意饮食。在饮食方面，应注意补充水分。夏季人体水分挥发较多，不能等渴了再喝水，那时身体已处于缺水状态。另外，身体中的一些微量元素会随着水分的蒸发被带走，应适当喝一些盐水。在饮食方面，要补充足够的蛋白质，如鱼、肉、蛋、奶和豆类等；另外，还应多吃能预防中暑的新鲜果蔬，如西红柿、西瓜、苦瓜、桃、乌梅、黄瓜等。

（2）做好防晒工作。在外出时，要做好防晒工作，戴太阳镜、遮阳帽或使用遮阳伞，着浅色、透气、宽松的棉、麻、丝质服装，便于汗液挥发，有利于散热。烈日炎炎下长时间骑车最好穿长袖衬衫或使用披肩，戴遮阳帽。中午至下午 2 时阳光最强，尽量不要待在户外，有条件的可适当进行午休。曾经中暑者在恢复后数周内应避免进行室外剧烈活动和在烈日下暴晒。

（3）随身携带防暑药品。进行长时间户外运动时，要准备好防暑药品。出汗较多时应多饮含盐类和多种水溶性维生素的清凉饮料，保持水和盐的代谢平衡。

7. 蜇伤与咬伤的急救

1）蜂类蜇伤的急救

被蜂蜇伤后，其毒针会留在皮肤内，必须用消毒针将叮在肉内的断刺剔出。如果身边暂时没有药物，可用肥皂水充分冲洗患处，然后涂些食醋或柠檬汁。如果伤者发生休克，在通知急救中心或去医院的途中，要注意保持伤者的呼吸畅通，并进行人工呼吸、心脏按压等急救处理。

2）猫狗咬伤的急救

狂犬病是人被狗、猫等动物咬伤而感染狂犬病病毒所致的急性传染病。狂犬病病毒能在狗或猫的唾液腺中繁殖，狗或猫咬人后通过伤口残留唾液使人感染。有的狗、猫虽无狂犬病表现，却带有狂犬病病毒，它们咬人后照样可以使人感染狂犬病病毒而得狂犬病。目前，狂犬病治疗无特效药物，死亡率高达 100%。因此，人被狗或猫咬伤后必须及时救治。

（1）挤血排毒。如果伤口流血，在流血不多的情况下，不要急于止血，因为流出的血液可以将残留在伤口的猫狗唾液一并带走。对于渗血的伤口，尽量从近心端挤压伤口出血，排除残留的唾液。

（2）冲洗伤口。冲洗伤口一是要快。冲洗伤口分秒必争，以最快的速度把沾染在伤口上的狂犬病病毒冲洗掉。二是要彻底。由于狗、猫咬的伤口往往外口小，里面深，这就要求冲洗时尽量把伤口扩大，让其充分暴露，并用力挤压伤口周围软组织，而且冲洗的水量要大，水流要急，最好是对着自来水龙头急水冲洗。三是伤口不可包扎。除个别伤口大而且伤及血管的情况下需要止血外，一般不上任何药物，也不要包扎，因为狂犬病病毒是厌氧的，在缺乏氧气的情况下，狂犬病病毒会大量生长。

（3）注射狂犬疫苗。伤口反复冲洗后，送伤者去医院做进一步伤口冲洗处理，接着应接种狂犬病疫苗。这里特别要指出的是，在被狗、猫咬伤后，不可将伤口直接涂上水包上纱布。切忌长途跋涉赶到大医院求治，而应该立即就地彻底冲洗伤口，在 24 小时内到医院注射狂犬疫苗。

3）毒蛇咬伤的急救

毒蛇的种类很多，有的甚至含有剧毒，被毒蛇咬伤后若不及时抢救会危及生命。因此，在有蛇出没的地区活动，应掌握毒蛇咬伤后的急救措施。

（1）防止毒液扩散和吸收。被毒蛇咬伤后，不要惊慌失措，奔跑走动，这样会促使毒液快速向全身扩散。伤者应立即坐下或卧下，自行或呼唤别人来帮助，迅速用可以找到的鞋带、裤带之类的绳子绑扎伤口的近心端。如果手指被咬伤可绑扎指根，手掌或前臂被咬伤可绑扎肘关节上，脚趾被咬伤可绑扎趾根部，足部或小腿被咬伤可绑扎膝关节下，大腿被咬伤可绑扎大腿根部。绑扎无须过紧，其松紧度以在能够使被绑扎的下部肢体动脉搏动稍微减弱为宜。绑扎后每隔 30 分钟左右松解一次，每次 1～2 分钟，以免影响血液循环，造成组织坏死。

（2）迅速排除毒液。立即用凉开水、泉水、肥皂水或 1∶5000 的高锰酸钾溶液冲洗伤口及周围皮肤，以洗掉伤口外表毒液。如果伤口内有毒牙残留，应迅速用小刀或碎玻璃片等尖锐物（使用前最好用火烧一下消毒）挑出。有条件时以牙痕为中心做十字切开，深至皮下，然后用手从肢体的近心端向伤口方向及伤口周围反复挤压，促使毒液从切开的伤口排出体外，边挤压边用清水冲洗伤口，冲洗挤压排毒须持续 20～30 分钟。此后如果随身带有茶杯，可对伤口做拔火罐处理，先在茶杯内点燃一小团纸，然后迅速将杯口扣在伤口上，使杯口紧贴伤口周围皮肤，利用杯内产生的负压吸出毒液。

（3）排毒之后要治疗。由于毒液是剧毒物，只需极小量即可致人死亡，因此绝不能因惧怕疼痛而拒绝对伤口切开做排毒的处理。若身边备有蛇药，可立即口服以解内毒。伤者若出现口渴，可饮用足量清水，切不可饮用含酒精类饮料以防毒素扩散加快。经过切开排毒处理的伤者要尽快用担架、车辆送往医院接受进一步的治疗，以免延误治疗时机。转运过程中要消除伤者的紧张心理，使其保持安静。

【课堂互动】

你在炎热的夏季遇到过有人突然晕倒吗？晕倒的人有什么症状？周围的人是如何救治晕倒者的？

四、劳动救护任务清单

急救即紧急救治的意思，是指当有任何意外或疾病发生时，施救者在医护人员到达前，按医学护理的原则，利用现场适用物资临时及适当地为伤病者进行的初步救援及护理，然后迅速送往医院。2022 年 3 月，《中华人民共和国医师法》施行，医师公共场所自愿实施急救免责。劳动救护任务清单如表 4-7 所示。

表 4-7　劳动救护任务清单

类　别	项目（供选择）	目　标
现场急救	单人徒手心肺复苏，触电急救、杆塔上营救触电者	掌握现场使触电者脱离电源的方法；脱离电源后的观察及正确判断；根据伤者现状决定何种急救；畅通气道的方法；收气、呼气的时间；操作的频率
创伤包扎	伤口清洁，创伤包扎	了解和掌握现场包扎技术的基本知识及操作要领。学会检伤、验伤，正确做出判断，实施正规有效的包扎。能在紧急救护现场采取积极有效的包扎措施，保护伤员的生命安全

项目 1　单人徒手心肺复苏

一、劳动基础

人的生命是宝贵的。俗话说"救人一命胜造七级浮屠"，人生在世数十年，谁能保证自己在一生当中不会遇到一些需要紧急救治的情况，救治别人，救治亲朋好友，甚至救治自己。所以掌握一些基本的医学救治知识是必要的，用我们所掌握的基本急救知识可能可以让一个生命继续，让一个急需救治的人化险为夷。

心肺复苏的程序如表 4-8 所示。

表 4-8　心肺复苏的程序

操　作　程　序	操作程序说明
1．判断有无意识（5s）	轻拍、高叫（"来人啊！""救命啊！"），强刺激（掐人中、虎口）
2．如无反应立即呼救（5s）	找人协助打电话（120）通知救护单位，呼救时讲清正确的地理位置或地标性建筑、病员伤情或病情，对方挂机前不挂机
3．仰卧位	为患者保持适当体位：仰卧位，置于地面或硬板上
4．开放气道（5s）	解开患者衣领扣、领带、胸罩等，将患者头偏向抢救者一侧，清除口鼻内的异物和污物（包括假牙）

续表

操 作 程 序	操作程序说明
5．判断有无呼吸（10s）	用耳贴近患者口鼻，侧头注视患者胸部和上腹部（观察 3～5s），一看：胸部和上腹部有否呼吸起伏；二听：伤员口鼻有无出气声；三感觉：抢救者面颊部有无气体吹拂感觉。如无呼吸，立即口对口吹气 2 次
6．判定伤者有无心跳	保持头后仰，触摸颈动脉或股动脉是否搏动，检查应在 5s 内完成，手要轻柔，不能加压
7．胸前区捶击	如无脉搏，定位胸外按压位置叩击心前区。站在患者右侧，在胸骨下 1/2 处，用右手空心拳、小鱼际、20～30cm 高度、垂直、中等力捶击两下。胸部塌陷、隆起、口角流血的患者，孕妇、幼儿除外
8．人工呼吸	如有脉搏，可仅做人工呼吸。若无自主呼吸，用仰头举颏、仰头托颈、双下颌上提法使下颌角、耳垂的连线与地面垂直。迅速做二次吹气。通气量：800～1000ml。频率：成人 14～16 次/min。吹气时应捏住患者的鼻子，第一次吹气和第二次吹气时要放松鼻子；吹气的同时要注意患者胸廓是否隆起
9．人工胸外心脏按压	叩击后无脉搏，立即进行胸外按压。 （1）抢救者位置：一般为患者右侧； （2）定位：在胸骨下 1/2（剑突上两横指）处，抢救者右手食指和中指沿患者肋弓上移至胸骨下切迹（肋弓与胸骨接合处），中指置切迹处，食指紧靠中指，起定位作用。 （3）抢救者左手掌根部紧靠右手食指，放于胸骨下 1/2 处，掌根部与胸骨长轴重合； （4）右手叠于左手手背上，两手手指交叉抬起，使手指脱离胸壁； （5）双肘关节伸直，利用上身身体重量有节奏地垂直下压； （6）使胸骨下陷 4～5cm； （7）按压速率：100 次/min； （8）按压间歇期内务必使胸部不受压力，但掌根部不能与皮肤脱离，以防按压部位改变
10．单人心肺复苏	在开放气道的情况下，由同一个抢救者顺次轮番完成口对口人工呼吸和胸外心脏按压。人工呼吸数与胸外按压数的比值为 2：30
11．双人心肺复苏	由两个抢救者分别进行口对口人工呼吸与胸外心脏按压。其中一人位于患者头侧，另一人位于胸侧。按压频率为 80～100 次/min，按压与人工呼吸的比为 5：1。每 5s 完成一轮动作。位于患者头侧的抢救者承担监测脉搏和呼吸的任务，以确定复苏的效果；位于胸侧的抢救者负责胸外心脏按压

二、劳动场所

1．环境

室内环境好，光线充足，脱离危险环境，清除与环境无关人员。

2. 材料

开口器、舌钳、口咽通气管、简易呼吸器、纱布、弯盘、电筒、硬木板、纱布两块、医用酒精 1 瓶、模拟人 1 个。

三、劳动说明

心肺复苏是挽救患者，使其恢复心跳和呼吸，避免脑损伤的一种急救技术。在日常生活中，人们难免会遇到各种疾病或意外事件，因此，学习掌握心肺复苏的操作技能是很有必要的。单人心肺复苏是指一个人熟练地完成一系列抢救的方法。单人徒手心肺复苏的过程如表 4-9 所示。

表 4-9　单人徒手心肺复苏

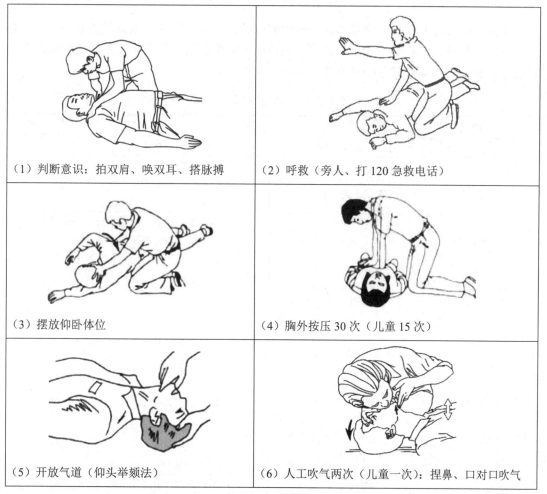

（1）判断意识：拍双肩、唤双耳、搭脉搏	（2）呼救（旁人、打 120 急救电话）
（3）摆放仰卧体位	（4）胸外按压 30 次（儿童 15 次）
（5）开放气道（仰头举颏法）	（6）人工吹气两次（儿童一次）：捏鼻、口对口吹气

为了保持单人徒手心肺复苏的操作，即高质量的心肺复苏术，需要注意以下几点。

（1）注意环境安全，如果在火灾现场或者溺水场所，需远离危险场所，紧急启动应急系统，可以拨打120急救电话。

（2）注意患者体位，需平卧位，同时注意背部需有硬板支撑。

（3）注意胸外心脏按压深度，成人和儿童需达到5～6cm，婴幼儿达到4cm，按压频率在100～120次/min。

（4）胸外心脏按压部位非常关键，按压部位为胸骨柄中下1/3处或者用乳头连线进行定位，需在按压时紧贴于胸廓壁，让胸廓自动回弹。

（5）按压过程中尽量连续操作。

（6）在气道开放时，注意清理呼吸道异物，人工通气时需注意胸廓是否抬起。

（7）注意胸外心脏按压与呼吸的比是30∶2，即按压30次进行2次人工呼吸。

四、劳动评价

单人徒手心肺复苏是为挽救心跳、呼吸骤停的患者所采取的一项急救措施，其目的是通过急救，使患者的心肺功能恢复正常，挽救患者的生命，并力求不留下任何影响患者生活质量的后遗症。单人徒手心肺复苏评价表如表4-10所示。

表4-10 单人徒手心肺复苏（时间3min）评价表

序号	项目	内容	配分	评分标准	得分
1	判断意识	拍患者肩部，大声呼叫患者	4	一项做不到扣2分	
2	呼救	环顾四周，请人协助救助，解衣扣、松腰带、摆体位	4	不呼救扣1分；未解衣扣、腰带各扣1分；未速摆体位或体位不正确扣1分	
3	判断颈动脉搏动	手法正确（单侧触摸颈动脉搏动，时间不少于5s）	6	不找甲状软骨、位置不对、触摸时不停留、同时触摸两侧颈动脉、大于10s或小于5s每项扣2分（最多扣6分）	
4	定位	胸骨中下1/3处，一手掌根部放于按压部位，另一手平行重叠于该手手背上，手指并拢以掌根部接触按压部位，双臂位于患者胸骨的正上方，双肘关节伸直，利用上身重量垂直下压	6	位置靠左、右、上、下均扣1分；一次不定位扣1分；定位方法不正确扣1分	
5	胸外按压	按压速率至少100次/min，按压幅度至少5cm（每个循环按压30次，时间15～18s）	30	节律不均匀扣5分；一次小于15s或大于18s扣5分；1次按压幅度小于5cm扣2分；1次胸壁不回弹扣2分	
6	畅通气道	摘掉假牙，清理口腔	4	不清理口腔扣1分；未摘掉假牙扣1分；头偏向一侧扣2分	

238

序号	项目	内容	配分	评分标准	得分
7	打开气道	常用仰头抬颏法、托颌法，标准为下颌角与耳垂的连线与地面垂直	6	未打开气道不得分；过度后仰或程度不够均扣 4 分	
8	吹气	吹气时看到胸廓起伏，吹气毕，立即离开口部，松开鼻腔，视患者胸廓下降后，再吹气（每个循环吹气 2 次）	20	失败一次扣 2 分；一次未捏鼻扣 1 分；两次吹气间不松鼻扣 1 分；不看胸廓起伏扣 1 分（共 10 次 20 分）	
9	判断	完成 5 次循环后判断有无自主呼吸、心跳，观察双侧瞳孔	4	一项不判断扣 1 分；少观察一侧瞳孔扣 0.5 分	
10	整体质量判定有效指征	有效吹气 10 次，有效按压 150 次，并判定效果（从判断颈动脉脉搏开始到最后一次吹气，总时间不超过 130s）	10	掌根不重叠、手指不离开胸壁、每次按压手掌离开胸壁、按压时间过长（少于放松时间）、按压时身体不垂直、少按或多按压、少吹或多吹气、总时间每超过 5s 每项不符合要求扣 1 分	
11	整理	安置患者，整理服装，摆好体位，整理用物	4	一项不符合要求扣 1 分	
12	整体评价	个人着装整齐	2	未戴帽扣 1 分，穿深色袜子扣 1 分	

五、劳动反思

（1）我在单人徒手心肺复苏的过程中有过怎样的思考？解决了哪些实际问题？

（2）在本次劳动过程中我有何收获？

六、劳动辞典

心脏骤停是指心脏射血功能突然终止，大动脉搏动与心音消失，导致重要器官如脑严重缺血、缺氧而死亡。这种出乎意料的突然死亡，又称猝死。其主要原因是心室颤动导致的心脏骤停。

心脏骤停患者早期 85%～90%是室颤，治疗室颤最有效的方法是早用自动体外除颤器（AED）除颤。除颤每推迟 1 分钟，存活率降低 7%～10%。心肺复苏与 AED 的早期有效配合使用，是抢救心跳呼吸骤停猝死患者的最有效的手段。

AED 是一种可被非专业人士使用的用于抢救心脏骤停患者的便携式医疗设备，由于其可以通过电击除颤，挽救心脏骤停患者的生命，因而被称为"救命神器"。目前我国每年发生的心源性猝死多达 54.4 万例，利用 AED 对患者进行除颤和心肺复苏，是最有效挽救猝死的办法。

七、劳动文化

电影《紧急救援》取材自真实海上救援事件，讲述了王牌特勤队员高谦（彭于晏饰）和好兄弟赵呈（王彦霖饰）与其他救捞人直面重大灾难的挑战，一同执行惊险的海上救援任务的故事。

在这个世界上，"英雄"的存在形式是多种多样的。和平年代，没有了战争的纷扰，人们诚心诚意地将这个称号赋予了"把生的希望送给别人，把死的危险留给自己"的生命守护者。

八、劳动拓展

频繁的事故灾难、严重的恶性事件及非传统性灾害的频发教育了人们，使大家认识到在紧急状态下缺少救援的危害及实施救援的必要，其自救、互救、呼救的自觉性、主动性大大增强，对安全性及救援设施、措施的要求日益提升。请查阅相关资料，通过调研，分析并思考紧急救援发展的趋势。

项目 2　创 伤 包 扎

一、劳动基础

1. 止血

止血是创伤现场应急救护首先要掌握的一项基本技术。其主要目的是阻止伤口持续性出血，防止伤者因失血过多而死亡，为伤者赢得宝贵的抢救时间，从而挽救伤者的生命。

2. 包扎

包扎是外伤急救时最常用的方法，具有保护伤口减少感染，加压止血，固定敷料和夹板及减轻疼痛等作用。一般可以用三角巾和无菌纱布包扎。在紧急情况下，也可用清洁的毛巾、被单等代替。

3. 骨折的简易固定

当出现外伤后，局部组织有"红、肿、热、痛和功能障碍"时应考虑有骨折的可能。如前臂骨折是很多爱好体育的同学最容易出现的骨折类型。此时前臂出现皮肤发红、肿胀、发热和疼痛，前臂不能抬起。固定是针对骨折的伤者所采用的一项急救措施。其目的是固定伤处，限制骨折部位的移动，避免骨折断端刺伤皮肤、血管、神经及重要脏器，减轻疼痛，便于运送。

4. 搬运

灾害事故现场由于碰撞、建筑物倒塌等因素可能造成人员骨折，对伤员进行有效固定后，要及时搬离灾害事故现场。现场搬运应依据伤者不同的伤情，灵活选用搬运方法，否则会引起伤者不适甚至引起二次伤害。

二、劳动场所

1. 环境

周边环境保持安静整洁，光线明亮，不能有灰尘，地面干燥无水渍。

2. 材料

无菌消毒液、创口贴、绷带、三角巾、弹力绷带、纱布绷带、胶条、毛巾、床单等。

三、劳动说明

伤口是细菌侵入人体的门户，如果伤口被细菌污染，就可能引起化脓或并发败血症、气性坏疽、破伤风，严重损害健康，甚至危及生命。所以，受伤以后，如果没有条件做清创手术，在现场要先进行包扎。创伤包扎过程如表 4-11 所示。

表 4-11　创伤包扎过程

步　骤	图　示	操作说明
螺旋包扎法		（1）伤口用无菌或干净的敷料覆盖，固定敷料。 （2）先按环形法缠绕两圈。 （3）从第三圈开始上缠，每圈盖住前圈三分之一或二分之一，呈螺旋形。 （4）最后以环形包扎结束
8字绷带包扎法		（1）伤口用无菌或干净的敷料覆盖，固定敷料。 （2）包扎时从腕部开始，先环行缠绕两圈。 （3）经手和腕8字形缠绕。 （4）最后将绷带尾端在腕部固定
大腿骨折固定		取一长夹板放在伤腿的外侧，长度自足跟至腰部或腋窝部，另用一夹板置于伤腿内侧，长度自足跟至大腿根部，然后用绷带或三角巾分段将夹板固定

伤口一定要先进行清洁消毒处理后再进行包扎，可以有效降低感染的概率。如果伤口沾有污物，可以先用生理盐水把伤口冲洗干净，然后再用酒精或者碘伏进行消毒，消毒时一定要从内到外，这样可以最大程度清洁伤口。

包扎伤口的方法和伤口的位置、形状、深度密切相关，而且不同敷料的包扎方法也有差别。一般都需要充分暴露伤口后进行详细的检查，去除伤口内的异物，消毒后进行固定包扎。如果患者有出血的情况还需要进行压迫止血，如果无法自行止血要及时去医院让医生处理。包扎注意事项如下。

（1）缠绕绷带的方向是从内向外，由下至上，从远端至近端。开始和结束时均要重复缠绕一圈以固定。打结扣针固定应在伤口的上部，肢体的外侧。

（2）包扎时注意松紧度。不可过紧或过松，以不妨碍血液循环为宜。

（3）包扎肢体时不得遮盖手指或脚趾尖，以便观察血液循环情况。

（4）检查远端脉搏跳动，触摸手脚有无发凉等。

四、劳动评价

发生现场外伤时，急救人员应迅速了解伤员生命体征，包括呼吸、脉搏、血压及机体各部位伤情。如有心肺功能障碍，应在施行有效心肺复苏的同时及时止血、包扎、固定，然后再考虑搬运等。创伤包扎劳动评价表如表4-12所示。

表4-12　创伤包扎（8min）劳动评价表

序　号	项　目	内　容	配　分	评分标准	得　分
1	操作前准备	向伤者表明身份	2	未表明身份扣2分	
2		安慰伤者，告知伤者不能随意活动，配合检查	3	少做一项扣1分	
3		检查伤者头面部、胸腹部及四肢	3	少检查一项扣1分	
4		报告伤情描述清楚、准确	2	未报告伤情扣2分	
5		根据所选题目选择所需物品	5	选择错误扣5分	
6	创口处理	纱布、绷带固定方法正确	7	不正确扣7分	
7		包扎时纱布压迫位置正确	7	不正确扣7分	
8		螺旋反折手法正确	7	不正确扣7分	
9		8字形包扎方法正确	21	每错一项扣2分	
10		包扎纱布打结方法正确	7	不正确扣7分	
11	固定	对固定的相关注意点述说正确、流利	4	不正确扣4分	
12		固定时患者体位正确	4	不正确扣4分	
13		固定包扎方法正确、迅速	10	不正确扣10分	

续表

序 号	项 目	内 容	配 分	评分标准	得 分
14	搬运	对搬运的相关注意点述说正确、流利；内容包括患者放置位置、担架置人方式、固定带固定、患者询问及检查确认、搬运时患者头部朝向等5项内容	15	每错一项扣3分	
15	综合评价	操作熟练、沉着冷静、手法正确	1	不熟练扣1分	
16		体贴患者，操作手法轻柔、准确，避免再次损伤	2	造成二次伤害扣2分	

五、劳动反思

（1）我在包扎过程中有过怎样的思考，事实证明我的思考是否正确？我创新性地解决了什么实际问题？

（2）我对自己包扎成果感到：很满意、较满意、一般、不满意、很不满意。

（3）从包扎的过程中我学到了什么劳动方法，可不可以迁移到救护上？

六、劳动辞典

护理，即帮助患者或有需要的人保持、恢复、增进健康的医疗技术服务，是医疗卫生工作不可缺少的部分。护理在狭义上指照料伤、病、老、幼、弱、残等在不同程度上不能自理的人员的措施，又常指由护士担任的医疗技术工作。护理工作范围不限于医院、疗养院等卫生机构，也包括家庭和社会；其工作内容不仅包括临床护理，也包括卫生保健。从事护理工作的，不仅有专业护士，患者家属、社区工作者等有时也要参与。

七、劳动文化

现代护理的先驱——南丁格尔

弗洛伦斯·南丁格尔于1820年5月12日出生在意大利的佛罗伦萨市。1853年，英、法等国与俄国爆发了克里米亚战争，英军的医疗救护条件非常低劣，伤员死亡率高达42%。南丁格尔应英国政府的函请，率领38名护士奔赴前线，她凭着理想与抱负，在前线独自开拓战场护理，6个月后，战地医院发生了巨大的变化，伤员死亡率从42%迅速下降至2.2%。

1860年6月24日，她用英国各界人士为表彰她的功勋而捐赠的巨款成立"南丁格尔基金"。后来人们把她的生日定为国际护士节，以此来纪念这位近代护理事业的创始人。如图4-6所示为南丁格尔画像。

图 4-6　南丁格尔画像

八、劳动拓展

随着技术的进步，各类创伤修复、重建和再造技术也发生着各种变革，过去无法实施的手术，现今也逐步得到成功的解决。如外科手术——皮瓣移植术中皮瓣的供区已发展到 70 多种，遍布全身各处，不但让医生有更多灵活选择的可能，而且可以根据需要将不同的新技术联合使用，相互补充，进而提高对创伤的修复能力。科学总是在不断进步，技术也会日臻完美，就皮瓣移植，请查阅资料总结创伤修复的各种新技术的特点。

第二部分　劳动权益保护

劳动者的合法权益是指劳动者在劳动过程中依法享有并得到法律保障的权利。

案例阅读

劳动者享有平等就业和选择职业的权利

赵某大学毕业后在一家公司里找到了一份工作，经过一个月的岗前培训，终于上班了，尽管工资不高，但他还是比较开心。两个月后有些同事提出了辞职，原因是工资越来越少，服装费、培训费、体检费还要从工资中扣除，各种各样的罚款也接踵而至，原来规定的试用期也由 3 个月变成了 6 个月。人力资源部还放出话来，不准辞职，否则扣除所缴押金，工资不发，还要赔偿公司的培训费。一开始大家都保持沉默。有一次，赵某忘戴胸卡，主管竟然开出了一张 50 元的罚款单，赵某决定不干了，立即提出辞职。经理问他为什么要辞职，赵某说这种工作不适合自己，辞职是我的权利。经理问谁给你的权利，赵某回答说，是法律。经理又说，我们要扣除你的押金和工资。赵某说我要起诉你。经理听了以后瞪大了眼睛望着赵某，三分钟后，他爽快地在辞职报告上签了字，并立即通知财务部门结算了他的工资。

平等就业和选择职业权是指劳动者就业，不因民族、种族、性别、宗教信仰不同而受歧视；妇女享有与男子平等的就业权利；建立劳动关系应订立劳动合同；劳动合同试用期最长不得超过 6 个月；劳动者可以自主选择职业。此外，试用期与劳动合同的期限应一致，如劳动合同期限不满 6 个月的，不得设试用期；满 6 个月不满 1 年的，试用期不得超过 1 个月；满 1 年不满 3 年的，试用期不得超过 3 个月；满 3 年的，试用期不得超过 6 个月。

劳动合同当事人仅约定试用期的，试用期不成立，该期限即为劳动合同期限。续订劳动合同不得约定试用期。《中华人民共和国劳动法》（以下简称《劳动法》）规定职工辞职时，不得无故克扣、拖欠职工工资；劳动部也有文件规定，不准向劳动者收取任何形式的押金，否则劳动者有向劳动部门申请仲裁的权利，还可以向劳动监察部门举报，再不成可向人民法院起诉。

一、劳动者的权利和义务

与用人单位相比，劳动者处于弱势地位。为了防止单位损害劳动者的合法权益，我国对劳动者的权益做出了较多保护。

1. 就业年龄

我国最低就业年龄为 16 周岁，严禁使用童工。对违反规定招用了童工的单位或个人，由劳动部门责令其将童工送回原居住地，所用费用全部由用人单位承担，并视情节给予行政处分或罚款。

2.《劳动法》对劳动者在劳动关系中的各项权利的规定

1）劳动者有平等就业和选择职业的权利

劳动者有平等就业的权利是指具有劳动能力的公民，有平等地获得职业的权利。

劳动者有选择职业的权利是指劳动者有权根据自己的意愿选择适合自己才能、爱好的职业。

2）劳动者有取得劳动报酬的权利

用人单位应当按月以货币形式支付劳动者本人工资，不得无故拖欠或克扣工资。劳动者在法定节假日、婚丧假期间及社会活动期间也应当有权利取得工资。

3）劳动者有休息、休假的权利

我国宪法规定，劳动者有休息的权利。用人单位应保证劳动者每周至少休息一天，每日工作不应超过 8 小时，平均每周工作不应超过 44 小时。如果用人单位由于生产需要而延长工作时间，应与劳动者协商，每天最长不超过 3 小时。

4）劳动者有获得劳动安全卫生保护的权利

这是对劳动者在劳动中生命安全和身体健康的保障，是对享受劳动权利的主体切身利益最直接的保护。

5）劳动者有接受职业技能培训的权利

我国宪法规定，公民有受教育的权利和义务。

6）劳动者有提请劳动争议处理的权利

劳动关系当事人作为劳动关系的主体，各自存在着不同的利益，双方不可避免地会产生分歧。用人单位与劳动者发生劳动争议，劳动者可以依法申请调解、仲裁，提请诉讼。

7）劳动者有享受社会保险和福利的权利

疾病和年老是每一个劳动者都不可避免的。社会保险是劳动力再生产的一种客观需要。

8）劳动者有法律规定的其他权利

法律规定的其他权利包括依法参加和组织工会的权利，依法参与民主管理的权利，依法参加社会义务劳动的权利，从事科学研究、技术革新、发明创造的权利，依法解除劳动合同的权利。

3. 劳动者应履行的义务

劳动者有劳动就业的权利，而劳动者一旦与用人单位发生劳动关系，就必须履行其应尽的义务。《劳动法》规定了劳动者的各项权利，同时也要求劳动者履行以下基本义务：① 努力完成劳动任务；② 遵守劳动纪律，维护用人单位的财产安全；③ 提高职业技能，执行劳动安全卫生制度。

其中，最主要的义务就是完成劳动任务。这是劳动关系范围内法定的义务，同时也是强制性义务。劳动者不能完成劳动义务，就意味着劳动者违反了劳动合同的约定，用人单位可以解除劳动合同。

4. 劳动者权利的主要实现方式

从工会和职工代表大会的作用和地位来看，职工代表大会可代表劳动者具体行使下列职权。

（1）听取和审议厂长关于企业的经营方针、长远规划、年度计划、基本建设方案、重大技术改造方案、职工培训计划、留用资金分配和使用方案、承包和租赁经营责任制方案的报告，提出意见和建议。

（2）审查同意或否决企业的工资调整方案、奖金分配方案、劳动保护措施、奖惩办法及其他重要的规章制度。

（3）审议决定职工福利基金使用方案、职工住宅分配方案和其他有关职工生活福利的重大事项。

（4）评议、监督企业各级行政领导干部，提出奖惩和任免的建议。

（5）根据政府主管部门的决定选举厂长，报政府主管部门批准。

5. 未成年工和女职工的特殊保护

未成年工指已满 16 周岁而未满 18 周岁的劳动者。

（1）禁止安排女职工从事矿山井下和重体力劳动强度的劳动及其他禁忌从事的劳动；不得安排女职工在经期从事高处、低温、冷水作业及重体力劳动强度的劳动。

（2）不得安排女职工在怀孕期间从事孕期禁忌从事的劳动和重体力劳动强度的劳动。对怀孕 7 个月以上的女职工，不得安排其延长工作时间和夜班劳动。女职工生育享受产假不得少于 90 天。对哺乳未满周岁婴儿的女职工，不得安排从事重体力劳动强度劳动和哺乳期禁忌从事的其他劳动，不得安排其延长工作时间和夜班劳动。

（3）不得安排未成年工从事矿山井下、有毒有害和重体力劳动强度劳动，以及其他禁忌从事的劳动。用人单位须对未成年工定期进行健康检查。

二、劳动法律法规体系

新中国成立初期，国家通过颁布一系列劳动法规，建立了与计划经济相适应的劳动法律制度。改革开放以来，我国劳动立法进入了一个新的发展时期，1994 年 7 月 5 日《劳动法》的颁布，标志着我国已初步建立了以《劳动法》和其他法律为主体，行政法规、部门规章、地方性法规和地方政府规章、司法解释和国际公约等为辅助的劳动法律制度。我国的劳动法律制度主要包括以下部分。

1. 法律

由全国人民代表大会及其常务委员会颁布的劳动法律有《劳动法》《中华人民共和国工会法》《中华人民共和国职业病防治法》《中华人民共和国安全生产法》《中华人民共和国矿山安全法》等。

2. 行政法规

由国务院颁布的劳动行政法规和规章主要有《女职工劳动保护规定》《禁止使用童工规定》《中华人民共和国劳动合同法》《劳动争议调解仲裁法》《中华人民共和国社会保险法》等。

3. 部门规章

劳动和社会保障部颁布的配套规章主要有《集体合同规定》《违反和解除劳动合同的经济补偿办法》《违反〈劳动法〉有关劳动合同规定的赔偿办法》《企业最低工资规定》等。

4. 地方性法规和地方政府规章

《劳动法》赋予了省（自治区、直辖市）制定劳动合同实施办法的权力，各地制定了大量的地方性法规和政府规章，如《北京市劳动合同规定》《上海市劳动合同条例》等。

5. 司法解释

司法解释，即司法机关对法律法规（法令）的进一步明确界定或作的补充规定。司法解释包括全国人民代表大会常务委员会司法解释，最高人民法院、最高人民检察院司法解释，国务院及主管部门司法解释，地方人民代表大会常务委员会和地方人民政府主管部门司法解释。

此外，经我国批准的国际劳工公约也是我国劳动法的渊源。迄今为止，我国已批准了24个国际劳工组织通过的国际劳工公约，如《消除就业和职业歧视公约》《准予就业最低年龄公约》《同工同酬公约》等。

三、职业学校学生实习管理规定

2022年1月，教育部等八部门联合印发《职业学校学生实习管理规定》（以下简称《规定》），《规定》提出了实习组织、实习管理、实习考核、安全职责和保障措施等全链条、全过程的基本要求，针对实习关键节点明确了行为准则，提出1个"严禁"、27个"不得"，为实习管理划出了底线和红线，对实习各方提出了刚性约束。首次配发了《实习协议示范文本》，明确了必须由职业学校、实习单位、学生三方签署协议后方可实习。

1. 实习内容

《规定》明确实习内容"应基本覆盖专业所对应岗位（群）的典型工作任务"，不得安排与专业无关的简单重复劳动、高强度劳动；原则上不得跨专业大类安排实习，不得仅安排学生从事简单重复劳动；不得安排学生从事Ⅲ级强度及以上体力劳动或其他有害身心健康的实习；严禁以营利为目的的违规组织实习。

2. 强制实习

《规定》进一步保障了学生和家长的知情权，明确了所有学生参加统一组织的岗位实习均应当取得学生、学生监护人或家长签字的知情同意书，对学生及其法定监护人或家长明确不同意学校实习安排的，可自行选择符合条件的岗位实习单位。不得强制职业学校安排学生到指定单位实习，不得扣押学生的学生证、居民身份证或其他证件。

3. 中介机构

当前，中介机构介入实习赚取"人头费"，是产生强制实习、付费实习的重要源头，社会反映较为强烈。《规定》明确实习三方协议必须由职业学校、实习单位、学生三方签署，重申不得通过中介机构或有偿代理组织、安排和管理学生实习工作。违反本规定从事学生实习中介活动或有偿代理的，法律法规规定了法律责任的，由相关部门依法依规追究责任；构成犯罪的，依法追究刑事责任。

4. 加班和考勤

针对学生实习加班和考勤的问题，在原规定（2016 年）原则上不得"安排学生加班和夜班"基础上，进一步增加了实习单位应遵守国家关于工作时间和休息休假的规定，保障学生在岗位实习期间按规定享有休息、休假、获得劳动卫生安全保护、接受技术技能指导等权利的要求，明确"不得简单套用实习单位考勤制度，不得对学生简单套用员工标准进行考核"。

5. 报酬和费用

《规定》明确，实习单位应给予学生适当的实习报酬，原则上不低于本单位相同岗位工资标准的 80% 或最低档工资标准，支付周期不得超过 1 个月，不得以物品或代金券等代替货币支付或经过第三方转发，不得向学生收取实习押金、培训费、实习报酬提成、管理费、实习材料费、就业服务费或者其他形式的实习费用，不得要求学生提供担保或者以其他名义收取学生财物。

【课堂互动】

李强在校期间参加了以劳动实习为主要内容的勤工助学。但是，在工作中，李强发现车间有很多化工用品，他对这些化工用品的成分、使用说明及危险性都不是很清楚。他非常担心自己的身体健康问题。

在学校参与勤工助学时，对于不能胜任且有一定危险性的工作可以说"不"吗？

四、中职生兼职、实习劳动权益

中职生在校期间参与劳动工作的主要形式有在校期间的实习、勤工助学。

实习是指学生在校期间，到单位的具体岗位上参与实践工作的过程，其针对的是在校学生。

学生在实习期间发生的伤害事故，不属于工伤，不能享受工伤保险待遇，但可以按雇佣关系向用人单位主张权利，或由学校基于与单位之间的实习合同的相关约定主张权利。

实习期只适用于在校学生。一些用人单位为了逃避保险或最低工资的限制，故意与符合劳动者资格的非在校学生签订实习协议，这是违法的，也是无效的。实际上即便签订实习协议，用人单位和非在校学生也存在事实劳动关系。

1. 劳动报酬

实习学生不具有《劳动法》意义上的劳动权利和劳动义务，毕业实习期间实习生与实习单位之间只能是劳务合同关系，而不是劳动合同关系。虽然法律没有明文规定实习生与实习单位形成的是劳动关系，但是实习生毕竟为实习单位服务提供了劳动，因此，实习单位应该给予实习生一定的劳动报酬。

2. 最低工资制度

实习中学生与实习单位常就劳务补贴、劳动安全等事项于事前进行协商约定。实习单位只有对于有约定的劳务补贴才产生法定的给付义务。但这也只是民法意义上的、由双方自由协商的劳务费，而非劳动法意义上的、有最低工资下线保护的工资报酬。如无双方约定，实习单位没有依法支付实习学生有最低工资下线保护的劳动报酬的法定义务，实习学生也不享有要求实习单位支付不低于当地最低工资标准报酬的法定权利。

关于勤工助学，1995 年劳动部印发的《关于贯彻执行〈中华人民共和国劳动法〉若干问题的意见》第 12 条规定："在校生利用业余时间勤工助学，不视为就业，未建立劳动关系，可以不签订劳动合同。"因此，勤工助学从事有收入工作的学生不实行最低工资制度。

3. 经济补偿与双倍工资

根据《劳动法》及《劳动合同法》有关规定，当劳动者和用人单位解除或终止劳动关系符合支付经济补偿金条件时，劳动者依法享有要求用人单位支付相应经济补偿金的权利，这也是用人单位为构建和谐社会关系应尽的社会义务。而实习学生与实习单位之间并未建立劳动关系，民事劳务关系中也无关于经济补偿金的法律规定。因此，实习单位与实习学生解约时，实习单位不承担支付实习学生解约经济补偿金的法定义务。

根据我国《劳动合同法》的有关规定，用人单位未依法与劳动者签订书面劳动合同的，在建立劳动关系满一个月以后，用人单位应依法承担劳动者双倍工资的赔偿责任。当用人单位违法解除或终止劳动合同时，用人单位应以经济补偿金为基数依法承担双倍赔偿的法定责任。诸如此类法定责任均以双方建立劳动法意义的劳动关系为前提。因为实习学生与实习单位之间并非劳动法意义上的劳动关系，所以实习学生不享有要求实习单位双倍赔偿等法定权利。

【课堂互动】

教育部、人社部等八部门联合印发《职业学校学生实习管理规定》。其中首次提出顶岗实习学生报酬底线，原则上不低于相同岗位试用期工资的 80%；明确禁止安排学生到酒吧、夜总会等营业性娱乐场所实习。对此规定，你怎么看？

第一课　合　法　劳　动

劳动分为合法劳动和非法劳动。合法劳动是法人或自然人在国家相关法律法规许可范围之内所开展的各种劳动。非法劳动主要是指违反国家相关法律规定的各种劳动，以及违反党和国家方针政策的劳动。

只有合法劳动才能被社会接纳，受到社会的支持和法律的保护。

对中职生来说，由于在校期间缺少对劳动法律法规知识的系统学习，导致中职生在就业环节中存在不少法律盲区，缺乏自我维权意识，当利益受到侵害时容易不知所措；中职生对劳动合同的意识较为淡薄，一旦发生劳动争议，不懂得利用《劳动合同法》来维护自身的合法权益；如果中职生自身守法观念薄弱，就可能出现随意毁约、虚假应聘等问题，会给当事人、用人单位和学校带来很多负面影响。

因此，我们需要具备合法劳动的态度，这样不仅是对他人负责，更是对自己负责。只有合法劳动，权益才能得到保障；只有合法劳动，才能实现人生目标和理想；只有合法劳动，才能为国家、为社会贡献出自己的力量。

一、中职生合法劳动的价值意义

1. 树立遵纪守法的观念

作为新时代的青少年，在学习、生活、劳动中都应树立以遵纪守法为荣、以违法乱纪为耻的牢固观念，增强法治意识，知法守法，我们的校园和社会才会更加美好。

2. 学法、知法、用法

自古有云，国无法则乱，民无法则贫。法律是我们的行为准则，更是国富民强的治国方略。作为祖国未来的接班人，我们在家长的关怀下、在教师的教导下、在法律的保护下健康地成长，因此我们更需要学法、知法、用法。

3. 做遵纪守法好公民

我们要做一个爱自己、爱他人、爱社会、爱国家、爱民族、爱劳动的人。人人遵纪守法，生活才会更美好。

二、中职生合法劳动的小技巧

1. 强化法律意识

强化法律意识不仅要求我们学习法律知识，掌握法律武器，提高思想政治觉悟和道德水平，最重要的是要养成独立思考的习惯。在劳动中提升自身的法律意识，抵制各种不良风气的影响，增强自身的法治观念。

2. 遵守法律规范

知法是守法的前提，我们应当认真学习法律知识，熟悉法律赋予我们的权利。在劳动中，我们要严格要求自己，遵守国家的法律法规与道德标准，依法办事，养成遵纪守法的习惯。

3. 维护合法权利

学习法律知识，提高维权意识，了解劳动合同、法定节假日、加班费等规定。学会保护自身合法权益。在劳动中出现纠纷时，懂得用法律武器维护自身权利。

【课堂互动】

在你所在专业的岗位实习中，可能会发生哪些劳动纠纷？我们又该如何防范？

三、合法劳动任务清单

《劳动法》在对劳动关系双方都给予保护的同时，偏重保护处于弱者地位的劳动者，适当体现劳动者的权利本位和用人单位的义务本位，《劳动法》优先保护劳动者利益。合法劳动任务清单如表 4-13 所示。

表 4-13　合法劳动任务清单

合法劳动的主体	合法劳动的要求	示　　例
经营单位	获得生产、制作（服务）、销售（管理）的许可（备案）制度	农药销售要具备农药销售许可证，印章（公章）制作要在公安机关申请备案
从业人员	具备从事行业要求的资质	年龄、学历、专业、培训经历、身体健康状况等
劳动产品使用者	具有合法身份，针对使用对象、范围、计量要求等条件合规使用劳动产品	公章使用责任人是单位法人或被委托人
劳动产品（包括原材料）	达到规定的质量标准	电热毯的生产（包括原材料）质量要符合国家标准

项目 1　销　售　农　药

一、劳动基础

我们生病了要寻医问药，花草树木、农作物生病了同样需要就医。花草树木、农作物生病所用的药物称为农药，即农业上用于防治病虫害及调节植物生长的化学药剂。

农药的使用对人类和环境有一定的影响，我国在农药销售行业中有着严格的规章制度。农药销售是指根据农药市场的需求，组织开展农药管理和农药销售活动。目前国内农药销售多采用店铺销售和互联网销售的办法。

农药经营法律法规常识如表 4-14 所示。

表 4-14　农药经营法律法规常识

序　号	事　项	法律法规常识说明
1	农药定义	《农药管理条例》中的农药是指用于预防、控制危害农业、林业的病、虫、草、鼠和其他有害生物以及有目的地调节植物、昆虫生长的化学合成或者来源于生物、其他天然物质的一种物质或者几种物质的混合物及其制剂
2	经营资质	工商营业执照、农药经营许可证（专门经营卫生用农药的除外）。在经营许可发证机关管辖区域且有效期内设立分支机构的，应当依法申请变更农药经营许可证，并向分支机构所在地县级以上地方人民政府农业主管部门备案，其分支机构免予办理农药经营许可证。农药经营者应当对其分支机构的经营活动负责
3	农药采购	农药经营者采购农药应当查验产品包装、标签、产品质量检验合格证以及有关许可证明文件。中国农药信息网可查询农药登记、标签等信息
4	标签标注内容	（1）农药名称、剂型、有效成分及其含量； （2）农药登记证号、产品质量标准号以及农药生产许可证号； （3）农药类别及其颜色标志带、产品性能、毒性及其标识； （4）使用范围、使用方法、剂量、使用技术要求和注意事项； （5）中毒急救措施； （6）储存和运输方法； （7）生产日期、产品批号、质量保证期、净含量； （8）农药登记证持有人名称及其联系方式； （9）可追溯电子信息码； （10）象形图
5	标签标注特别规定	（1）原药（母药）产品应当注明"本品是农药制剂加工的原材料，不得用于农药作物或其他场所"； （2）限制使用农药应当标注"限制使用"字样，并注明对使用的特别限制和特殊要求； （3）用于食用农产品的农药应当标注安全间隔期； （4）剧毒、高毒农药应当标明中毒急救咨询电话
6	台账	（1）采购台账：如实记录农药的名称、有关许可证明文件编号、规格、数量、生产企业和供货人名称及其联系方式、进货日期等内容。采购台账应当保存 2 年以上； （2）销售台账：如实记录销售农药的名称、规格、数量、生产企业、购买人、销售日期等内容。销售台账应当保存 2 年以上
7	农药销售	向购买人询问病虫害发生情况并科学推荐农药，必要时应当实地查看病虫害发生情况，并正确说明农药的使用范围、使用方法、剂量、使用技术要求和注意事项，不得误导购买人
8	禁止（停止）使用的农药	六六六、滴滴涕、毒杀芬、二溴氯丙烷、杀虫脒、二溴乙烷、除草醚、艾氏剂、狄氏剂、汞制剂、砷类、铅类、敌枯双、氟乙酰胺、甘氟、毒鼠强、氟乙酸钠、毒鼠硅、甲胺磷、对硫磷、甲基对硫磷、久效磷、磷胺、苯线磷、地虫硫磷、甲基硫环磷、磷化钙、磷化镁、磷化锌、硫线磷、蝇毒磷、治螟磷、特丁硫磷、氯磺隆、胺苯磺隆、甲磺隆、福美胂、福美甲胂、三氯杀螨醇、林丹、硫丹、溴甲烷、氟虫胺、杀扑磷、百草枯、2，4-滴丁酯

序　号	事　项	法律法规常识说明
9	在部分范围禁止使用的农药	甲拌磷、甲基异柳磷、克百威、水胺硫磷、氧乐果、灭多威、涕灭威、灭线磷、C 型肉毒梭菌毒素、D 型肉毒梭菌毒素、氟鼠灵、杀鼠迷、杀鼠灵、敌鼠钠盐、溴敌隆、溴鼠灵、磷化铝、氯化苦、内吸磷、硫环磷、氯唑磷、丁硫克百威、乐果、乙酰甲胺磷、丁酰肼（比久）、毒死蜱、三唑磷、氟虫腈、氟苯虫酰胺、氰戊菊酯。前面 18 种实行定点经营。自 2022 年 9 月 1 日起，撤销甲拌磷、甲基异柳磷、水胺硫磷、灭线磷原药及制剂产品的农药登记，禁止生产。已合法生产的产品在质量保证期内可以销售和使用，自 2024 年 9 月 1 日起禁止销售和使用
10	假农药	（1）以非农药冒充农药； （2）以此种农药冒充他种农药； （3）农药所含有效成分种类与农药的标签、说明书标注的有效成分不符； （4）禁用的农药，未依法取得农药登记证而生产、进口的农药，以及未附具标签的农药，按照假农药处理
11	劣质农药	（1）不符合农药产品质量标准； （2）混有导致药害等有害成分； （3）超过农药质量保证期的农药，按照劣质农药处理

农药经营者主要违法行为及法律责任如表 4-15 所示。

表 4-15　农药经营者主要违法行为及法律责任

序　号	违法行为	法律责任
1	未取得农药经营许可证经营农药	县级以上地方人民政府农业主管部门责令停止经营，没收违法所得、违法经营的农药和用于违法经营的工具、设备等，违法经营的农药货值金额不足 1 万元的，并处 5000 元以上 5 万元以下罚款；货值金额 1 万元以上的，并处货值金额 5 倍以上 10 倍以下罚款；构成犯罪的，依法追究刑事责任
2	经营假农药	
3	在农药中添加物质	
4	经营劣质农药	县级以上地方人民政府农业主管部门责令停止经营，没收违法所得、违法经营的农药和用于违法经营的工具、设备等，违法经营的农药货值金额不足 1 万元的，并处 2000 元以上 2 万元以下罚款；货值金额 1 万元以上的，并处货值金额 2 倍以上 5 倍以下罚款；情节严重的，由发证机关吊销农药经营许可证；构成犯罪的，依法追究刑事责任
5	设立分支机构未依法变更农药经营许可证，或者未向分支机构所在地县级以上地方人民政府农业主管部门备案	县级以上地方人民政府农业主管部门责令改正，没收违法所得和违法经营的农药，并处 5000 元以上 5 万元以下罚款；拒不改正或者情节严重的，由发证机关吊销农药经营许可证
6	向未取得农药生产许可证的农药生产企业或者未取得农药经营许可证的其他农药经营者采购农药	
7	采购、销售未附具产品质量检验合格证或者包装、标签不符合规定的农药	
8	不停止销售依法应当召回的农药	

续表

序　号	违 法 行 为	法 律 责 任
9	不执行农药采购台账、销售台账制度	县级以上地方人民政府农业主管部门责令改正；拒不改正或者情节严重的，处 2000 元以上 2 万元以下罚款，并由发证机关吊销农药经营许可证
10	在卫生用农药以外的农药经营场所内经营食品、食用农产品、饲料等	
11	未将卫生用农药与其他商品分柜销售	
12	不履行农药废弃物回收义务	

二、劳动场所

1. 环境（店铺销售）

独立的农药销售区域，宽敞整洁（不少于 30m²），配备通风、消防、预防中毒等设施。

2. 材料

农药样品、产品说明书、使用说明书、农作物病样。

3. 工具

计算机、手套、口罩、护目镜、工作服、肥皂、消毒液等。

三、劳动说明

农药作为一种特殊商品，一是具有生产资料和消费品的两重性；二是产品种类繁多；三是使用方法对产品功效有明显影响，从而影响重复购买；四是有毒性，运输、销售中对安全性要求特别高；农药产品自身的特点和发展规律决定我们不能完全依靠其他产品市场成功的经验来处理农药市场营销活动。

农药作为具有一定毒性的特殊农业生产资料，既对保障农业生产安全具有不可替代的作用，又给农产品质量和生态环境带来一定影响。农药的生产、经营、使用都密切关系到农业生产安全、农产品质量安全和生态环境安全，与我们每个人的生活都有着密切联系。农药销售注意事项如下。

（1）农药销售行业必须具备农药经营许可证。农药销售员应有农学、植物保护、农药等相关专业中专以上学历或者专业教育培训机构 56 学时以上的学习经历，熟悉农药管理规定，掌握农药和病虫害防治专业知识，能够指导安全合理使用农药。

（2）农药在销售过程中应告知禁止饮食、存放方法、使用要求等。不得向未成年人销售农药。销售限制使用的农药时，应记录购买人的姓名、地址、身份证号及所购农药名称、数量和用途，记录至少保存两年。

（3）针对不同的农作物，农药的使用有严格的规定。农药使用后要注意处理残留农药及其包装物，避免造成环境污染。

（4）注意网购农药存在的风险。网购农药存在执法监管难、维权难，须注意经营者资质及农药质量。

四、劳动成果

根据《农药管理条例》，围绕农药高质量发展和绿色发展，开展农药标准化经营门店创建，提升农药经营管理服务能力和水平，推进科学安全用药、农药包装废弃物回收，促进农业生产安全、农产品质量安全、生态环境安全、人畜健康安全。农药销售标准化管理服务门店评价表如表 4-16 所示。

表 4-16　农药销售标准化管理服务门店评价表

序　号		项　目	配　分	得　分
1	人员素质	经营人员熟知《农药管理条例》《农药经营许可管理办法》以及其他相关法律法规和产业政策	4	
		经营人员能正确说明所售农药的使用范围、使用方法和剂量、使用技术要求、安全间隔期和注意事项	4	
		至少 2 名经营人员具有农学、植物保护、农药等相关专业中专以上学历，或持有农业农村主管单位认可的农学、植物保护、农药专业 56 学时以上培训学习结业证书	10	
		经营人员熟悉当地农业生产实际及农作物病虫害情况，门店每年安排经营人员下基地指导病虫害防治不少于 4 次，并有指导记录	4	
		经营人员每年参加由省级农药协会或培训机构组织的农学、植物保护或农药知识继续教育培训学习不少于 20 学时，并持有相关学习证明	4	
2	经营条件	经营和仓储场所整洁美观，墙面污损不大于10%	2	
		门店和仓库通风散热良好，通风散热、照明、清洗池等设备设施齐全	2	
		有专门的展柜、货架等必要的经营设备	2	
		门店、仓库跟餐饮食品店完全隔离，跟农产品批发市场距离 10m 以上，或位于农产品批发市场下风处	2	
		农药销售区域相对独立于化肥、种子、农机等其他农业生产资料销售区域	2	
3	产品	近 3 年无安全及产品质量事故、无行政处罚或通报	6	
		没有混合包装、联体包装、过期等不合规农药	2	
		没有超范围经营禁限用农药	2	

续表

序　号	项　目		配　分	得　分
4	可追溯管理	经营场所接入宽带网络,配备已安装农药经营电子台账软件的计算机、电子信息码扫描设备、小票打印设备等	2	
		进货、库存、销售数量100%以电子台账方式记录,并与实际经营一致,能通过电子台账实时查询农药产品的来源、库存及销售去处	6	
		100%实名记录限用农药购买人及联系方式、销售数量、销售日期等信息;电子台账接入省级农药数字监管平台	6	
		能够向农药购买人提供购买发票或纸质小票	2	
		有齐全的进货凭证和相关履行产品进货查验手续的档案(如供应商的农药登记证、农药生产许可证、农药经营许可证等)	4	
5	管理制度执行	门店显眼处悬挂进货查验、台账记录、安全管理、安全防护、应急处置、仓储管理、农药废弃物回收与处置、使用指导等管理制度和岗位操作规程	2	
		门店显眼处悬挂营业执照、农药经营许可证、诚信守法经营承诺书	2	
		2年内各项制度及规程运行记录完整	2	
		杀虫剂、杀菌剂、除草剂、植物生长调节剂、杀鼠剂等农药分区分类摆放整齐,陈列有序	4	
		限制使用农药专区专柜存放,有醒目"限制使用农药,请出示身份证件登记购买"指示牌,专柜上锁	4	
		仓储管理制度落实到位,仓库内部货物根据农药的品种、用途、入库日期等科学码放,限制使用农药专区存放,摆放合理、分区明显、无安全隐患	2	
		安全管理、应急处置制度落实到位,灭火器、砂袋、呼吸面罩等消防安全设备齐全	2	
		安全防护措施落实到位,备有至少足够门店10天使用的橡胶/丁腈手套、口罩、围裙等劳保用品	2	
		农药商品100%明码标价	4	
6	包装回收管理	经营场所设立瓶(塑料瓶、玻璃瓶等)、袋(铝箔袋等)分开,且单个容积不小于30L的农药包装废弃物回收装置	2	
		与农药生产者、使用者明确农药包装废弃物回收的范围及存储、处置相关责任,根据当地实际管理,开展农药包装废弃物回收工作	2	
		建立农药包装废弃物回收台账,门店销售的农药,其包装废弃物回收率不低于50%	4	
		门店张贴农药包装废弃物回收宣传标语或宣传海报	2	

五、劳动反思

(1)农药销售过程中哪些环节涉及合法劳动的原则和要求?我在销售过程中有没有

遵循相关要求？

（2）我的合法劳动意识在哪些方面有待提高？

六、劳动辞典

绿色农药是指对人类健康安全无害、对环境友好、易于操作使用、药效稳定、超低用量、高选择性，以及通过用无公害的原材料和不生成有害副产品的生产工艺制造的农药。

绿色农药主要包括以下三种。

（1）生物农药。生物农药是指利用生物活体或代谢产物对有害生物进行防治的一类制剂。主要有微生物农药、植物源农药、基因工程农药等。

（2）现代化学农药。化学农药是利用化学物质来影响、控制和调整各种有害生物（包括植物、动物、微生物）的生长、发育、繁殖等生命过程。现代化学农药吸取近代生物化学和分子生物学等的最新成就，最大限度地减少在农药研制过程中对人与环境的有害影响，朝着选择性强、安全性高、与环境相容性好的绿色农药方向发展。

（3）植物光活化杀虫剂。近几年，人们还发现一些植物光活化杀虫剂，它们本身对害虫无毒杀活性或毒性很小，但害虫取食后，在光照条件下，对害虫的毒杀效果可以提高几倍、几十倍甚至上千倍，这就是光活化杀虫剂具有很好的选择性，对不取食作物的昆虫或其他天敌几乎不存在直接的杀伤作用。由于人畜与昆虫的生理结构和对光的吸收很不相同，植物光活化杀虫剂对人畜毒性极低。植物光活化杀虫剂本身来源于自然界，自然界早已对其形成完善的降解机制，对环境无污染，在作物上无残留。同时，植物光活化杀虫剂作用机制特殊，害虫不易产生抗药性，因此，植物光活化杀虫剂具有广阔的应用前景。

七、劳动文化

《天工开物·燔石》（节选）

然每岁千万金钱速售不滞者，以晋地菽麦必用伴种，且驱田中黄鼠害。宁、绍郡稻田必用蘸秧根，则丰收也。

《天工开物》对当时农民用砒霜拌种防治病虫害，作毒饵驱除田中的鼠害已有详细的记载。每年价值千万的砒霜畅销无阻，这是因为山西等地的豆和麦子都要用它来拌种，而且用它来驱除田中的鼠害；浙江宁波、绍兴一带，也用它来蘸秧根，使水稻获得丰收。

八、劳动拓展

如果你是一名家用电器的销售员，面对不同的消费者，你要如何开展营销工作呢？请查阅资料了解家用电器销售的行业要求及家用电器的特点，并对家用电器销售中的合法劳动要求进行梳理。

项目 2 加工生产电热毯

一、劳动基础

中国是一个拥有 5000 年历史的文明古国，自人类诞生以来，人们应对寒冷的方式层出不穷。

在古代，除了穿衣保暖，还有许多其他的保温、取暖的妙招。生火取暖是主要方法之一。我国最早的取暖炉可追溯到春秋时期的燎炉，这是一种烧炭取暖的用具，相当于今天的火盆。后来，便于携带的手炉出现了，也被称为袖炉或捧炉。将手炉拢入宽袖大袍中就如暖手宝一样温暖。

据《中国通史》记载，我国早在商代就有了"保温杯"。当时的青铜器，如温鼎、染卣、甗，都是可以保温的容器。其中，甗类似于今天的火锅，有专门的火焰进行加热。

后来，还出现了一种叫作孔明碗的保温器皿，由两碗相套而成，两碗间留空，外碗底有一圆孔，可注入沸水，使碗内食物保温。还有一种盛热水后放在被中取暖的用具，叫脚婆，又称汤婆子。这是一种用铜或锡制成的容器，呈扁圆形，使用时需要在其外面包布。宋代黄庭坚在《戏咏暖足瓶》中描述道："千钱买脚婆，夜夜睡天明。"其中的"脚婆"指的就是这种暖具。除此之外，古人在建筑保暖方面也很有讲究。秦代的火墙是现代地暖的雏形。当时的建筑师将房屋墙壁砌成空心夹墙，而墙下有通道与炉灶相连，尽头有气孔可排出烟气。炉火在炉灶燃烧时产生的热量可顺着夹墙对墙体加热，利用墙体升温，使整间房屋变得暖和。

宫廷的取暖设施则更加精细。西汉曾有一座温室殿，殿内设有各种保暖设施。据《西京杂记》记载："温室殿以花椒和泥涂壁，壁面披挂锦绣，以香桂为主，设火齐云母屏风……"室内用花椒和泥的混合物刷涂墙壁，不仅可以保温，还有似有若无的香气。

西汉时期我国北方以及韩国、日本等地出现了灶。一直到 20 世纪 80 年代，火炕仍然是北方大部分地区的主要采暖方式。尽管现代的取暖设备主要是暖气和电热设备，但使用方便、物美价廉的电热毯成了未供暖地区的必备过冬用品。

电热毯，又名电褥，是一种接触式电暖器具，它将特制的、绝缘性能达到标准的软索式电热元件呈盘蛇状织入或缝入毛毯里，通电时即发出热量。电热毯主要用于在人们睡眠时提高被窝里的温度来达到取暖目的。还可用于被褥的去潮除湿。它耗电量少、温度可调节、使用方便、使用广泛，已有 100 多年的历史。

电热毯行业经过多年的发展，在产品和服务的层级上已经较为丰富。目前市面上的取暖设备主要包括空调、壁挂暖气片、地暖、电烤炉、小太阳电热取暖器、浴霸、电热毯等。其中电热毯是夜间居民就寝时主要使用的取暖设备，相较于取暖器、电烤炉等产品，电热毯的安全指数相对较高，且运行功耗也较低，是一种兼具经济性与实用性的取暖设备。随着互联网的快速发展，新技术和商业模式的变化对电热毯的带动，创业公司以工具类、O2O类、直播电商类等形式进入电热毯市场，很好地带动了电热毯行业的发展。

二、劳动场所

1. 环境

电热毯自动生产线，环境整洁。

2. 材料

毛毯面料、毛毯底料、电热丝、控制开关和电源线。

3. 工具

自动布线机、焊接成型一体机、缝边机、包装机、检测设备。

三、劳动说明

电热毯一般由发热元件、基芯、面料、电源线、接线盒（发热元件与电源线连接部分）、控制开关（或调温器）等组成。电热毯的生产工艺类似于缝制一件棉袄。在电热毯生产之前，需确定电热毯的外形和尺寸、开孔细节，经过计算后绘图裁料，做好准备工作。电热毯生产过程如表4-17所示。

表 4-17 电热毯生产过程

（1）准备毛毯面料、针织无纺布底料

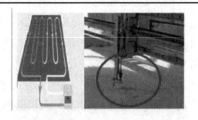

（2）自动布线机布置电热丝

（3）覆盖面料

（4）上下面焊接，固定电热丝

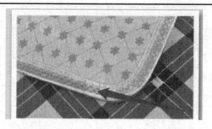

（5）包边机缝制边缘

（6）接头封胶、绝缘、固定

（7）通电检验

（8）合格成品

　　电热毯主要用于在寒冷季节人们睡觉或卧床休息时，提高、保持卧具温度，以达到取暖目的。同时，电热毯在一定程度上还具有保健功效。因其具有耗电少、使用方便、价格相对低廉、热能利用率高等优点而广受消费者青睐，同时它也是一种与人体距离较小、接触面较大、接触时间较长的器具之一；因此绝不能忽视其使用过程中的意外伤害事故。为最大程度避免生产和使用中的事故发生，在电热毯的生产过程中必须注意如下问题。

　　（1）电热毯需实施强制性产品认证，未获得 3C 认证不得出厂、销售、出口等。

　　（2）员工进车间，须穿工作服、戴防护手套。熟悉设备紧急情况时的处理办法。

　　（3）电热丝呈波纹迂回方式布线，无锐利棱边，固定时不要拉得太紧，避免机械损伤。电源线的连接、密封要牢固。

　　（4）电热毯产品应符合国家标准 GB 4706.8—2008《家用和类似用途电器的安全 电热毯、电热垫及类似柔性发热器具的特殊要求》和行业标准 QB/T 2994—2020《电热毯、电热垫和电热褥垫》相关规定。

四、劳动评价

　　只要电热毯的生产者在产品设计、原材料进厂验收以及制造过程中的关键环节上高度重视、科学设计、严格把关，就一定能生产出质量高、安全性能好、符合标准要求的产品。而销售者努力尽到告知义务，使用者不断提高产品安全使用认知，严格按使用规定选购和使用电热毯，特别注意初次使用和储存，就能极大提高电热毯的使用安全性和舒适性。

　　电热毯生产评价表如表 4-18 所示。电热毯成品如图 4-7 所示。

表 4-18　电热毯生产评价表

序　号	任务实施成果	评 判 标 准	是/否
1	操作规范	设备操作规范，多余的动作少，且保证用电安全	
2	电线连接	接头平滑、无棱角毛刺、绝缘良好	
3	节能环保	生产过程中注意节约布料和电料等材料	
4	质量检测	符合国家 3C 认证标准	

图 4-7　电热毯成品

五、劳动反思

（1）我在电热毯生产过程中需要注意哪些合法劳动的相关要求？

（2）在这次制作电热毯的过程中我最大的收获是什么？

（3）从电热毯的制作过程中我学到了什么劳动方法？可不可以用到类似发热马甲等产品生产上？

六、劳动辞典

　　家用柔性取暖器具属于小家电行业下较细的分支，消费需求不断提升，我国已成为全球最大的小家电零售国，小家电行业市场集中度不断提升，头部品牌发力，优势明显。家用柔性取暖器具以电热毯、暖手器为代表，以发热取暖为基础兼顾除螨、抗（抑）菌等功能，在家用取暖领域占据重要地位。经过长期发展，行业已基本进入成熟期，市场化程度较高，竞争激烈，但行业进一步发展壮大的基础因素将长期存在，消费升级、创新变革正成为促进家用柔性取暖器具行业增长的强劲驱动力。

　　良好的生活和工作环境是人类赖以生存的条件，保护环境就是保护我们自己。面对地球生态环境日益恶化、资源日益短缺的现实，我们应该清醒地认识到拯救地球、保护环境、节约能源是我们共同的责任。家庭节能环保和我们的生活息息相关，做好家庭的节能环保工作，不仅节约了资源，也为家庭节约了一定开支，一举两得。

　　世界能源委员会于 1979 年提出的节约能源的定义是：采取技术上可行、经济上合理、环境和社会可接受的一切措施，来提高能源资源的利用效率。

　　《中华人民共和国节约能源法》所称节约能源，是指加强用能管理，采取技术上可行、经济上合理以及环境和社会可以承受的措施，从能源生产到消费的各个环节，降低消耗、减少损失和污染物排放、制止浪费，有效、合理地利用能源。该法第四条明确规定："节约资源是我国的基本国策。国家实施节约与开发并举、把节约放在首位的能源发展战略。"根据我国国情和实现经济与社会可持续发展的要求，节能是我国的一项长期方针。

七、劳动文化

《闲情偶寄》（节选）

前后置门，两旁实镶以板，臀下足下俱用栅。用栅者，透火气也；用板者，使暖气纤毫不泄也；前后置门者，前进人而后进火也。然欲省事，则后门可以不设，进人之处亦可以进火。此椅之妙，全在安抽屉于脚栅之下。只此一物，御尽奇寒，使五官四肢均受其利而弗觉。

李渔是清代戏曲理论家、作家，他所撰《闲情偶寄》内容丰富，涉及戏曲理论、房舍构筑、几案椅凳等方面。其中记载了李渔所设计的极具独特风格的暖椅。这种椅子的妙处全在于在脚下的栅栏下安放的抽屉，只这么一件东西，就可以抵御奇寒，使五官四肢都在不知不觉中享受到温暖。

八、劳动拓展

俗话说，人老先老腿，上了年纪的人往往容易膝关节疼痛不适，电热护膝特别适用于中老年人温暖膝部。请查阅资料，了解电热护膝制作时要关注哪些国家标准。

第二课　职　业　劳　动

目前，广大中等职业学校贯彻教育部"以服务为宗旨，以就业为导向"的办学方针，大力推行工学结合、校企合作的培养模式，实行在校学习和顶岗实习相结合。每年我国有 500 万以上的中职学生在企业顶岗实习。

职业，即个人所从事的服务于社会并作为主要生活来源的工作。社会分工是职业分类的依据。在分工体系的每一个环节上，劳动对象、劳动工具以及劳动支出形式都各有特殊性，这种特殊性决定了各种职业之间的区别。世界各国国情不同，其划分职业的标准也有所区别。

任何职业必然意味着对社会劳动的参与，职业必然与劳动关联在一起。正因为职业和劳动的关联性，职业劳动才成为一个专门的概念。职业劳动是人类社会中最基本的社会行动类型。

一、中职生职业劳动的价值意义

1. 促进全面发展

在新时代背景下，我们以多种形式经常性地参与职业劳动实践，可以增强体质和体力，还能培养社会责任感和实践能力，树立正确的劳动价值观。因此，职业劳动同样具有树德、增智、健体、育美的综合育人价值，可以促进德智体美劳全面发展。

2. 端正劳动态度

用人单位对毕业生的职业道德和工作态度要求甚至超过了对知识和技能的要求。通过理论学习、实践活动和专业渗透等多种途径，有助于我们形成正确的世界观、人生观及价值观，增强职业适应能力和终身学习能力，端正劳动态度，促进更好地就业。

3. 提高劳动技能

在专业理论学习的基础上，加强校内外的实训实习，强化职业劳动实践锻炼，能够在实践中提高劳动技能，在一线工作的锻炼中逐渐成长为社会的有用之才。

4. 推进科学就业

通过深入社会进行广泛的劳动实践，并结合自身专业和实践基础进行职业规划，可以较早确定就业目标。尽早接触劳动市场，接受劳动意识教育，对转变就业观念，培养吃苦耐劳精神也具有重要意义。

二、中职生参与职业劳动的小技巧

1. 掌握基础知识

以职业劳动为中心，将基础课和专业课的课程体系与活动相结合进行整体性学习。遵循"循序渐进"的学习规律，掌握职业劳动应具备的专业基础知识。

2. 提升专业技能

在实践中遵循操作规范，训练专业技能，达成理解与验证理论知识的效果，能够利用所掌握的理论知识去解决实践操作中遇到的问题。

3. 具备职业精神

职业精神是职业劳动过程中所体现的与职业密切相关的理念、态度、情感、操守、责任与良知等，也是从业者的意识形态在职业劳动中的具体反映，可概括为职业认知、职业情感、职业态度、职业纪律、职业发展等核心要素。具备职业精神，才能成为优秀的职业劳动者。

三、职业劳动任务清单

职业教育是围绕职业劳动而展开的教育，因而与生产劳动、生活劳动和社会服务性劳动有着天然的联系。产教融合、校企合作是职业教育人才培养的重要模式，更是开展劳动教育的广阔平台。

职业劳动任务清单如表 4-19 所示。

表 4-19 职业劳动任务清单

类　别	项目（供选择）	目　标
课程实训	如测量体温、酒精消毒等一体化课程实践训练	养成劳动观念，端正劳动态度，掌握基本专业劳动技能。如正确使用温度计，学会如何使用酒精消毒
单项技能实训	如超市收银、服务礼仪等专项技能为主的实训课程中的单项技能训练	培养劳动情感，提升专业技能，养成良好的劳动习惯。如掌握服务礼仪，学会规范的收银技巧
专业综合技能实训	如康复护理综合实训等专业课程中的各项技能的综合训练与运用	培养工匠精神，苦练基本功，促进职业素养的养成
岗位实习	如煤炭开采、电力检修等企业工作岗位的专业实习及岗位锻炼	培养踏实勤恳和吃苦耐劳的品质，能够遵守劳动纪律、适应企业文化等
职业安全意识培养	职业活动过程中安全与健康	掌握与职业相关的劳动安全知识、职业防护能力、应急救护技能等，培养安全意识
劳动法规基础教育	有关劳动制度、劳动管理等方面的知识	了解和掌握如《劳动法》、劳动制度、劳动合同、劳动报酬、劳动保险等劳动法规基础知识
跨专业的体验式劳动	充分利用学校实践教学资源，开展跨专业的体验式生产劳动	了解其他专业，培养广泛的兴趣爱好，树立专业信念

项目 1　宠物美容与护理

一、劳动基础

皮肤是人体与动物最大的器官，包括上层的表皮与下层的真皮。各种各样的皮肤创伤，是人与动物一生中最频繁面对的身体伤害。

公元 1 世纪，罗马医学作家塞尔苏斯在他编写的百科全书中首次记录了完整的治疗外伤的方法。他给出了伤口愈合所需的时间，建议采用压迫止血以及持续按压或结扎血管以止血的方法。他处理伤口的方法已经和现代医学处理外伤的方法非常接近，即要清理干净伤口内部，避免有血凝块留在里面，否则会引起化脓和发炎，使伤口难以愈合等。此外，伤口的边缘要用线缝合，或者用夹子一类的工具夹紧。他总结炎症的四个主要症状为红、肿、热、痛，这些依然是当今医学生要牢记的内容。

宠物美容与护理主要面向宠物美容、宠物营养、宠物繁育、门店管理等工作领域，要求独立完成宠物科学管理、宠物造型修剪、科学繁殖、客户维护、销售管理等工作，能利用客户信息制订科学管理方案，熟练掌握各项工作的技术标准和规范，保障宠物生命健康。

随着社会的发展和人们生活水平的提高，宠物美容已经不再是洗澡、吹毛等简单程序了，已经发展到专业技术。不同犬种使用的美容工具及技巧各不相同，但是大多数犬种都是依照以下七个程序来做美容与护理的。

1. 刷理（工具，针梳）

首先用针梳给犬刷理皮毛，可以刷去犬身上的死毛及毛结，令皮毛柔顺整洁有光泽感。

2. 梳理（工具，钢梳）

刷理完犬毛之后，便可以用钢梳再进行梳理，检查犬身上是否还有小毛结存在。如果在洗澡之前没把犬身上的毛结梳开，洗澡后更不易梳通。

3. 洗澡

给犬洗澡的时候一定要选择适合犬毛的洗发水，一般洗澡的水温是 35～45℃，冬天水温则较高一些。一般长毛犬通常一星期洗一次澡，短毛犬半个月洗一次澡。

4. 吹风

给犬洗完澡后，用吸水性强的毛巾将犬身上的多余水分吸干，然后用吹风机把毛发吹干。吹风的时候也可以同时梳理犬毛，这样吹出来的犬毛自然蓬松漂亮。

5. 剪指甲

犬的指甲过长会影响走路，也可引起骨骼变形、走起路来姿势不美观等，甚至有些犬指甲过长刺入脚垫使犬非常痛苦。剪指甲看起来很简单，其实内有文章，修剪时不能剪得过深，以免造成出血。若犬被剪到流血，下次一定不让碰脚，脾气也变得厉害。

6. 清洗眼睛、耳道

犬与人类的沟通主要靠眼睛，犬的眼睛不舒服的时候会用爪子抓，因此容易损伤眼球及角膜；犬的耳道也容易感染耳病，尤其是长耳朵的犬。有时犬不时抓耳，或者是摇头并有刺鼻的分泌物都是犬有耳病的表现，因此定期带犬到动物美容院清洗眼睛和耳朵是很有必要的，可以预防各种眼睛和耳朵疾病。

7. 修剪犬毛

健康的犬天生爱干净，有时犬的毛发乱了，会用舌头去舔、去整理，因此要经常帮助它们梳理，还要定期带犬到动物美容院修剪犬毛。犬的肛周毛过长会影响排便，腹部及腿部毛长会影响走路或易弄脏，脚底毛过长走路时会打滑，易摔跟斗，所以所有的长毛犬应该定期去修剪犬毛。

二、劳动场所

宠物护理是指负责为宠物提供美容及简单疾病处理。学校可根据实际情况选择一个或几个工作任务，这里以护理宠物伤口为例加以说明。

1. 环境

为伤口提供一个相对无菌的环境，避免伤口再次受到细菌的感染。

2. 材料

海盐、聚维酮碘、洗必泰、喷雾剂、注射器（不带针头）或吸管等。

3. 工具

棉球、毛巾、电动剪、医用外科口罩、手套、嘴罩。

三、劳动说明

宠物伤口护理如表 4-20 所示。

表 4-20　宠物伤口护理

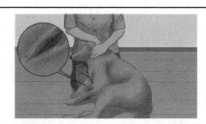	
（1）安抚宠物	（2）安全防护
	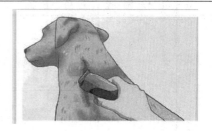
（3）控制出血	（4）清理毛发

（5）清洗消毒	（6）喷涂药物

续表

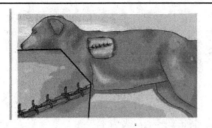	
（7）缝合伤口	（8）包扎伤口

发现宠物身上有伤口之后，要先观察伤势，伤势严重需带去医院处理，不严重的话需要做好清洗消毒和护理，以免伤口感染发炎。护理宠物伤口注意事项如下。

（1）保持严格的无菌操作。

（2）动作要轻，迅速敏捷，认真仔细。

（3）对于高度污染的伤口（气性坏疽等）要做好隔离，污染物要进行无害化处理，污染器械要加倍消毒，操作人员严格消毒，防止交叉感染。

（4）处理伤口时产生的垃圾要做好分类处理，切勿乱扔。

（5）戴好手套、口罩，做好个人防护。

四、劳动评价

宠物美容与护理评价表如表 4-21 所示。宠物骨折固定如图 4-8 所示。

表 4-21 宠物美容与护理评价表

序　号	工作领域	工作任务	评价标准	备　注
1	宠物美容	局部护理	（1）能使用防止宠物攻击的保护方法； （2）能对宠物皮肤、耳部、眼睛、足部、肛周、牙齿等部位异常情况做出判断并作简单处理； （3）能给宠物做牙齿护理	
		清洁美容	（1）能给患有皮肤病的宠物做药浴护理； （2）能在规定时间内完成宠物的常规洗护，以 5kg 以下的短毛猫 90min 内完成为参照标准； （3）能完成宠物预检工作； （4）能较熟练地完成宠物的洗护，以在 45min 内完成 5kg 短毛犬的洗护为参照标准	
		造型修剪	（1）能完成宠物的夏装（全身剃毛）修剪； （2）能在 20min 内完成贵宾犬拉姆装电剪操作； （3）能在 150min 内完成贵宾犬拉姆装整体修剪	

续表

序　号	工作领域	工作任务	评　价　标　准	备　注
2	宠物营养	主粮选择	（1）能根据宠物的营养状况和生理阶段选择宠物粮； （2）能评价宠物粮的营养价值	
		宠物饲喂	（1）能制订宠物健康的饲喂方案； （2）能指导客户进行宠物健康管理	
3	宠物繁育	宠物繁殖	（1）能确定发情宠物的交配期； （2）能判断宠物妊娠的不同阶段及健康状况； （3）能护理妊娠宠物	
		选种选育	（1）能制订科学的繁殖计划； （2）能选择健康种犬等并开展宠物自然繁育	
4	门店管理	客户管理	（1）能利用信息化手段进行数据分析，掌握会员消费习惯； （2）能发展新客户和新会员； （3）能回答客户提出的常见问题	
		项目管理	（1）能完成商品的陈列和库存管理； （2）能指导客户科学使用各类宠物用品； （3）能完成接送安排； （4）能完成宠物寄养流程	
		人员管理	（1）能协调宠物店各部门之间的业务合作； （2）能制订本职岗位学习计划； （3）能制定本职岗位的规章制度	

图 4-8　宠物骨折固定

五、劳动反思

（1）我在清理包扎宠物伤口过程中遇到了什么问题？是如何解决的？

（2）清理包扎宠物伤口的过程体现了职业劳动者需要怎样的职业素养与专业技能？

六、劳动辞典

医疗垃圾是指医疗机构在医疗、预防、保健以及其他相关活动中产生的具有直接或间接感染性、毒性以及其他危害性的废物，具体包括感染性、病理性、损伤性、药物性、化学性废物。这些废物含有大量的细菌和病毒，而且有一定的空间污染、急性病毒传染和潜伏性传染的特征，如不加强管理、随意丢弃，任其混入生活垃圾、流散到人们的生活环境中，就会污染大气、水源、土地以及动植物，造成疾病传播，严重危害人们的身心健康。

《医疗废物管理条例》由国务院于 2003 年 6 月 16 日发布并实施。

2022 年 3 月 1 日，最高人民法院举行新闻发布会，发布人民法院依法审理固体废物污染环境典型案例，其中的一例为渝北法院审理的"重庆某医用输液瓶回收有限公司关某岗、陈某林、李某芳等非法处置医疗废物污染环境案"。

本案是因非法处置医疗废物污染环境引发的刑事案件。医疗废物往往携带大量病菌、病毒，具有感染性、传染性等危害，尤其是在医疗废物处置压力不断增加的情况下，非法处置行为不仅对环境产生污染，也会严重威胁人民群众的身体健康。《中华人民共和国固体废物污染环境防治法》第九十条第一款规定，医疗废物按照国家危险废物名录管理。《医疗废物管理条例》第十四条规定，禁止任何单位和个人转让、买卖医疗废物；第二十二条规定，未取得经营许可证的单位，不得从事有关医疗废物集中处置活动。本案中相关单位和人员在没有取得医疗废物经营许可证的情况下，非法从事医疗废物处置，造成环境污染，依法应当承担刑事责任。

本案的审理，体现了人民法院对非法处置医疗废物污染环境的犯罪行为决不姑息、严厉打击的态度，有助于警示上下游相关的医疗机构、企业及从业人员依法依规处置医疗废物，避免因不当处置引发公共健康风险。

七、劳动文化

《周礼》

兽医掌疗兽病，疗兽疡。

凡疗兽病，灌而行之，以节之，以动其气，观其所发而养之。

凡疗兽疡，灌而劀之，以发其恶，然后药之，养之，食之。

凡兽之有病者，有病者，使疗之。死，则计其数以讲退之。

《周礼》中记载兽医要掌管治疗家畜的疾病，治疗家畜的疡疮。凡治疗畜病，先灌药使它行走，节制它行走的快慢，以发动它的脉气，再观察所发的脉气（以判断病情）而加以治疗。凡治疗家畜的疡疮，先灌药而后刮去浓血和腐肉，以挖出患处的坏死部分，然后敷上药，加以疗养，喂以饲料。凡家畜有疾病、有疡疮的，就让兽医进行治疗，未能治好而死就统计死畜的数量，以决定兽医俸禄的增减。

八、劳动拓展

室友在拖地时，不小心被拖把割伤了手，血流不止，如何帮助他清理伤口并止血呢？请查阅相关急救知识并帮助你的室友处理伤口。

项目 2　地下煤炭开采

一、劳动基础

1. 开采地下煤炭概述

我国是世界上最早发现与使用煤炭的国家之一。元代时，意大利旅行家马可·波罗在《马可·波罗游记》中描述，中国有一种黑石，采自山中，如同脉络，燃烧与薪无异，其火候且较薪为优，盖若夜燃火，次晨不息。其质优良，致使全境不燃他物。

煤炭是一种黑色、像岩石的物质。在距今 3 亿年前的古生代石炭纪，气候潮湿温和，大量植物腐败分解沉落于沼泽，形成泥煤，随着时间、压力、温度、地层变迁及地球变化的影响，形成煤。煤有三种主要类型：褐煤、烟煤和无烟煤。除木材外，煤是人类最古老的燃料。

我国西汉已经正式用煤炼铁，河南等地的煤田已经开始开采。对采煤技术有较详细记载的是《天工开物》，书中记载："凡取煤经历久者，从土面能辨有无之色。然后挖掘。深至五丈许，方始得煤。初见煤端时，毒气灼人。有将巨竹凿去中节，尖锐其末，插入炭中，其毒烟从竹中透上，人从其下施攫拾取者。或一井而下，炭纵横广有，则随其左右阔取。其上支板以防压崩耳"。可见我国自古就有较科学的掘井采煤与排除煤层中瓦斯的技术。

煤的开采有两种主要方法：露天开采和地下开采。在煤层接近地表的地方，可用剥离覆盖层的方法，露天开采。露天煤矿可用大型机械开采，产量高、成本低，但开采过程中"三废"（废水、废渣、废气）易对环境造成污染，开采时需要剥离排弃大量废石，占用农田或山地较多。煤层埋藏较深的地方只有用地下开采法，传统的地下开采有三种方法：竖井、斜井和横井开采。我国煤炭地下开采共经历了爆破采煤（炮采）、普通机械化采煤（普采）和综合机械化采煤（综采）三个时期。

人工挖掘采煤方式已经落后，现在地下开采大多使用机械。传统的开采法是将开采坑道支撑起来，然后挖掘、钻孔、爆破、装载，最后将煤运到地上。还有一种连续开采法，是用机械不断地挖掘和钻孔，再用其他机械将煤输出坑道。这种方法每分钟大约可开采 12 吨煤。

采出的煤还要经过品质分析、分选大小、清洗、破碎等过程。煤的处理方式根据用途而定。许多国家在研究提高煤的利用技术，其中把煤进行气化和液化是发展现代煤炭利用技术的重点。

2. 煤炭地下开采引发的地质灾害分析

煤矿的地下开采引发的地质灾害和安全问题一直是我国煤矿行业比较沉重的话题之一。伴随着我国煤矿行业的发展，各种煤矿安全事故不断出现，瓦斯爆炸、地面塌陷等事故，不仅造成了巨大的经济损失，更造成了较大的人员伤亡，严重威胁着社会的和谐稳定。

1）开采沉陷

煤矿由于地下开采塌陷，其对土地的破坏在全国工业系统中处于首位，而且采煤塌陷土地的一半以上在平原地区，绝大部分是优良的耕地。今后，随着国民经济的迅速发展，煤炭开采量不断加大，由此带来采煤塌陷土地的面积将越来越大。

2）矿井突水

矿井突水是煤炭地下开采引发的一种突发性矿山地质灾害，具有来势凶猛、瞬时涌水量大、损失巨大的特点，已成为影响煤矿安全生产的重大关键问题之一。矿井突水给我国的经济造成了巨大的损失，也严重威胁到矿区居民和职工的生命和财产安全。

3）瓦斯灾害

瓦斯灾害是我国煤矿地下开采的另一个主要地质灾害。由于自然因素作用，我国煤层瓦斯赋存含量普遍偏高。瓦斯防治一直是我国煤矿安全工作的重点。

现阶段，加强对煤矿的地下开采地质灾害的防治和煤矿开采的安全管理具有十分重要的意义。因此，要严格煤矿开采规范，控制风险，做好各种煤矿开采保护措施，从而实现政府主导、企业配合、政策贯彻等多重煤矿地质灾害防治、安全管理控制体系，保证煤矿行业的安全生产、经济效益和社会效益。

二、劳动场所

1. 环境

周边环境保持安全，有毒有害气体不超标，通风条件符合要求，照明良好，液压系统、供电系统等运行良好。

2. 材料

待开采煤炭资源，备好矿灯、工作服、自救器等个人防护用品。

3. 工具

采煤机、自移式液压支架、刮板输送机、转载机、破碎机、可伸缩胶带机。

三、劳动说明

采煤机械化始于 20 世纪 50 年代初，我国回采工作面用截煤机掏槽，爆破落煤，人力装煤，还采用深截式联合采煤机，实现了落煤、装煤机械化。但截煤机掏槽工序复杂，劳动强度大；深截式联合采煤机（康拜因）则有功率小、速度慢、空顶面积大等缺点。20世纪60年代，长壁回采工作面推广使用浅截式滚筒采煤机、可弯曲刮板输送机，配合使用金属支柱和铰接顶梁，简化了采煤工序，提高了工作面产量和效率。20世纪70年代，采用自移式液压支架、大功率采煤机、强力可弯曲刮板输送机和可伸缩带式输送机，实现了综合机械化采煤，不仅大幅度提高了工作面的产量和效率，也扩大了采区范围，实现了集中生产，并进一步改善了巷道布置。

现今采煤自动化水平不断提高，不仅使壁式采煤法的长壁工作面获得良好的技术经济效果，也使柱式采煤法得到改革和发展。目前广泛应用连续采煤机采煤，梭式自行矿车运煤，并配合使用锚杆支柱，效果良好。地下煤炭开采的过程如表4-22所示。

表4-22 地下煤炭开采的过程

 （1）采煤机破煤、装煤	 （2）刮板输送机运煤
 （3）皮带运输机运煤	 （4）液压支架支护顶板
 （5）采空区处理（充填法）	 （6）地面煤炭运输

随着社会的不断发展，煤炭使用数量不断增多，这对采煤工作提出了更高的要求。煤矿开采安全管理是煤矿事业发展的根本与保障，做好煤矿开采安全管理工作具有重要的现实意义。开采地下煤炭注意事项如下。

（1）认真穿好工作服、戴好安全帽。

（2）随身携带自救器、矿灯。

（3）严禁喝酒后下井，禁止携带违规用品（烟草和点火物品等）下井。

（4）配合入井检身和人员清点工作。

（5）熟悉井下安全出口、避难硐室和避灾路线，掌握井下安全标志含义。井下一旦发生事故，要沉着冷静，听从指挥，有组织地避灾和安全撤离。

四、劳动评价

现阶段，人们日常生活中对煤炭资源的需求量逐日增加，为提高煤矿开采质量，提升开采工艺的应用效果与效率已经成为煤矿生产企业面临的紧要任务。基于此，煤矿生产企业需要针对具体的煤矿类型，将现代开采工艺与高科技采煤技术相结合，实现生产监控的智能化与采煤设备的系列化，进而提升煤矿开采的安全性与科学性。

开采地下煤炭评价表如表 4-23 所示。

表 4-23 开采地下煤炭评价表

序　号	项　目	评 判 标 准	备　注
1	开采准备	防护用品穿戴标准，掌握应急技能，自觉接受培训	
2	开采过程	遵章守纪，工作技能熟练，工作方法安全高效，煤炭采出率符合要求	
3	环境保护	树立环保意识，减少对空气、地下水、土地、植物等资源的破坏	

（1）通过学习，我对劳动精神有了哪些新的理解？

（2）结合井下采场作业的历史及过程，我对井下采场作业安全检查有何新的认识？

（3）我是如何体会"劳动者光荣、奉献者伟大"这句话的？如何在平凡的岗位上做出不平凡的事情？

五、劳动辞典

个人防护用品是劳动者在劳动中为防御物理、化学、生物等外界因素伤害而穿戴和配备的各种物品的总称。个人防护用品可分为头部防护、呼吸器官防护、眼面部防护、手部防护、足部防护、躯干防护和皮肤防护七大类。

使用劳动防护用品的一般要求如下。

（1）劳动防护用品使用前应首先做一次外观检查。检查的目的是认定用品对有害因素防护效能的程度，用品外观有无缺陷或损坏，各部件组装是否严密，启动是否灵活等。

（2）劳动防护用品的使用必须在其性能范围内，不得超极限使用；不得使用未经国家指定、监测部门认可（国家标准）和检测还达不到标准的产品；不能随便代替，更不能以次充好。

（3）严格按照使用说明书正确使用劳动防护用品。重点使用通过国家及国际标准企业生产的防护配备，如安全先生（Mr.safe）、3M、金佰利（kimberly）、代尔塔（deltaplus）、霍尼韦尔（honeywell）、东方朔（eastsafe）、迈易斯（myehs）等。

六、劳动文化

《开采光明的人》（见图 4-9）是 1984 年由画家李世南先生创作的纸本水墨设色写意人物画，现收藏于中国美术馆。

图 4-9　李世南《开采光明的人》

画家刻画了一群顶天立地的矿工形象，并把矿工从井下走到阳光中的三个不同瞬间用不同颜色表现出来，使其具有象征意味，表达了他对"开采光明的人"的敬仰。

《开采光明的人》里的矿工手持工具，身着作业制服，有一种阳刚气质。他用厚重的笔墨刻画出这群劳动者坚韧与顽强的精神，这是新时期中国普通劳动者的一个缩影。他笔下的这些矿工虽然工作艰苦，但他们极其乐观，有一种劳动者的自豪与光荣，有一种对未来生活的憧憬和向往。

七、劳动拓展

粉尘在生产和生活中相对常见，那么在生产和生活中应当如何做好个人防护呢？请查阅资料了解粉尘的危害，并熟悉其防治措施和个人防护用品的使用。

参 考 文 献

[1] 王开淮. 劳动教育[M]. 北京：清华大学出版社，2021.

[2] 张福利，韩美凤. 劳动教育[M]. 西安：西安交通大学出版社，2021.

[3] 林玲玲，温君慧，徐楠，等. 劳动教育教程[M]. 北京：清华大学出版社，2023.

[4] 侯守军，张道平. 新时代劳动教育教程[M]. 北京：机械工业出版社，2021.

[5] 彭凌龄. 中职生劳动教育教程[M]. 上海：同济大学出版社，2023.